基于价值共创理论的

中国研学旅游
实践创新研究

徐其涛　韩朝阳◎著

JIYU JIAZHI GONGCHUANG LILUN DE
ZHONGGUO YANXUE LÜYOU
SHIJIAN CHUANGXIN YANJIU

北京·旅游教育出版社

图书在版编目（CIP）数据

基于价值共创理论的中国研学旅游实践创新研究 / 徐其涛，韩朝阳著. -- 北京：旅游教育出版社，2025.1
ISBN 978-7-5637-4707-8

Ⅰ. ①基… Ⅱ. ①徐… ②韩… Ⅲ. ①教育旅游－研究－中国 Ⅳ. ①F590.75

中国国家版本馆CIP数据核字(2024)第042333号

基于价值共创理论的中国研学旅游实践创新研究

徐其涛　韩朝阳　著

策　　划	李荣强
责任编辑	贾东丽
出版单位	旅游教育出版社
地　　址	北京市朝阳区定福庄南里1号
邮　　编	100024
发行电话	（010）65778403　65728372　65767462（传真）
本社网址	www.tepcb.com
E - mail	tepfx@163.com
排版单位	北京旅教文化传播有限公司
印刷单位	唐山玺诚印务有限公司
经销单位	新华书店
开　　本	787毫米×1092毫米　1/16
印　　张	13.25
字　　数	204千字
版　　次	2025年1月第1版
印　　次	2025年1月第1次印刷
定　　价	78.00元

（图书如有装订差错请与发行部联系）

前　言

我国经济持续向好发展，旅游消费呈现出重体验、个性化、多样化的趋势。因此，"旅游+"新业态发展成为解决旅游业供给侧结构性改革难题的关键。同时，教育领域的"双减"政策开启了协同育人的新征程，研学旅游将迎来重大利好，成为"旅游+教育"的理想选择。政府出台了一系列促进研学旅游发展的政策文件和标准，将研学旅行纳入中小学教育教学计划。研学旅行已上升到国家战略层面，未来十年有望迎来爆发式增长，需要深入研究其价值和共创机制。

2021年7月，国务院等有关部门发布了《关于进一步减轻义务教育阶段学生作业负担和校外培训负担的意见》（也称"双减"政策）。该政策通过全面压减作业总量和时长、规范校外培训行为、提升学校课后服务水平等措施，减轻了学生过重的作业负担，释放了中小学生大量的课余时间，也减轻了家长的经济负担，为研学旅游提供了广阔的市场空间。然而，这一政策也带来了挑战，既使培训机构进入研学旅行市场的可能性大幅上升，也可能导致行业竞争加剧。在此背景下，研学旅游机遇与挑战并存。此外，研学旅游中存在诸多问题，如研学机构和学校合作不畅、研学旅游产品品质不高、专业的研学导师缺乏等。因此，本书试图通过相关研究回答三个问题，以进一步完善对研学旅游价值共创的研究，有效促进研学旅游高质量发展。

围绕三个问题，本书主要运用半结构化访谈与关键事件法开发了适合我国文化情境的研学旅游价值共创行为量表、体验价值测量量表，基于利益相关者理论、价值共创理论、社会支持理论构建研学旅游价值共创的机制模型，并通过实证检验得到以下三个主要结论：

第一，厘清了研学旅游价值共创行为、社会支持、体验价值的结构维度。通过关键事件法提取文本和访谈资料中的共创价值，获得74个有效关键事件和22个关键行为。经过预调研和正式调研，修正并形成了研学旅游价值共创行为正式量表，包含对话、获取、降低风险、透明度4个维度和18个测量题项。旅游社会支持划分为工具性和关系性社会支持2个维度，共有6个测量题项。旅游体验价值按情感性、认知性和社会性体验价值划分，共包含12个测量题项。

第二，解析了研学旅游价值共创行为与体验价值之间的三个作用机制。本书通过理论构建与实证研究，验证了研学旅游价值共创行为与体验价值之间的关系模型，深层次地分析了价值共创行为与体验价值的内在关系与影响机制。本书研究发现，研学旅游价值共创行为对体验价值有直接正向影响，社会支持在其中起到中介作用，政府政策具有调节作用。具体来说，对话、获取和降低风险对研学旅游的情感性体验价值、认知性体验价值和社会性体验价值有显著的正向影响，而透明度只对认知性体验价值有一定影响，对情感性体验价值和社会性体验价值的影响较小。社会支持在研学旅游价值共创行为和体验价值之间起到中介作用，通过满足研学旅游者的需求，对体验价值产生影响。研究还发现，政府政策在研学旅游价值共创行为和社会支持之间具有正向调节作用。在政府政策的支持下，研学旅游的价值共创行为对社会支持的影响增强，从而提高了研学旅游者的体验价值。

第三，区分了研学旅游者在价值共创过程中的差异性。研究发现女生参与研学旅游的比例高于男生，5~9年级的学生占了绝大多数；大多数参与研学旅游的学生家长是大专和本科层次，职业主要是企业职工和政府部门及事业单位人员；研学旅游者常住地主要是在城市和县城。研究还表明，高年级学生的体验价值高于低年级学生，家长的学历水平高，家庭对研学旅游价值共创行为和价值体验就有着更高的感知水平；常住地为城市的研学旅游者获取程度显著高于常住地为县城和乡村的研学旅游者。因此，研究建议要关注低年级学生、乡村学生的研学旅游体验价值，并加强乡村学生群体的研学旅游价值共创。

本书的研究创新主要体现在三个方面：首先，将"双减"政策的影响纳入研学旅游研究范畴，拓宽了研究视角；其次，尝试探究了研学旅游价值共创的有效实现机制；第三，基于DART模型开发了研学旅游价值共创行为量表，并对其进行了验证，同时构建了研学旅游价值共创的分析框架和研究模型。

此外，本书在理论贡献方面具有重要意义：首先，通过考虑"双减"政策背景，拓宽了研学旅游研究的视角；其次，基于DART模型开发了研学旅游价值共创行为量表；最后，构建了国内研学旅游价值共创机制模型。

根据研究结论，本书提出了六条对策建议：增强资源禀赋，夯实价值共创基础；提高参与意识，建立高效对话机制；丰富沟通渠道，确保共创信息获取；构建防控机制，降低价值共创风险；及时公开信息，促进共创过程透明；加大政策支持，落实制度配套保障。

目 录

第一章　研学旅游的历程回顾 ·· 1
　　第一节　研学旅行的提出与实践 ··· 1
　　第二节　我国的研学旅游发展演进 ··· 6
　　第三节　我国研学旅游的发展机遇 ··· 14

第二章　研究概述 ·· 19
　　第一节　研究背景与问题提出 ·· 19
　　第二节　研究目的和研究意义 ·· 23
　　第三节　研究方法与研究思路 ·· 27
　　第四节　研究内容和创新之处 ·· 29
　　本章小结 ··· 32

第三章　文献综述与理论基础 ·· 33
　　第一节　文献综述 ·· 33
　　第二节　理论基础 ·· 51
　　本章小结 ··· 55

第四章　研学旅游价值共创过程的质性研究 ··· 56
　　第一节　研学旅游价值共创的理论借鉴（DART 模型）······················ 56

第二节　研学旅游价值共创行为的质性分析 ································· 58
　　本章小结 ·· 75

第五章　研学旅游体验价值的结构和维度 ·· 76
　　第一节　研学旅游体验价值的研究思路和方法 ····························· 76
　　第二节　体验价值结构维度建构依据 ··· 77
　　第三节　研学旅游体验价值结构维度构建 ······································· 83
　　本章小结 ·· 89

第六章　研学旅游价值共创行为对体验价值的影响机制与关系模型 ········ 90
　　第一节　研学旅游价值共创行为对体验价值的影响机制 ············· 90
　　第二节　研学旅游价值共创行为与体验价值的关系假设 ············· 94
　　第三节　研学旅游价值共创行为与体验价值的关系模型 ··········· 102
　　本章小结 ·· 105

第七章　问卷设计与预调研 ·· 107
　　第一节　问卷设计的原则 ··· 107
　　第二节　变量的定义及测项 ··· 110
　　第三节　问卷预调研与结果 ··· 117
　　本章小结 ·· 127

第八章　国内研学旅游价值共创的实证分析 ··· 129
　　第一节　正式调研与数据分析 ··· 129
　　第二节　正式问卷信度与效度检验 ··· 133
　　第三节　异质性分析 ··· 141
　　第四节　假设检验 ··· 145
　　第五节　结果分析与讨论 ··· 154
　　本章小结 ·· 157

第九章　研究结论与研究展望 ·· 158
　　第一节　研究结论 ··· 158

第二节　理论贡献 ………………………………………………………… 161
  第三节　对策建议 ………………………………………………………… 163
  第四节　研究局限与展望 ………………………………………………… 167

参考文献 ……………………………………………………………………… 169

附　录 ………………………………………………………………………… 188
  附录A：国内研学旅游价值共创的半结构化访谈提纲 ………………… 188
  附录B：国内研学旅游价值共创行为的预调研问卷 …………………… 192
  附录C：国内研学旅游价值共创的正式调研问卷 ……………………… 196

后　记 ………………………………………………………………………… 200

第一章 研学旅游的历程回顾

第一节 研学旅行的提出与实践

一、欧洲的"大游学"(the Grand Tour)

17、18世纪的欧洲经过了很长一段时间才从三十年宗教战争所造成的破坏中恢复过来,工业革命带来的交通技术的发展和启蒙时期带来的观念更新极大地刺激了人们旅游、探险和求知的欲望。在这样的历史背景下,真正具有游学特征的教育活动,被称为欧洲"大游学"(the Grand Tour)的活动逐渐兴盛起来。这场波及全欧洲的"大游学"不但成为当时的一种时尚,而且也为文化和思想在全欧洲的传播奠定了基础。

"大游学"作为教育年轻人的一种重要方式在欧洲一直非常受欢迎。培根在《论游历》中写道:"游历在年轻人是教育的一部分;在年长的人是经验的一部分。""上层阶级之子弟于休假期间或毕业之后,多作旅行游览之举以广见闻,此风自古既然,文艺复兴时期尤盛,今则随教育之普及而更为普遍矣。""the Grand Tour"本意为"大陆游学",原指英国贵族子弟跨过海峡到欧洲大陆的游学活动,后来这种活动也影响到了欧洲大陆上的国家,比如说德国的贵族子弟也参加了进来,所以后来译作"大游学"。

鼎盛时期,英国的贵族子弟在伦敦、剑桥毕业后去罗马朝圣、文化寻根,四万多年轻绅士,为了追寻艺术和历史的来源和痕迹,在欧洲各大名城间游学。至于为什么要去意大利,塞缪尔·约翰逊博士在他的传记中给出了理由:"我们所有的宗教,几乎全部的法典和艺术,所有那一切,使得我们高于蒙昧和野蛮的,都来自地中海沿岸。"出于对文明和艺术的溯源,游学之风由英国蔓延到德国继而席卷了整个欧洲。大游学也成为获得英国绅士称号前的最后一课,也是必修课。

18世纪,随着教育尤其是世俗教育的普及,世俗性的游学,无论从涉及的社会阶层还是从所到之地来说，范围都有了极大的扩展。新兴资产阶级子弟开始加入大旅游的行列，有钱人家子女在成年之际都要外出游历一番，增长见闻，学习本领，即使在成年之后，许多学者和社会上层人士仍将出游作为陶冶情操和增长见闻的有益生活方式。

当时的"大游学"不是一般的观光旅行活动，其有着明确的教育内容和教育目的。这些贵族子弟大体上都要经过相似的学习历程，即在到达意大利之前，他们必须翻越阿尔卑斯山，接受大自然严酷的考验，从而磨炼坚强的意志；他们要在都灵的学院中学习礼仪、宫廷舞蹈、击剑决斗以及歌剧；在米兰研究高级时装，学习音乐；在博洛尼亚研究建筑艺术。"大游学"的教育目的是学习和追溯艺术及文明，全方位提升贵族子弟的素质，它已经成为当时的贵族子弟成长教育的一个组成部分，是大学毕业后教育的延伸，也是贵族子弟丰富人生履历、获得爵位和绅士称号的重要条件。

到了19世纪，倘若当时英国的青年学子，尤其是贵族子弟不曾有过海外研学旅游的经历，就会被人看不起。今天，很多英国家长会选择在暑假带着孩子一起旅行，有些没有家庭出游计划的学生也会参加学校组织的出游，在旅途中学习知识。从这方面讲，"大游学"受到教育普及的推动而加速兴盛，本身也是教育自身发展的结果。

二、美国的营地教育

起源于美国的营地教育，至今已有160多年的历史。美国最早的青少年营地活动可以追溯到1861年的夏天，美国华盛顿校长Frederick William Gunn带领一群学生徒步行进近70公里至长岛海峡，模拟军事训练10天后返回学校，这是有记录以来最早的营地活动。1885年美国纽约最早出现教育型的营地活动，1892年首次开展以女性为主的户外露营活动。随后，各类青少年团体相继开展有组织、有基本分类的露营活动，同时为了提高营地培训水平，开始培养具有专业知识技能的营地指导员。营地教育在第二次世界大战之后获得了很大的发展。当时人们发现，战后生存下来的不是最健壮的人，而是生存技能强的人，而这些人大多受过营地教育。

随着营地教育对青少年身心健康培养作用的不断证实，青少年营地教育进入了全球普及的新阶段。以苏联、日本等国家为代表，许多国家的青少年协会、联盟以及教育机构，也开始尝试青少年营地教育的组织和研究工作，培养青少年勇于尝试、自强不息的精神，具有冒险性、挑战性的团队活动成为营地活动的主要内容。

最初的营地教育以徒步、登山、划船、游泳等身体运动和培养青少年远离都市的野外生活技能为中心，重视青少年在自然环境中获得的身心锻炼。随着参加露营的青少年日益增多，营地活动的团队性也日益凸显。20世纪中期，户外营地教育开始将团队性的充满冒险、紧张、挑战的体验活动作为营地活动的首要内容。20 世纪 60 年代后期，青少年营地活动开始根据社会需求开展相应的教育活动，例如随着环境污染问题在全世界范围内引起关注，营地则在活动中增加环境认知与教育内容，还有一部分青少年教育机构重点关注特殊群体，开设了专门面向残疾、孤儿等弱势青少年群体的营地教育活动。营地教育于 20 世纪 70 年代进入高潮，从自然保护的角度，培养青少年对自然的态度、价值观，理解人与自然关系逐渐成为美国户外营地教育的主导思想。与此前相比，营地课程并没有太大的改变，依然是以野外生活、户外运动为主，增加了自然观察等与环境密切相关的内容。

随着世界范围内的营地教育的不断发展，为促进营地教育的进一步成长，同时也为增进营地行业国际交流，1983 年，在英国伦敦，首届国际露营协会大会成功举办。1987 年，国际营地协会（International Camping Fellowship）正式成立，协会每三年举办一次世界性的营地专业交流会议，延续至今已成为营地教育领域的一项传统，致力于为广大青少年提供更优质的营地体验。随着时代的发展，营地教育的发展也不可避免地烙上了时代特点。国外学者将营地教育划分为三个发展阶段（见表 1-1）。

表 1-1　营地教育的发展阶段

阶段	年代	特点
萌芽阶段	1800—1930 年	营地教育雏形期
	1930—1940 年	营地教育的黎明期
成长阶段	1940—1950 年	强调休闲娱乐
	1950—1960 年	重视教育性
	1960—1970 年	强调自然保护
成熟阶段	1970 年至今	适应社会变革，时代特色显著

（资料来源：国际露营联盟）

经过一个多世纪的发展，营地教育已经影响了一代又一代年轻人。在美国等很多国家，营地教育已经被正式纳入常规教育体系。1998 年美国营地协会定义营地教育为："一种在户外以团队生活为形式，并能够达到创造性、娱乐性和教育意义的持续体验。通过领导力培训以及自然环境的熏陶帮助每一位人员达到生理、心理、社交能力以及心灵方面的成长。"国际营地协会将营地教育的特色归纳为体验式教育、自然中的教育、运用自然的教育、理解自然的教育四个方面，也就是引导参与者在非日常性的集体生活及各种户外活动中通过亲身体验和身体直接感受，学习掌握野外生活所需的知识技能，锻炼并发挥个人才智，建立和谐的人与自然的关系。可以说营地教育最大的特点是体验式学习，通过富有创造性的营地活动让青少年"有目的地玩"和"深度探索自己"。

如今美国全国上下对于营地教育都非常重视。据美国营地协会统计，目前美国有大约 1.2 万个营地，其中有 7000 个住宿营地，5000 个非住宿营地，面对群体不仅有青少年也有成人，每年约 1000 万未成年人及 100 万成年人参加营地活动。营地根据不同的年龄分段开展活动，活动时间短至半天或长达数月，并设置不同主题和项目，参与者可以根据自身的时间、地点、费用、爱好及特殊需求进行选择。

一项针对美国成功女性的调查显示，80% 的人参加过营地活动，64% 的女 CEO 参加过女童军的营地教育，92% 的人表示营地教育能帮助她们面对未来成人世界的挑战。整体而言，营地教育可谓是家喻户晓，并得到了全美家庭的认可。它能够在课外时间为青少年补充所需的知识和技能，帮助青少年成为更好的自己，并为个人的升学发展提供支持。正如美国营地协会副主席 Scott Brody 先生所说："美国的营地教育发展成熟，成为家庭教育和学校教育的补充，也为孩子们的发展提供了更多的可能性。"

三、日本的修学旅行

日本的研学旅行称为修学旅行，这一活动可追溯到明治时代。1882 年（明治十五年）栃木县第一初级中学（现栃木县立宇都宫高中）的老师组织学生们参观东京、上野召开的"第二届实业发展促进博览会"，被认为是日本学生修学旅行的开始。1883 年长野师范学校（现信州大学）举行的类似活动被命名为"修学旅行"，这次活动备受关注，1887 年（明治二十年）4 月 20 日的《大日本教育杂志 54 号》上对其进行了专题报道，"修学旅行"一词从此被正式使用。

日本的修学旅行最早是师生一起徒步旅行。如 1895 年，东京高等师范学校普通中等科就曾组织全校学生，通过 1 夜 2 天的步行到达镰仓开展"修学旅行"。20 世纪七八十年代，日本盛行学生通过乘坐修学旅行列车开展修学活动，90 年代中期以后，乘坐飞机开展修学旅行的情况开始增多。

日本的修学旅行根据学习内容的不同被分成若干类别。比如历史学习旅行，主要是参观历史遗迹，学习历史知识。这种旅行多去京都、奈良和东京等地，这些地方古迹多。还有体验大自然的森林修学旅行和农业修学旅行等。

在修学旅行的目的地选择方面，小学通常会选择比较近的观光地。如南关东的学校多选择去日光、那须、箱根、伊豆、新潟、长野等地；近畿学校多去奈良、京都、大阪、伊势志摩。中学生修学旅行，北海道的学校通常选择去札幌和函馆，东北地方的学校向首都圈，首都圈、中部地区的学校通常选择到近畿地区，西日本的学校去东日本的情况也很多。在私立中学，近年来乘飞机去北海道和冲绳的情况也很多。不管是公立学校还是私立学校，东京和近畿在很长时期内都是修学旅行的热门选择。20 世纪 90 年代以后，日本修学旅行开始从国内走向国外，增加了面向夏威夷、美国西海岸、英国、韩国以及中国台湾地区等的修学旅行。

明治维新以后，日本将修学旅行列入教学大纲，明确规定小学生每年要在所在市做一次为期数天的社会学习，初中生每年要在全国做一次为期数天的社会学习，高中生每年则要在世界范围做一次为期数天的社会学习。修学旅行由学校组织实施，是日本小学、中学和高中教育的重要内容。

素有日本教育母法之称的日本《教育基本法》，以及下位法日本《学校教育法》中明确教育目标是"培育尊重传统和文化、热爱祖国和乡土以及为国际和平与发展做出贡献的态度"。1969 年的日本《初中学习指导要领》和 1970 年的《高中学习指导要领》就把修学旅行作为落实教育培养目标的重要载体之一，分别写进学习指导要领有关内容中。2017 年 3 月日本修订的《小学学习指导要领》和《初中学习指导要领》对修学旅行的意义进行了拓展，其中言明，修学旅行的形式主要以远足和宿泊体验学习为主。组织开展修学旅行，旨在让学生在与平时不同的集体住宿活动中，在与大自然接触及了解乡土文化与历史的过程中，增长见闻，开阔视野，同时建立良好的人际关系。概言之，日本修学旅行，旅行是形式，重点在"修学"，突出教育性，又彰显体验性。

日本中小学修学旅行组织学校多，参与学生面广，修学旅行已形成一种常态。据日本全国修学旅行研究协会调查结果，2015 年全日本公立初中组织日本国内修学旅行的学校共有 9137 所，参加学生人数 106 万人，公立高中组织参与修学旅行的学校有 4286 所，参加学生人数 73 万人；日本公、私立初中组织海外修学旅行的学校共有 119 所，参加学生人数 9074 人，公、私立高中组织海外修学旅行的学校共有 790 所，参加学生人数 13.8 万人。

日本是靠什么来保障如此大规模的修学旅行活动安全有序开展呢？究其原因，是日本各地教育委员会制定的适用于本地的"修学旅行实施基准"。此基准分为国内与海外两种。各级学校若要组织学生开展修学旅行，必须要达到此基准的要求，否则修学旅行将难以成行。

通过对比研究发现，日本都、道、府、县所制定的国内和海外修学旅行实施基准大同小异。以其国内修学旅行为例，基准内容主要涵盖学校类型、修学旅行时间、旅行费用、实施年级、学生参与人数、带队教师的配备、修学旅行地点选择等。这些基准每年都进行修订并向社会进行公布，一是让所属的各级学校按照此基准组织开展修学旅行活动，二是便于接受社会的广泛监督。

自晚清开始，在西方文化的冲击下，中国学者逐渐意识到中国文化与西方文化的差异，开始向西方学习，清政府不断派遣留学生前往发达的欧美等国深造。民国时期，许多有识之士开始把目光投向日本，纷纷前往日本进行学习，而日本的修学旅行教育思想也在这一时期传到了中国。

第二节 我国的研学旅游发展演进

一、古代中国的"游学"活动

"游学"一词在古籍中并不鲜见，最早出现"游学"二字的《史记·春申君列传》："游学博闻，事楚顷襄王。"《周书·樊深传》中也有"游学于汾晋之间，习天文及算历之术"的记载。在中国古代，喜欢远游的读书人还被称为"游士"，很多名人都有游学的经历。所谓"读万卷书行万里路"，即是古人追求的最高境界。

古代游学标志性人物是先秦时期的孔子，可以说孔子开了中国游学风气之先。据《史记·孔子世家》记载，孔子周游各诸侯国长达14年之久，一生遍及卫、陈、鲁、宋、郑、蔡、楚诸国。因此，在国内，一般都把孔子周游列国作为我国古代游学活动的起源。孔子在14年周游列国的旅行中，广泛接触各界名士，丰富阅历，考察各国政治体制，研究政风民情，其学术思想逐渐得以完善。

如果把孔子和他的学生看作一个研学团队的话，孔子的身份与其说是一个游学者，不如说他更像一位研学导师。在周游列国的行程中，他在真实的社会情境中向学生阐述做学问、做人、治国理政的理念和方法，学生们也是边学习边研究边实践，在行程中参与了很多国家的重要政治、军事事件的谋划。显然，他的那些贤弟子从这一行程中学到了在学堂中无法学到的实践知识，这对他们各自学术思想的形成和学术建树起到了不可替代的作用。

在孔子之后，游学活动在不同时期也在不同程度上对学术思想的发展起到了促进作用。唐宋时期，一大批的文人学士、骚人逸客，都出于不同的原因，进行了大量的游历活动，这些活动都对他们的学术成就产生了重要影响。无论是诗仙李白还是诗圣杜甫，我们都可以在诗中听到他们不停游历的脚步声。无论是从北方一路铁骑战斗到江南的辛弃疾，还是从黄州到惠州再到儋州一路贬谪的苏东坡，在被迫迁行中其诗文的味道渐浓。而到了明代的王阳明，其提出的"知行合一"的教育思想，更成了现代研学旅行的理论依据和思想源泉之一。

二、近现代中国的修学旅行实践

20世纪20年代末30年代初，伴随着都市旅行与边疆考察热潮的兴起，知识精英呼吁儿童参与户外游历，以达到开阔视野、锻炼身心以及了解国情国难的效果。

作为我国近代著名教育家的陶行知，他提出的生活教育理论在国内外产生了重要影响，对当今的教育实践仍有重要的指导意义。陶行知的生活教育理论包括三部分内容：生活即教育，社会即学校，教学做合一。他提出的教育理论和教育实践对我国近代修学旅行教育的发展做出了重要贡献，至今仍然是研学旅行课程的基本理论基础。

1929年6月6日，新安小学成立。新安小学是陶行知为了实践他的生活教育理论，在江苏淮安创办的。学校成立后不久，随着日本对中国侵略的日益加剧，国内形势急剧恶化。生活教育理论指出"有什么样的生活就有什么样的教育"，在此背景下，"生活教育"就变成了"抗战教育"。

1933年10月22日，在新安小学时任校长汪达之的努力下，7名由学校供给伙食的学生组成新安儿童旅行团，他们从新安小学出发，开始了为期两个月的修学旅行。新安儿童旅行团此行的目的地是镇江和上海，陶行知在上海接应。陶行知专门给旅行团安排行程，组织他们参观了商务印书馆，深入工厂和码头，参观了租界，凭吊了"一·二八"抗战纪念地，并且到上海各大、中、小学校演讲，受到当时人们的热烈欢迎。

新安儿童旅行团在上海教育界和新闻界引起了轰动，中外各大报纸纷纷对该旅行团进行了报道，其影响迅速扩展到全国许多城市以及南洋群岛和旧金山一带的华侨中。

新安儿童旅行团的成功，使校长汪达之产生了一个更宏大的计划，他要组织一个规模更大的旅行团，到全国各地，一边学习，一边做抗日救亡宣传工作，这就是后来的新安旅行团修学旅行。

1935年10月10日清晨，由14名学生组成的旅行团在新安小学礼堂举行了宣誓仪式。之后，由汪达之带领的一行15人的旅行团队正式出发，新安旅行团（简称"新旅"）从此便诞生了，一个历时17年，行程5万里，蜚声国内外的修学旅行壮举就此开启。

新安旅行团足迹遍及全国十余个省市，出发时的15名成员除两人因病中途退出，13人坚持完成了17年的修学旅行。其间陆续加入旅行团的成员超过了600人。新安旅行团是在日本加紧对中国的侵略、国难日益深重的背景下进行修学旅行的。新安旅行团一开始就肩负着双重使命：一是宣传抗日救国，二是通过修学旅行，到"民族解放斗争的大课堂"里进行"教、学、做"。因此，从出发之日到抗战结束，新安旅行团在所到之处都播下了抗日救亡的火种。

新安旅行团的长途修学旅行，是在国家危亡的特殊时期进行的世界研学旅行史上的一次伟大壮举。在其艰苦旅行中，新安旅行团宣传了团结抗日的主张，加强了民族团结，促进了文化交流，验证了生活教育理论的科学性。

三、当代中国的研学旅游发展

新中国成立以来，在学校教育方面，国家一直都提倡教育与劳动实践相结合。长期以来春游、秋游、远足、冬季越野等活动成为学校实践这一教育理念的重要模式。但真正具有现代意义的修学旅行活动是在改革开放以后才开始出现的。

（一）起步成长阶段

改革开放以后，大量来自欧美、日韩及东南亚国家的修学旅行团来华修学旅行，国内各大旅行社纷纷成立修学旅行接待部门。在接待国外修学旅行团的过程中，各旅行社、景区、政府部门逐渐积累了大量的修学产品组合、组织接待和安全保障的宝贵经验。外来的修学旅行理念，也对国内的学生家长和教育及旅游业产生了重要影响。

20世纪90年代，一些教育理念先进的学校开始组织学生开展修学旅行、出境游学，一些旅行社也适时推出了适合学生和学校需求的修学旅行产品，推动了该行业的发展。进入21世纪，不少地方开始出现由政府参与的研学旅行活动。2006年，山东省曲阜市成功举办了中国第一个研学旅行节庆活动"孔子修学旅行节"。此后，曲阜、苏州、潮州、韶关等地相继提出打造"修学旅行品牌"，上海市提出加快建设"国际修学旅行中心"。2008年，国家推行"国民休闲旅游计划"以后，广东省将研学旅行纳入中小学教学大纲。

20世纪90年代到21世纪前10年的20年间，尽管不少地区、学校进行了研学旅行的一些探索，但由于应试教育的强大阻碍，尤其是学校对安全事故的担忧，导致研学旅行的发展一直非常缓慢并呈现零散的状态。

（二）快速发展阶段

国家层面，2013年，国务院发布《国民旅游休闲纲要（2013—2020年）》，首次在国家层面上提出"逐步推行中小学生研学旅行"。此后一大批与研学旅行相关的重要文件相继出台，我国的研学旅行进入了快速发展时期。

2014年3月4日，教育部就中小学生研学旅行发出通知，决定在河北省、上海市、江苏省、安徽省、江西省、广东省、重庆市、陕西省、新疆维吾尔自治区九个省市（自治区）开展研学旅行试点。通知明确要求试点地区和学校要把研学旅行试点工作纳入学校课程计划，要从运行模式、内容设计、活动流程、条件保障、责任主体、风险分析及应对措施、活动总结及评价等方面认真规划，制订工作计划，精心组织实施，及时总结经验。至此，中小学生研学旅行已从教改方案或局部探索变为多层面、大幅度、广范围的试点并逐步推开。

2014年7月14日，教育部发布《中小学学生赴境外研学旅行活动指南（试行）》，对中小学生寒暑期赴境外研学旅行，从教学主题、内容安排、合作机构选择、合同订立、行程安排、行前培训、安全保障等各个方面提出了具体的指导意见。该指南明确强调，考虑到中小学生的身心特点和承受能力，境外研学时间安排上，一般小学生不宜超过3周，中学生不宜超过6周。每次活动安排不宜超过2个国家，每个国家的参访城市不宜超过4个。境外研学内容和学习时长一般不少于全部行程计划的二分之一。至此，境外研学旅行有了基本的准则和规范。

2014年8月，国务院发布《关于促进旅游业改革发展的若干意见》，明确提出要积极开展研学旅行。要按照全面实施素质教育的要求，将研学旅行、夏令营、冬令营等作为青少年爱国主义和革命传统教育、国情教育的重要载体，纳入中小学生日常德育、美育、体育教育范畴，增进学生对自然和社会的认识，培养其社会责任感和实践能力。要按照教育为本、安全第一的原则，建立小学阶段以乡土乡情研学为主、初中阶段以县情市情研学为主、高中阶段以省情国情研学为主的研学旅行体系。要加强对研学旅行的管理，规范中小学生集体出国旅行。该意见的出台，使得中小学研学旅行的性质任务、目的意义、方法步骤和活动载体等，有了统一的规范要求，为研学旅行的全面推进提供了必要的制度保障。

2016年1月，国家旅游局发布《关于公布首批"中国研学旅游目的地"和"全国研学旅游示范基地"的通知》，授予北京市海淀区、浙江省绍兴市、安徽省黄山市、江西省井冈山市、山东省曲阜市、河南省安阳市、湖北省神农架区、广西壮族自治区桂林市、四川省绵阳市、甘肃省敦煌市10个城市为"中国研学旅游目的地"称号，授予北京卢沟桥中国人民抗日战争纪念馆等20家单位"全国研学旅游示范基地"称号。研学旅游目的地和示范基地名单的公布，为研学旅行全面深入开展营造了良好的社会氛围。

2016年11月30日,教育部、国家发展改革委、公安部、财政部、交通运输部、文化部、食品药品监管总局、国家旅游局、保监会、共青团中央、中国铁路总公司11部门正式发布《关于推进中小学生研学旅行的意见》。该意见就研学旅行的重要意义、工作目标、基本原则、主要任务、组织保障等做了具体部署。该意见的出台,标志着我国小学研学旅行已从试点探索转入全面推开。

2017年5月1日,国家旅游局《研学旅行服务规范》正式实施,对研学旅行服务的术语和定义、总则、服务提供方基本要求、人员配置、研学旅行产品、研学旅行服务项目、安全管理、服务改进和投诉处理等,均做了相应的界定。规范要求研学旅行的承办方提供的产品必须结合实际教育目标以及不同学段的特点进行设计。该规范提出,小学低年级学生应以乡土乡情研学为主,小学高年级学生应以县情市情研学为主,初中年级应以县情市情省情研学为主,高中生以省情国情研学为主。规范将研学旅行服务项目具体细化为教育、交通、住宿、餐饮、导游讲解以及医疗救助等,促进了研学旅行服务流程的标准化,为研学旅行活动的规范化提供了蓝本。

2017年9月,教育部发布《中小学综合实践活动课程指导纲要》,明确要求要将包括研学旅行在内的综合实践活动与学科课程并列设置,列为中小学生必修课程,作为基础教育课程体系的重要组成部分。文件提出,在研学旅行中,学生通过集体旅行、集中食宿方式开展的研究性学习和旅行体验相结合的校外教育活动,自小学一年级至高中三年级全面实施。至此,中小学研学旅行已正式步入中小学生必修课程行列。

2017年12月,教育部发布了《关于公布第一批全国中小学生研学实践教育基地、营地名单的通知》,评定中国人民革命军事博物馆等204个单位为"全国中小学生研学实践教育基地",河北省石家庄市青少年社会综合实践学校等14个单位为"全国中小学生研学实践教育营地"。2018年10月,教育部办公厅发布《关于公布2018年全国中小学生研学实践教育基地、营地名单的通知》,评定中国人民解放军海军南海舰队军史馆等377个单位为"全国中小学生研学实践教育基地",北京市自动化工程学校等26个单位为"全国中小学生研学实践教育营地"。文件同时指出,各省级教育行政部门要指导各地各校充分利用研学实践教育基地、营地,组织开展丰富多彩的研学实践教育活动。

2019年10月,文化和旅游部实施《研学旅行指导师职业能力等级评价标准》,进一步完善人才社会化评价体系建设,为文化和旅游人才评价提供科学、规范的依据,进一步规范了研学导师的培养机制,为补齐研学旅游发展的短板提供支持。

第一章 研学旅游的历程回顾

表1-2 研学旅游实施时间表

时间	部门	标志性足迹	备注
2013年2月	国务院办公厅	印发《国民旅游休闲纲要（2013—2020年）》，首次提出要逐步推行中小学生研学旅行	国办发〔2013〕10号
2013年2月	教育部	下发《关于开展中小学生研学旅行试点工作的函》，将安徽省、西安市和苏州市作为推广研学旅行工作的试点地区	试点地区下发《关于开展中小学生研学旅行试点工作的通知》
2014年3月	教育部基础教育一司	下发文件《关于进一步做好中小学生研学旅行试点工作的通知》，将研学旅行试点省市（自治区）增至9个：河北省、上海市、江苏省、安徽省、江西省、广东省、重庆市、陕西省、新疆维吾尔自治区	
2014年7月14日	教育部	发布《中小学生赴境外研学旅行活动指南（试行）》，为整个行业活动划定了基本标准和规则	对"境外研学旅行活动"做了界定
2014年8月9日	国务院	印发《关于促进旅游业改革发展的若干意见》，文件第三部分"拓展旅游发展空间"的第四条款专门用了一段文字隆重推介"研学旅行"	国发〔2014〕31号
2015年8月	国务院办公厅	发布《关于进一步促进旅游投资和消费的若干意见》，第三部分"实施旅游消费促进计划，培育新的消费热点"中明确提出"支持研学旅行发展"	
2015年10月	教育部	发布了函件《教育部关于确定全国中小学德育工作相关实验单位的通知》，确定天津市滨海新区等10个地区为全国中小学研学旅行实验区	教基一司函〔2015〕84号
2016年1月8日	国家旅游局	发布《关于公布首批"中国研学旅游目的地"和"全国研学旅游示范基地"的通知》，公布了首批"中国研学旅游目的地"和"全国研学旅游示范基地"	旅发〔2016〕8号
2016年3月18日	教育部基础教育一司	发布《关于做好全国中小学研学旅行实验区工作的通知》，进一步规范研学旅行实验工作，公布了10个地区为全国中小学研学旅行试点实验区：天津市滨海新区、河北省邯郸市、江苏省苏州市、安徽省合肥市、江西省兴国县、河南省济源市、湖北省麻城市、重庆市（教委）、贵州省遵义市、新疆维吾尔自治区乌鲁木齐市	基教一司函〔2016〕14号
2016年11月30日	教育部等11部门	发布《关于推进中小学生研学旅行的意见》，研学旅行以正式文件出台，由试点走向试行	教基一司〔2016〕8号

续表

时间	部门	标志性足迹	备注
2016年12月7日	国务院	发布《国务院关于印发"十三五"旅游业发展规划的通知》，将乡情教育特色研学旅行基地的开发纳入"十三五"规划，提出了开展专题类研学旅行、成立游学联盟等具体要求	国发〔2016〕70号
2016年12月19日	国家旅游局	发布《国家旅游局公告（2016年37号）》，表示《研学旅行服务规范》（LB/T 054-2016）行业标准已经国家旅游局批准，2017年5月1日起实施	
2017年7月17日	教育部办公厅	发布《关于开展2017年度中央专项彩票公益金支持中小学生研学实践教育项目推荐工作的通知》，计划将在各地遴选命名一批"全国中小学生研学实践教育基地"和"全国中小学生研学实践教育营地"	教基厅函〔2017〕25号
2017年9月25日	教育部	发布《中小学综合实践活动课程指导纲要》，将研学旅行列为综合实践活动的主要方式及其关键要素	教材〔2017〕4号
2017年12月6日	教育部办公厅	发布《关于公布第一批全国中小学生研学实践教育基地、营地名单的通知》，评定中国人民革命军事博物馆等204个单位为"全国中小学生研学实践教育基地"，河北省石家庄市青少年社会综合实践学校等14个单位为"全国中小学生研学实践教育营地"	教基厅函〔2017〕50号
2018年3月9日	国务院办公厅	发布《关于促进全域旅游发展的指导意见》，文件第二部分第七条明确提出"积极开发爱国主义和革命传统教育、国情教育等研学旅游产品"	国办发〔2018〕15号
2018年10月31日	教育部办公厅	发布《关于公布2018年全国中小学生研学实践教育基地、营地名单的通知》，评定中国人民解放军海军南海舰队军史馆等377个单位为"全国中小学生研学实践教育基地"，北京市自动化工程学校等26个单位为"全国中小学生研学实践教育营地"	教基厅函〔2018〕84号
2018年11月15日	文化和旅游部等17部门	发布《关于促进乡村旅游可持续发展的指导意见》的通知，文件第四部分第九条提出"促进文物资源与乡村旅游融合发展……推介文物领域研学旅行、体验旅游、休闲旅游项目和精品旅游线路……支持在乡村地区开展红色旅游、研学旅游"	文旅资源发〔2018〕98号
2019年10月	文化和旅游部人才中心	实施《研学旅行指导师职业能力等级评价标准》，进一步完善人才社会化评价体系建设，为文化和旅游人才评价提供科学、规范的依据	

在地方层面，为贯彻落实国家关于推进研学旅行工作的要求，各省市结合本地实际，陆续出台了相关的政策文件和服务标准。比如2017年7月，山东省教育厅等12个部门联合出台了《山东省推进中小学生研学旅行工作实施方案》，文件明确了山东省开展中小学研学旅行工作的政策措施，提出要"设计开发富有山东特色的研学旅行课程体系"，且明确规定："学校每学年安排集体研学旅行不少于2次，一般安排在小学四到六年级、初中一到二年级、高中一到二年级，尽量错开旅游高峰期。逐步建立小学阶段以乡土乡情为主、初中阶段以县情市情为主、高中阶段以省情国情为主的研学旅行活动课程体系。"

2018年7月，浙江省教育厅等10部门联合出台《关于推进中小学生研学旅行的实施意见》，指出浙江要用5年左右时间，创建全国中小学研学实践教育营地2个以上、全国基地20个以上。遴选公布省级营地10个以上、省级基地100个以上。各地要围绕"红色之旅""生态之旅""文化之旅""活力之旅"主题，精心筛选打造3~5条面向本区域的示范性研学旅行精品线路。

2018年8月，广东省教育厅等12部门联合印发《关于推进中小学生研学旅行的实施意见》，提出将研学旅行纳入学校教育教学计划，确保每名中小学生在每个学段参加有效的研学旅行。研学旅行坚持公益性原则，对贫困家庭学生应减免费用。要建立研学旅行经费筹措机制。各地可采取多种形式、多种渠道筹措中小学生研学旅行经费，探索建立政府、学校、社会、家庭共同承担的多元化经费筹措机制。

2018年12月，四川发布了《四川研学旅行产品质量等级划分和评定标准》。

2020年4月，山西发布了《研学旅行服务规范》地方标准。

2020年5月，黄山市发布了《黄山市研学旅行管理暂行办法》，这是为数不多由市级政府出台的关于研学旅行市场管理的规范性文件。

除此以外，2013年以来，特别是2016年以后，从事研学旅行的专业机构如雨后春笋般成立起来，形成了线上线下、景区旅行社以及其他跨行业机构竞相参与的发展局面，一些机构和地区还先后成立了一些产业联盟（见表1-3）。各大旅行社也纷纷成立专门负责研学旅行的部门和机构，大力拓展研学旅行业务。一些留学和教育企业也纷纷介入研学旅行行业，在线下机构纷纷成立的同时，线上的研学旅行平台也相继建立，各地的旅游协会也相继成立了研学旅行专业委员会。

表 1-3 我国研行旅游联盟

名称	成立时间	主要活动
中国课程化研学旅行联盟	2014年12月6日	在北京召开的践行陶行知教育思想——首届"实践教育论坛"上成立了中国课程化研学旅行联盟。来自旅游界和教育界的近100位专家和业界代表出席了本届论坛和联盟成立大会
内地游学联盟大会	2015年7月23日	国家旅游局组织河南、山东、江苏、福建、广东、湖北、陕西7省在河南郑州成立内地游学联盟，并签署了《内地游学联盟协议》，同时还出台了多项优惠政策支持港澳青少年赴内地游学。2016年内地游学联盟大会暨游学推广活动在山东青岛举办，2017年在湖南长沙举办
中国研学旅游目的地联盟	2017年5月25日	来自全国20多个省市和地区的旅游企业代表在河南安阳成立中国研学旅行目的地联盟。会议宣读了《中国研学旅游目的地城市安阳宣言》
中国研学旅行联盟	2017年5月26日	中国研学旅行联盟成立大会暨红旗渠研学旅行论坛在河南红旗渠召开。会议签署了《中国研学旅行联盟团体系列标准》和《中国研学旅行联盟红旗渠宣言》，并将5月26日确定为"中国研学旅行日"
中国研学旅游推广联盟	2017年9月27日	中国研学旅行推广联盟在山东曲阜成立。该联盟由国家旅游局指导，山东省旅游发展委员会牵头，与北京、上海、天津、江苏、浙江、福建、河南、广东、陕西等10个省市共同发起成立。成立大会上通过了《中国研学旅行推广联盟章程》

从以上可以看出，以2013年国务院发布《国民旅游休闲纲要（2013-2020年）》为发端，以2016年教育部等11部门联合发布《关于推进中小学生研学旅行的意见》为分水岭，研学旅游作为一个新兴产业，迎来一个全新的、迅速的发展时期。

第三节 我国研学旅游的发展机遇

一、政策推动，研学旅游成为国家战略

自2013年以来，我国政府不断出台与研学旅游有关的政策文件，这充分说明国家对研学旅游的重视程度不断增加，可以说研学旅游已经进入国家战略层面，研学旅游的市场需求不断被释放，行业未来发展前景广阔。

教育部采取了一系列政策措施，指导各地丰富研学实践教育活动资源，开展多种形式的实践活动；分两批在全国遴选命名了621个研学实践教育基地和营地，初步完成了覆盖全国的国家级基地（营地）布局，构建起以营地为枢纽、基地为站点的全国研学

实践教育体系，并建立了全国中小学生研学实践教育网络平台，研学实践在全国已经初步形成规模化发展态势；为进一步提升研学旅行人才质量，将研学旅行专业列入高校计划，2019年增补设置"研学旅行管理与服务"高等职业教育专业，于2020年开始招生，该专业毕业生主要面向旅行社、旅游景区等机构就业，以满足各级学校普遍开展研学旅行活动的广泛需求。

2016年国家旅游局发布了《研学旅行服务规范》，对研学旅游服务提供方、人员配置、研学旅行产品、服务项目以及安全管理等几大类内容进行了详细规定，引导和推动研学旅行健康发展；2019年文化和旅游部颁布实施了《研学旅行指导师职业能力等级评价标准》，为研学旅游人才评价提供科学、规范的依据；同时文化和旅游部也通过指导相关协会加强人才培训，为研学实践高质量发展提供人才支撑。

同时，为推动各省高度重视研学旅行工作，国家教育督导部门已将"推动学校实践教育条件和校外实习实践基地建设以及全社会共同参与立德树人氛围营造的情况"纳入省级人民政府履行教育职责评价内容中，对各省情况进行督导。接下来，国家还将进一步加强组织领导，完善研学实践教育管理制度，推动建立研学旅行市场联合监管机制，研制《中小学研学实践活动指南》，推动中小学生研学实践教育活动在各地各校有序、有效开展。研学旅游在国家的大力支持下，可谓是市场前景十分广阔。

二、消费升级，研学旅游迎来重大发展机遇

改革开放40多年来，我国旅游消费增长速度高于国民经济增长速度，也高于世界旅游消费整体的增长速度。2019年国内旅游市场和出境旅游市场稳步增长，入境旅游市场基础更加牢固。全年国内旅游人数60.06亿人次，比上年同期增长8.4%；入境旅游人数14 531万人次，比上年同期增长2.9%；出境旅游人数15 463万人次，比上年同期增长3.3%；全年实现旅游总收入6.63万亿元，同比增长11.1%（见表1-4）。年末全国共有A级旅游景区12 402个，全年接待总人数64.75亿人次，比上年增长7.5%，实现旅游收入5065.72亿元，增长7.6%。[①] 2019年，我国人均GDP超过1万美元，居民人均可支配收入突破3万元，同时，伴随着我国恩格尔系数的逐步降低，旅游出行日渐成为城乡居民的"新刚需"。

---

① 源自文化和旅游部发布的《2019年文化和旅游发展统计公报》。

表 1-4　2011—2019 年我国旅游业发展数据汇总

年份	国内旅游人次（亿人次）	国内旅游收入（亿元）	入境旅游人次（万人次）	入境旅游收入（亿美元）	出境旅游人次（万人次）	旅游总收入（万亿元）
2011	26.41	19 305	13 542	484.64	7025	2.25
2012	29.57	22 706	13 241	500.28	8318	2.59
2013	32.62	26 276	12 908	516.64	9819	2.95
2014	36.11	30 312	12 850	1053.80	10 728	3.73
2015	39.90	34 195	13 382	1136.50	11 689	4.13
2016	44.35	39 390	13 844	1200.00	12 203	4.69
2017	50.01	45 661	13 948	1234.17	13 051	5.40
2018	55.39	51 278	14 120	1271.03	14 972	5.97
2019	60.06	57 251	14 531	1313.00	15 463	6.63

从旅游产业供给的规模上看，2018 年全国旅游及相关产业增加值为 41 478 亿元，占国内生产总值（GDP）的比重为 4.51%，已经成为国民经济的支柱产业。但从结构上看，旅游产业的供给还不能有效满足城乡居民消费升级的需要。我国国民出境旅游增长速度远高于国内旅游，这也在一定程度上反映出我国旅游领域的供给水平、服务能力还存在较大的提升空间。

可以说随着我国经济长期向好发展和人们生活水平的大幅提高，旅游消费需求在不断发生着变化，传统的观光型旅游产品已经不能满足人民日益多样化、多层次的旅游消费需求，旅游者对旅游产品的需求呈现个性化、多样化的趋势，因而旅游消费不断由观光向深度体验发展。旅游的消费升级，必然要求我国旅游业提质增效。

而研学旅游对旅游产品的要求与旅游业提质增效的需求相契合。研学旅游包含着"研""学""游"三个部分，研学旅游是一种通过参与体验使旅游者增长知识、丰富阅历的教育旅游活动，它的特质就是重在体验。要想设计打造一个好的研学旅游产品，必然要求产品供给者从多学科的角度深入挖掘旅游资源的内在价值，并最终实现"寓教于乐"的效果。可以说，研学旅游既是一种新型的旅游业态，释放巨大的旅游消费潜力，形成一个新的旅游消费市场，促进旅游产业在规模上的发展，又能够促进旅游产业质量提升，实现旅游提质增效的战略目标。

在现实中，我国旅游资源禀赋好，拥有众多的独具特色的旅游资源可供深入挖掘，能够支撑开发多样化的研学产品，通过不断对研学旅游各个要素的发展，最终能够实现研学旅游产业的蓬勃发展。

三、教育理念转变，研学旅游未来市场发展空间巨大

相当长的一段时期里，我国一直通过不断深化教育改革，来推进教育理念从应试教育向素质教育的转变。

1985年5月颁布的《中共中央关于教育体制改革的决定》总结了新中国成立以来我国教育发展的基本情况和存在的突出问题。由此开启了我国包括教育体制、课程结构、教育教学方法等的全方位的教育改革。经过之后十几年的改革发展，教育体制、课程结构等相继做出了一系列调整和改革，但总体上看我国教育的改革发展与时代发展的要求还有相当大的距离。1999年6月，中共中央、国务院出台了《关于深化教育改革 全面推进素质教育的决定》，明确提出实施素质教育要以培养学生的创新精神和实践能力为重点，要改变教育内容和教学方法相对滞后、影响青少年的全面发展、不能适应国民素质提高需要的现状。2010年7月发布的《国家中长期教育改革和发展规划纲要（2010—2020年）》更加明确地把全面实施素质教育作为教育改革发展的战略主题。2017年发布的《国家教育事业发展"十三五"规划》再次强调和要求"全面实施素质教育"。

素质教育自明确提出以来，推进艰难的局面一直没有得到根本改变，很重要的一个原因就是，缺乏一个能够让素质教育理念有效实施的载体。而研学旅游可以说是应运而生。研学旅游提供了比日常生活更加丰富的社会场景，学习主体置身于不断变化的情境当中，可以获得丰富的、个性化的、难忘的感官体验，能够更好地涵养家国情怀，开阔胸襟视野，激发学习自主性、积极性、创造性，在体验中主动认识乡情、国情，学习技能、知识和智慧。可以说研学旅游活动的性质，契合了素质教育的各项要求。

2016年发布的《关于推进中小学生研学旅行的意见》中明确要求把研学旅行纳入中小学教育教学计划，学校根据教育教学计划灵活安排研学旅行时间，一般安排在小学四到六年级、初中一到二年级、高中一到二年级。该意见的出台使研学旅游成为刚性需求。而我国人口基数庞大，教育部公布的《2019年全国教育事业发展统计公报》中显示，全国共有在校中小学生1.94亿人（其中义务教育阶段在校生1.54亿人，高中教育阶段在校学生3994.90万人）。可以说，我国研学旅游市场需求庞大。

据中国旅游研究院发布的《中国研学旅行发展报告2017》，2016年国内研学旅行市场规模估计在200亿元以上，学校渗透率仅为5%左右，与日本98%的渗透率相去甚远，也说明市场潜力巨大。随着研学旅游成为刚需，预计未来3~5年学校渗透

率将迅速提升到20%~30%，国内市场规模将达到700亿元以上。未来如果学校渗透率达到90%以上，研学旅游的潜在市场规模国内将达到数千亿元以上，国际市场也将达到百亿元以上。研学旅游作为旅游业的新业态，必将迎来一个全新的、迅速的发展时期。

第二章 研究概述

第一节 研究背景与问题提出

一、实践背景

（一）研学旅游迅速成为撬动素质教育的新支点

随着我国现代化教育不断发展，素质教育成为教育主流，人们对旅游教育价值的认识不断增多，国家出台了一系列旨在通过研学旅游促进学生综合素质全面发展的政策文件。2013年，国务院等有关部门发布了《国民旅游休闲纲要（2013—2020年）》等文件，提出在中小学学生中推行研学旅行[①]。2016年，教育部等多个部门联合印发的《关于推进中小学生研学旅行的意见》（以下简称《意见》）指出，研学旅行对促进学生素质发展有着不可替代的重大意义，《意见》明确提出，研学旅行应当纳入中小学教学工作，并通过实践教学方式，实现学校课堂教学和研学旅行深度融通[②]。同时，国家先后发布《研学旅行服务规范》《研学旅行指导师职业能力等级评价标准》等多个行业标准，着手研制《中小学研学实践活动指南》，不断完善研学旅游教学体系。随着研学旅游市场不断升温，关于研学旅游的研究不断增多，消费需求不断增加，行业规模和市场空间广阔（陈东军，谢红彬，2020）。

---

① 国务院办公厅关于印发国民旅游休闲纲要（2013—2020年）的通知 [EB/OL]. http://www.gov.cn/zwgk/2013-02/18/content_2333544.htm.

② 教育部等11部门.关于推进中小学生研学旅行的意见 [EB/OL]. http://www.gov.cn/xinwen/2016-12/19/content_5149947.htm.

（二）"双减"政策催生研学旅游海量市场加速开启

在教育领域，近年来我国教育竞争"内卷化"日益严重，我国中小学在校生课业压力不断加大，长期存在的应试教育问题一直未能获得解决，短视化、功利性等问题仍然存在，部分家长片面看重学生学习成绩，造成学生校外培训压力较大，加大了学生家庭的经济压力，对我国教育改革工作造成了极大的负面影响（司晓宏，王桐，2021）。2021年7月，中共中央、国务院等有关部门，共同发布了《关于进一步减轻义务教育阶段学生作业负担和校外培训负担的意见》的文件，明确提出，校外教学培训机构，严禁占用国家法定节假日、寒暑假等时间段进行校外培训。随着"双减"政策的落实，学生空闲时间增多，家长们正在选择研学旅游替代校外培训提升子女的综合素质，可以说，"双减"政策促使研学旅游新需求充分释放，以家庭亲子为主体的研学旅游市场规模或将进一步扩容。

（三）研学旅游高质量发展呼唤价值共创的新作为

当前，各种类型的旅行社纷纷成立研学旅游部门，各大教育机构也不甘落后，纷纷成立研学旅行部门，结合自身特点推出了五花八门的研学旅游线路。众多研学机构都想从研学旅游市场中分取大块蛋糕。虽然研学旅游获得了极大发展，符合当前旅游创新和生态文明旅游同步发展的产业理念。但在研学旅游繁荣的市场下存在重重隐忧，有关问题逐渐显现，包括对研学旅游发展有着重大阻碍的问题（马波，刘盟，2020）。很多研学旅游产品往往只做表面文章，换汤不换药，例如，参观几所名校，参观几个博物馆或者是革命圣地，没有专业的研学导师带队讲解，参观过程完全是走过场。而且当前研学旅游产品大多缺乏标准、监督和评估。家长最关心的研学课程质量达不到预期，学校迫于学生安全的问题以及缺乏政府具体的政策支持而处于被动应付的境地，种种问题表明研学旅游的高质量发展迫切需要政府、研学机构、学校和家庭等多方协力，共同在政策规范、市场模式、产品开发以及人才培养方面做出努力（谌春玲，2020）。

二、理论背景

（一）我国研学旅游价值共创缺乏相应的理论研究

国外对研学旅游和价值共创的研究起步早，相关的研究成果非常丰富，但将二者结合起来进行的研究不多。我国研学旅游研究起步较晚，但随着近年国家大力推动研学旅游的发展，相关研究得到了学者们和研学旅游行业人士的高度重视。虽然目前关于研学旅游的研究很多，但真正直接将研学旅游价值共创作为研究对象或研究内容的成果数量还很有限，相应的理论研究也比较匮乏，明显滞后于研学旅游价值共创实践对理论指导的需要，亟须借鉴国外相关成果并结合我国的实际情况进一步深化对研学旅游价值共创理论的研究，并拓宽研学旅游价值共创研究的范畴。

（二）研学旅游体验价值的影响机制有待进一步深入

研学旅游体验价值是研学旅游者对研学旅游活动带给自身价值和意义的认知和感受，研学旅游价值共创是提升研学旅游者体验价值的重要途径，价值共创对体验价值产生重要影响。因此，价值共创理论的引入能够为研学旅游体验价值研究提供重要的理论依据。研学旅游者在研学旅游中通过实施价值共创行为获得了社会支持，这种支持稳定了研学旅游者旅游体验的预期和感知，促使研学旅游者提高对体验价值的评价。研学旅游价值共创行为对体验价值的影响程度，取决于研学旅游者通过实施价值共创行为所获得社会支持的多少。同时政府政策不仅从宏观层面为研学旅游营造了良好的市场环境，从微观层面也保障了研学旅游各主体实施价值共创行为。由此可见，社会支持在研学旅游价值共创行为和体验价值之间发挥中介作用，政府政策在研学旅游价值共创行为与社会支持之间发挥调节作用，研究研学旅游价值共创行为如何通过社会支持对研学旅游体验价值产生影响，需要构建"研学旅游价值共创行为—社会支持—体验价值"的分析框架，并对其影响机制进行深入研究。

基于上述现实背景与理论背景，本书将在全面梳理国内外相关研究文献的基础上，从研学旅游主体间进行价值共创的角度深入研究研学旅游体验价值的影响机制。在探索研学旅游价值共创行为、研学旅游社会支持、研学旅游体验价值结构维度的基础上，探讨社会支持在研学旅游价值共创行为与体验价值之间的中介作用；同时引入政府政策调节变量，研究政府政策对研学旅游价值共创行为与社会支持的调节效应。

三、问题提出

研学旅游行业在快速发展中暴露出来的种种问题，阻碍了研学旅游的高质量发展。"双减"政策的出台，不仅对教育行业产生了巨大的影响，而且给研学旅游行业带来了机遇与挑战。

（一）学生研学体验亟待升级

当前研学旅游行业存在着研学旅游产品品质不高，"游大于学""只游不学""重游轻学"等现象十分突出，专业的研学导师极度缺乏，学生及家长与学校、研学机构的反馈不通畅，导致学生及家长的意见未被吸收采纳，造成研学旅游体验价值不高、家长认可度不高等问题。同时，"双减"政策减轻了中小学生的课业负担，同时释放了学生大量的课余时间，学生对研学旅游的需求和提高研学旅游中自身体验的要求都不断增加。

（二）家长消费需求得到释放

"双减"政策实施后，学生课余空闲时间不断增多，很多家长出于提升学生综合素质的考虑，会寻找学科类培训的替代品，而具有寓教于乐特点的研学旅游恰恰满足了家长的消费需求。家长对研学旅游的认可度不断提高，对研学旅游的个性化、品质化和安全性的关注度越来越高，对研学旅游产品尤其是对高品质研学旅游产品的需求大大提升，以家庭亲子为主体的研学旅游市场规模或将进一步扩容。

（三）学校研学教育面临转型

长期以来，如何在基础教育中有效实现素质教育是教育学界的痛点问题，对学校而言，开展高质量研学旅游活动是实现应试教育向素质教育转型的有效手段，但当前学校在开展研学旅游工作时，面临着专业人才缺乏、课程设计质量不高、研学旅游教育性不足等问题，学校既要考虑学生的特点和需求，又要考虑如何在研学课程设计、研学导师培养等方面与研学机构展开合作。

（四）研学旅游行业竞争加剧

"双减"政策出台以后，研学旅游市场的竞争将进一步加剧，教育培训机构由课程培训向研学业务转型的难度较低，其进入研学旅游市场的可能性大幅上升，研学旅游行业的竞争必将加剧，同时，这也将倒逼研学机构进一步提升产品品质和服务水平，必须坚持以客户（学生、家长）为中心，在研学产品设计、研学导师培养等方面与学校开展合作。

（五）研学政策落实不够

近年来政府出台关于研学旅游的各类政策，大大促进了研学旅游的发展。虽然政府使用的研学旅游政策工具已经取得了很大的成效，但在实践中仍然存在很多问题，比如使用命令工具过于频繁、激励工具和权威重组工具较为缺乏、劝告工具认同程度低、政策工具匹配度过低等。由于政策中有关信息平台搭建、多部门沟通协调、风险防范、安全责任、市场监管等方面的内容落实不到位，从而阻碍了研学旅游行业的高质量发展。

面对研学旅游当前遇到的问题，既要追根溯源探析问题形成的原因，分析研学旅游主要参与主体各自现状和利益诉求，也要分析如何基于DART模型的四个维度，从对话、获取、降低风险、透明度四个方面实施价值共创行为，构建研学旅游价值共创的机制，这对提升研学旅游体验价值，实现研学旅游高质量发展具有重要意义。

综上，本书主要探讨三个问题：第一，"双减"政策对研学旅游的影响是什么？尤其是对研学旅游四个主要参与主体的影响是什么？第二，研学旅游价值共创应该是什么以及如何测量？第三，研学旅游价值共创机制是什么？如何通过价值共创提升研学旅游发展质量？本书通过对"双减"政策的评估分析，开发研学旅游价值共创行为量表，构建基于DART模型的研学旅游价值共创机制，以期为推动研学旅游高质量发展提供对策建议。

第二节　研究目的和研究意义

一、研究目的

（一）系统考察"双减"政策对研学旅游发展的现实影响

"双减"政策的初衷是进一步减轻义务教育阶段学生作业负担和校外培训负担，看似只是教育领域的问题，其实对研学旅游市场产生了很大的影响。具体来讲，随着"双减"政策的不断贯彻和执行，学生课余时间不断被释放，家长出于提升学生综合素质的考虑，会寻找学科类培训的替代品，对寓教于乐的研学产品的需求将大大提升，以家庭亲子为主体的研学旅游市场规模或将进一步扩容。与此同时，"双减"倒逼行业进行供给侧结构性改革，教育培训机构可能会向研学旅游机构转型，研学旅游市场的竞争可能会更加激烈。由上可知，详细分析"双减"政策对研学旅游的影响，有利于把握研学旅游行业的发展趋势，为深入研究研学旅游奠定基础。

（二）尝试提出基于DART模型的研学旅游价值共创行为的测量工具

DART模型，指的是对话（Dialogue）、获取（Access）、降低风险（Risk Reduction）以及透明度（Transparency）等多个维度构成的价值共创研究模型（Prahalad, Ramaswamy, 2004）。Chesbrough和Spohrer（2006）认为价值共创相关的实证研究工作，仍处于初级阶段，缺乏系统性，相关的研究仍处于空白状态。如企业通过客户获得的感知价值量表（Supplier-Perceived Value）（Oh L B, Teo H H, 2010），消费者和企业的价值共创行为量表（Yi Y, Gong T, 2013）等，这些量表都是针对非旅游领域的，而且这些测量问卷主要源于西方文化情境，更重要的是，还没有关于研学旅游价值共创的量表。为了更好地开展我国研学旅游价值共创的定量研究，本研究将开发适合我国文化情境的研学旅游价值共创行为测量量表。

（三）科学探究研学旅游价值共创的有效实现机制

通过对研学旅游价值共创四个主要参与主体（学生、家长、学校、研学机构）及其行为表现的梳理分析，我们认为，研学旅游价值共创是研学旅游各个主体在研学旅游活动的各个阶段，在政府各类政策行为的调节下，通过实施价值共创行为（比如互动与合作、DART模型），实现对资源的整合利用，提升研学旅游体验价值的动态过程。同时，本书要构建研学旅游价值共创的分析框架和研究模型，实证、检验研学旅游四个主要参与主体（学生、家长、学校、研学机构）之间的共创行为对研学旅游体验价值的影响，最终揭示研学旅游价值共创的影响机制，为研学旅游的健康持续发展提供学理上的支撑和有益的建议。

二、研究意义

（一）理论意义

1. 评估"双减"政策对研学旅游的影响，拓宽了研学旅游的研究视角

我国研学旅游政策实施可追溯到2013年，国家之后相继出台了大量旨在促进研学旅游发展的政策文件。随后"双减"政策出台也给研学旅游带来了机遇和挑战。研学旅游具有旅游和教育的双重属性，而且教育是研学旅游的根本属性。"双减"政策的目的是重塑基础教育良好生态、促进学生全面发展健康成长，实现培养时代新人的教育目标（马陆亭、郑雪文，2022），这与国家推行研学旅游的政策是一脉相承的。本书通过对国家宏观层面2013年以来出台的有关研学旅行政策以及"双减"政策进行研究，以此了解研学旅游政策的组成状况，从而为研学旅游政策完善提供参考依据。同时就"双减"政策对研学旅游业发展的影响进行了研究，"双减"政策可充分释放研学旅游的新需求，并倒逼研学旅游行业进行供给侧结构性改革，长远来看，可能从根本上影响研学产品结构和供给模式。上述分析结果对更好地推进研学旅游的开展提供理论支持。

2. 基于DART模型开发了研学旅游价值共创行为量表，赋能旅游产业价值共创的定量研究

当前学术界对研学旅游价值共创的研究以定性研究为主，着重对价值共创主体的分析和对策研究。少量关于价值共创的实证研究所采用的量表多来源于西方情境以及其他非旅游领域，不利于准确测量我国的研学旅游价值共创行为。文章基于DART模型，从对话、获取、降低风险、透明度四个维度对研学旅游四个主要参与主体（学生、家长、学校、研学机构）进行研学旅游价值共创行为量表开发，通过半结构化访谈收集用于开发量表的质性研究资料，之后通过多次调研进行量表信效度检验，修改并完善测量题项，最终形成研学旅游价值共创行为测量量表，为研学旅游定量研究提供测量工具。

3. 尝试构建研学旅游价值共创机制，完善和发展了研学旅游的研究体系

基于利益相关者理论，本书透过研学旅游的表象分析研学旅游的主要参与主体。基于价值共创理论，本书构建了研学旅游价值共创机制模型，同时选取了政府政策作为调节变量，并在此基础上对研学旅游的价值共创机制进行了实证研究。对这些问题的研究不仅丰富和完善了研学旅游价值共创理论，而且弥补了传统价值创造理论的不足。对研学旅游多元主体间的价值共创行为进行研究有助于进一步加深对研学旅游各主体之间关系的认识，完善和发展研学旅游研究体系，对促进和拓展研学旅游的发展具有重要的理论意义。

（二）现实意义

1. 考察了"双减"政策对研学旅游发展的现实影响

"双减"政策出台以后，研学类旅游项目受到了很多家长和学生的青睐，据调查了解到，不少研学项目既无"研"也不"学"，且从业人员鱼龙混杂，活动设计粗糙，有相当一部分项目，都是同行之间互相抄袭、敷衍了事，缺乏教育性和实践性，甚至有些项目还存在虚假宣传以及乱收费情况。研学旅游行业的种种乱象，不仅会降低研学旅游者的体验感与满意度,也不利于研学旅游塑造健康美好的产业形象。本书在研学旅游政策分析的基础上,探讨"双减"政策对研学旅游的影响,提出政府部门要对研学旅游机构的登记、核查以及开展业务情况加强管理,以及对研学旅游服务进行规范和监督等政策建议,为治理研学旅游行业的乱象提供政策参考。

2. 透析了研学旅游中价值共创的有效实现机制

面对研学旅游市场存在的乱象,如果仅依靠研学旅游参与主体中的某一方,则很难解决,只有各参与主体在DART模型(对话、获取、降低风险、透明度)下,通过交流互动的方式,实现对有关资源的整合,提升资源使用率,才能最大限度地创造研学旅游体验价值。提升研学旅游参与主体间的价值共创行为能力,最直接的表现就是研学旅游服务能力的提升。大量的实证研究结论指出,讲解、教育服务是影响研学旅游服务能力的主要要素,其他要素根据其重要程度,包括交通、医疗、救助和食宿服务等(陈东军、杨定、谢红彬,2021)。影响讲解及教育服务能力的主要是研学课程、研学导师、研学基地、研学产品这四个研学旅游核心要素的品质,这四个要素存在的问题恰恰是最需要研学旅游各参与主体共同参与才能得以解决。综上,对研学旅游参与主体的价值共创行为的研究对提升研学旅游服务能力起着至关重要的作用。

3. 提出了一揽子力促"双减"背景下研学旅游高质量发展的针对性强的解决方案

在"双减"政策背景下,推动研学旅游高质量发展成为当务之急。如何重新认识和定位研学旅游,如何推进研学旅游工作,已经成为当前研学旅游行业的重要课题。通过厘清研学旅游参与主体的具体内涵与表现,开发研学旅游价值共创行为测量量表,可以为研学旅游行业制定评价体系提供理论参考;通过构建研学旅游价值共创机制,有利于研学旅游各参与主体实现价值共创,有助于研学旅游彰显其在旅游和教育两方面的价值,对实现研学旅游可持续发展具有重要的实践指导意义,同时还有助于促进研学旅游高质量发展,并最终惠及社会各方。

第三节 研究方法与研究思路

一、研究方法

（一）文献分析与逻辑推演法

为探索研学旅游价值共创行为对体验价值的影响机制，应对与研究主题相关的文献资料进行收集、整理与分析。我们阅读了大量关于研学旅游、价值共创、体验价值、社会支持等方面的书籍和论文，并追踪该领域的最新研究进展，把握研究的发展动态和前沿。我们综合理论研究文献、相关政策与权威报告文献，采用归纳和演绎法，梳理、归纳相关的理论、思想，分析当前研究的现状以及不足之处，把握理论前沿，明确本书的理论依据，进而构建本书的研究框架，即基于 DART 模型的研学旅游价值共创机理理论模型。同时，在实证研究设计中，参考已有文献进行研学旅游价值共创行为、社会支持、体验价值等变量的测量量表的设计。

（二）半结构化访谈法

半结构化访谈法是访谈法的一种类型，主要适用情形为：具有访谈提纲作为引导，需要受访者根据访谈提纲进行回答，同时访谈者又可以根据访谈程序和内容进行灵活调整。本书中该方法主要用于获取研学旅游各主体对研学旅游价值共创行为认知的描述材料。首先制定访谈提纲，然后针对研学旅游的四个主要参与主体（学生、家长、学校教师、研学机构从业者），分别选取 10~15 名人员进行面对面访谈或者电话访谈，每次访谈时间不低于 30 分钟，并通过录音方式记录，整理后形成"双减"政策分析及研学旅游价值共创行为的质性分析所需的文本资料。

（三）问卷调查法

问卷调查法是管理学科的实证研究中最为常见的一种研究方法，可以根据研究目的和研究对象设计调查问卷，向被调查者调查，收集原始数据，为后续研究提供依据。本书使用调查问卷法，主要分为三个步骤：第一，本书在文献梳理、深度访谈的基础上，设计研究所需的调查问卷，包含研学旅游价值共创行为、社会支持、体验价值等量表，通过线上和线下两种调查方法收集相关数据。第二，通过预调研，分析问卷结构与测量题项的合理性，并根据调研结果进行问卷修订，形成最终的正式调研问卷，而后通过大样本调研数据，检验概念模型和变量之间的假设关系。第三，在预调研与正式调研中，通过科学的抽样方法进行问卷的发放与回收，确保数据的真实、可靠，从而为后续的数理统计与结构方程模型分析奠定良好的基础。

（四）数理统计分析法

数理统计分析法主要用于处理与分析问卷数据。运用 SPSS22.0 软件，本书主要对人口统计变量进行描述性统计，以明确样本数据的人口特征，并在假设检验中加以控制。同时，进行问卷数据的信效度检验、相关性分析、回归分析以及单因素方差分析等。

（五）结构方程模型

结构方程模型（SME）具有同时对多个因变量建模的能力，是进行多源数据分析的重要工具。通过检验模型的整体拟合度、直接效应、间接效应、总体效应以及特定假设，即可揭示多元变量之间的作用关系。在本书中，基于理论分析构建了研学旅游价值共创行为对体验价值的影响机制结构方程模型，并通过验证性因子分析、中介效应、调节效应验证了模型中各变量间的关系与相关假设。

二、研究思路

本书遵循"问题提出—理论梳理—定性分析—模型构建—定量检验—结果分析与对策建议"的逻辑思路，首先对研学旅游、价值共创和体验价值等内容进行国内外相关研究文献梳理与分析。其次，通过对研学旅游四个主要参与主体（学生、家长、学校、研学机构）进行半结构化访谈，并通过百度、微博等网络平台搜索研学旅游相关信息并整理成文本材料，运用关键事件法进行质性分析，探索性研究研学旅游价值共创行为的结构维度。再次，构建研学旅游价值共创行为对体验价值的影响机制模型，并分别提出各自的研究假设。同时，为验证所提假设是否成立，根据各变量测量量表设计调查问卷并做预调研，根据信效度检验量表的合理性，修正调整后形成正式量表；之后基于正式的测量量表，设计并发放正式调查问卷，获取数据进行实证检验。最后，总结研究结论和理论贡献，依据结论提出对策建议，指出研究局限与展望。研究技术线路如图 2-1 所示。

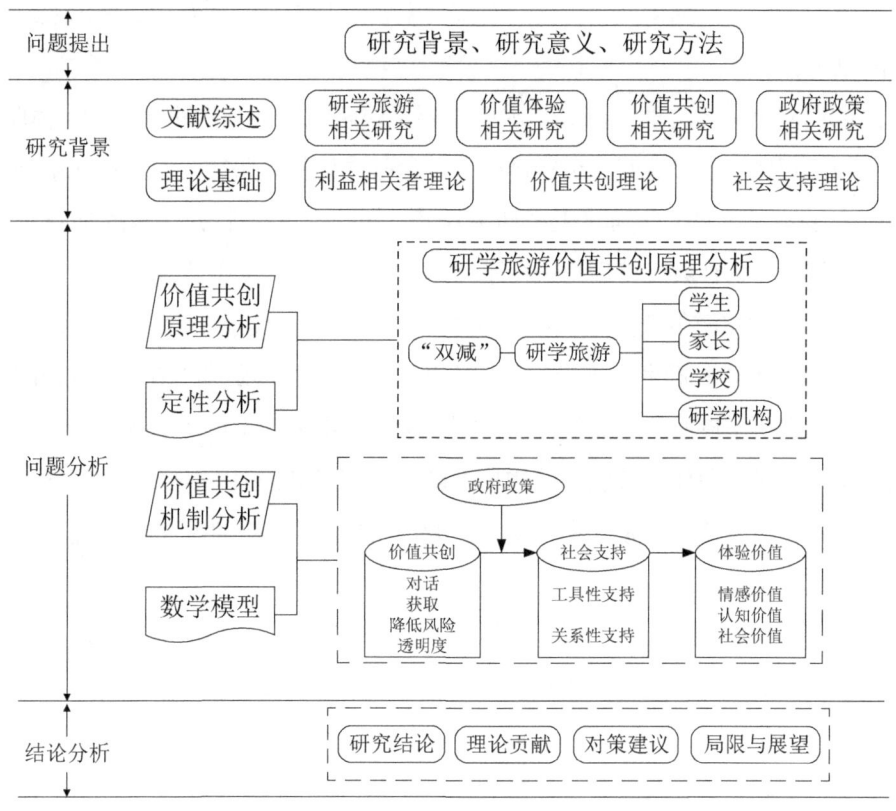

图 2-1 研究技术路线

第四节 研究内容和创新之处

一、研究内容

本书总结了国内外有关研学旅游的研究，并分析了多种因素对研学旅游多元参与主体的影响，然后基于DART模型明确研学旅游多元主体进行价值共创行为的结构维度，以及研学旅游体验价值的结构维度，构建了研学旅游价值共创行为对体验价值的影响机制与关系模型并进行了实证检验，为研学旅游价值共创的实现提出对策建议。综上，本书共九章，各章节具体内容如下：

第一、第二章：研学旅游的提出与实践，研究概述。这两部分回顾了研学旅游的历程，并在分析本书研究的现实背景、理论背景的基础上，阐明本书研究意义，对研究方法、研究思路进行了介绍和说明，同时对本书主要研究内容、创新点、技术线路等进行了相应的阐述。

第三章：文献综述与理论基础。本章主要是对研究所涉及的研学旅游、体验价值、价值共创和"双减"政策等概念进行辨析并梳理国内外相关研究文献。在此基础上，挖掘现有研究的不足之处，明确本书的研究重点。同时，对本研究涉及的利益相关者理论、价值共创理论、社会支持理论进行了介绍，为后续的研究奠定理论基础。

第四章：研学旅游价值共创过程的质性研究。本章主要基于DART模型，通过半结构化访谈与网络文本质性分析，运用关键事件法提取研学旅游价值共创行为内容并划分结构维度，为研学旅游价值共创行为各测量题项及量表的设计奠定基础。

第五章：研学旅游体验价值的结构和维度。根据深度访谈的结果，对研学旅游者的消费行为进行分析，通过对家长和学生的深度访谈内容进行质性研究，构建研学旅游体验价值的结构维度。

第六章：研学旅游价值共创行为对体验价值的影响机制与关系模型。本章以相关理论为基础，具体阐述研学旅游价值共创行为、社会支持、体验价值、政府政策之间的关系，并提出研究假设，同时构建研学旅游价值共创行为与体验价值的关系模型。

第七章：问卷设计与预调研。本章的主要任务是设计实证研究所需要的、科学可靠的测量量表，选择有代表性的研究样本进行调查走访，对相关数据进行了归纳、总结和分析，同时对初始量表进行修改，最后形成正式的调查问卷，从而为本书的后续研究奠定基础。

第八章：国内研学旅游价值共创的实证分析。本章基于正式调研问卷，通过回归分析法、结构方程模型实证检验了研学旅游价值共创行为、社会支持、体验价值、政府政策等变量之间的关系，揭示研学旅游价值共创行为对体验价值的影响机制。

第九章：研究结论与研究展望，对本书的研究结论和理论贡献进行了整理、归纳和总结，同时归纳本书研究的不足之处，并对相关领域未来的研究进行展望。

二、创新之处

本书系统探讨"双减"政策对研学旅游四个主要参与主体（学生、家长、学校、研学机构）的驱动影响，明确了多主体间价值共创的行为路径，尝试探究研学旅游价值共创的有效实现机制，提出了一揽子针对性强的对策建议，丰富了研学旅游价值共创的理论研究，同时也将为研学旅游高质量发展提供理论借鉴和参考。整体而言，本次研究的创新之处如下。

（一）首次在研学旅游研究中纳入了"双减"政策影响评估

从 2013 年开始，我国从宏观层面正式颁布了与研学旅游有关的政策，此后陆续出台相关政策，在国家宏观层面的大力推动下，研学旅游迎来了发展的热潮。同时，国家于 2021 年出台了旨在有效减轻义务教育阶段学生过重作业负担和校外培训负担的"双减"政策，"双减"政策的出台为研学旅游的发展带来机遇和挑战。本书通过对国家宏观层面 2013 年以来出台的关于研学旅行的政策和"双减"政策对研学旅游的影响进行分析和评估，进而分析政策对研学旅游的影响，为后续的实证分析研究以及从政策层面提出研学旅游高质量发展的对策建议奠定了基础。

（二）尝试运用 DART 模型实证检验研学旅游价值共创效应

本书借鉴利益相关者理论、价值共创理论、社会支持理论，基于 DART 模型的四个维度（对话、获取、降低风险、透明度），开发了研学旅游价值共创行为量表并对其进行验证，同时构建了研学旅游价值共创的分析框架和研究模型，并实证检验了研学旅游价值共创行为对研学旅游体验价值的影响，揭示了研学旅游价值共创的作用机理。此外，本书还对社会支持维度在研学旅游价值共创行为和体验价值之间的中介作用，政府政策在研学旅游价值共创行为与社会支持之间的调节作用进行了分析和研究。可以说基于 DART 模型对研学旅游价值共创的实证检验拓展了研学旅游体验价值研究的新视角。

（三）探究研学旅游价值共创的有效实现机制

现有的对研学旅游价值共创的研究文献少之又少，已有的关于价值共创的研究是主要以顾客、企业为切入点进行的（李如友，2018）。本书通过对文献的研究，诠释了研学旅游价值共创的内涵，并梳理了研学旅游价值共创四个主要参与主体（学生、家长、学校、研学机构）及其行为表现，揭示了研学旅游价值共创行为对价值共创的影响机制。提出研学旅游共创价值，是多元价值主体共同创建的，在政府各类政策的调节下，研学旅游各主体通过实施价值共创行为整合有关资源并提升资源使用率，提升研学旅游者体验价值，为研学旅游价值共创相关研究提供了有益的启示，丰富了相关的理论成果，同时也为指导研学旅游实践提供了理论支撑。

本章小结

本书主要对研究背景、研究意义和研究目的等进行了系统阐述，同时对本书的研究方式、研究思路以及研究创新之处进行了介绍和说明。

（1）研究背景和问题提出。本研究主要是基于研学旅游迅速成为撬动素质教育的新支点、"双减"政策催生研学旅游海量市场加速开启、研学旅游高质量发展呼唤价值共创的新作为等背景，以及当前国内研学旅游价值共创缺乏相应理论基础入手进行的，并就研学旅游价值共创的作用机制提出了三个本书拟解决的问题：一是"双减"政策对研学旅游的影响是什么？尤其是对研学旅游四个主要参与主体的影响是什么？二是研学旅游价值共创应该是什么以及如何测量？三是研学旅游价值共创机制是什么？如何通过价值共创提升研学旅游发展质量？

（2）研究目的和研究意义。本书系统考察"双减"政策对研学旅游发展的现实影响，科学探究研学旅游价值共创对体验价值的影响机制，对拓展研学旅游的研究视角、赋能旅游产业价值共创定量研究、完善研学旅游研究体系等方面具有重要意义。

（3）研究思路与研究方法。本书按照"问题提出—理论梳理—定性分析—模型构建—定量检验—结果分析与对策建议"的逻辑思路，研究研学旅游价值共创对体验价值的影响。运用半结构化访谈、网络文本分析等获取数据，构建研学旅游价值共创行为、社会支持、体验价值结构维度，并开发测量量表。通过问卷调查、回归分析等多种研究方式，对本次研究做出的假设和关系模型进行检验。

（4）研究内容与创新之处。本书的研究主要包括九个部分的内容，首次在研学旅游研究中纳入了"双减"政策影响评估、探究了研学旅游价值共创的有效实现机制，实证检验研学旅游价值共创效应，同时丰富了研学旅游价值共创的理论研究，并提出了一揽子针对性强的对策建议。

第三章 文献综述与理论基础

本章围绕研究主题,主要从研学旅游、体验价值、价值共创几个方面进行概念辨析与国内外文献梳理评价,旨在明确本书研究范围,总结现有研究结论的不足和问题,明确本书主要研究方向。

第一节 文献综述

一、研学旅游相关研究

(一)研学旅游的概念与要素

1. 研学旅游的概念

现阶段,"研学旅游"一词的概念在学术界还没有统一的界定。西方学者对研学旅游的研究开展较早,"Grand Tour"(大游学)一词早在18世纪的欧洲就已经出现。在国外的研究中,与研学旅游相关的名词有"Educational Tourism""Outdoor Education""Experiential Education""Study Tourism""Field Trip"等。其中,"Educational Tourism""Study Tourism"针对大学生、老年人等群体,侧重研学旅游的意义(武晓玮,2019);"Outdoor Education""Experiential Education""Field Trip"针对青少年群体,更加注重教育意义。"Educational Tourism"通常被翻译成"教育旅游",被应用得最为频繁,主要是指由个人或集体组织,通过参观自然、人文景观等方式,以获取知识和提升能力为目的的旅游活动(Ritchie et al.,2003)。

明治维新期间(19世纪80年代),日本出现"高中学生与初中学生团体旅游"的活动,后来类似活动被称为"修学旅行"。日本的修学旅行不同于观光旅行,其以学习为目的，学生在旅行中学到知识、体验生活、亲近自然。随后，修学旅行被列入中小学教学大纲，大纲明确规定中小学生每年都要参加数天的修学旅行，由学校负责组织实施，修学旅行成为日本小学、中学和高中教育的重要内容（杨生，司利，张浩，2012）。

在我国，春秋战国时期是研学旅游思想的萌芽时期，孔子周游列国被作为我国古代游学活动的起源，此后历朝历代，都有文人学士进行游历游学活动，也留下了"读万卷书，行万里路"的优良文化传统。但是，我国关于研学旅游的研究起步较晚，20世纪90年代研学旅游才受到学者的关注。我国早期发表的研学旅游论文中大多使用"修学旅游"的表述（吕可风，1996），在之后的十余年中，大部分的学者在研究中一直沿用"修学旅游"一词。2013年和2016年，《国民旅游休闲纲要（2013—2020年）》《关于推进中小学生研学旅行的意见》等文件相继出台，使"研学旅行""研学旅游"两个词语得到了广泛使用。在学术界，学者们开始频繁使用"研学旅行""研学旅游"的表述，有学者对二者进行了区分，按照旅游主体限定的不同，将研学旅行分为广义的研学旅行和狭义的研学旅行。广义的研学旅行是指以求知为目的，离开常住地，开展的探究性、研究性的专项旅行。狭义的研学旅行是指学校组织学生参与的校外考察活动，主要是要达到让学生学习知识、了解社会、提升能力、培养人格的目标。旅游界学者采用"研学旅行"的广义概念，教育界往往采用"研学旅行"的狭义概念（杨艳利，2014）。"研学旅游"侧重于旅游性，较多用于旅游业等经济产业角度的研究，"研学旅行"更强调研学的教育性，较多用于政府文件以及中小学教育的研究（谌春玲，2020）。

由于研学旅行涉及教育和旅游两大领域，教育部门往往使用"研学旅行"一词表示狭义上的研学旅行，为了与之区分，旅游部门往往使用"研学旅游"一词指代广义上的研学旅行。考虑到我国政府部门出台的研学旅行政策，其赋予了研学旅行特有内涵，为了研究语境的一致，综合学者们对两个概念现有的研究结论，笔者认为：一是从旅游研究的视角看，研究广义上的研学旅行时，使用"研学旅游"一词，研究狭义上的研学旅行时使用"研学旅游""研学旅行"均可；二是从教育研究的视角看，不管是研究广义上的研学旅行还是狭义上的研学旅行，都使用"研学旅行"的表述（见表3-1）。

本书使用旅游研究的视角研究广义上的研学旅行，因此统一采用"研学旅游"一词开展本研究。本研究采用白长虹、王红玉（2017）对研学旅游概念的界定，即研学旅游是以学习为目的的旅游教学活动，有寓教于乐的作用，相较于传统旅游产业，体现为参与形式、参与场景的转变。

表 3-1 研学旅游与研学旅行的概念区分

概念	研究视角	研究内容
研学旅游	旅游视角	多用于旅游业等经济产业角度的研究
研学旅行	教育视角	较多用于各级政府的正式文件以及关于中小学教育的研究

2. 研学旅游的要素

研学旅游集旅游和教育于一身，但它与一般意义上的旅游活动有着很大区别，教育性是研学旅游的本质属性（沈和江，高海生，李志勇，2020）。同时，研学旅游的实施是个复杂的过程，需要各种研学要素的支持，研学旅游的要素体系主要包括以下几个方面：

一是研学课程。研学课程是研学旅游教育属性的根本体现，将研学旅游课程化是中小学中实现研学旅游常态化开展的必然路径，也是研学旅游实现规范化、科学化的必然要求。当前研学课程存在学生被动参与、系统设计缺乏、评价体系不健全等问题，这些问题影响着课程实施的质量（杨德军，王禹苏，余发碧，2021）。有学者建议应该建立有教育和旅游领域专家、学科专家、一线教师广泛参与的研学旅游课程开发体系，提高研学旅游课程设计的针对性和适应性（章全武，2018）。也有学者认为，可以通过推进课程改革，积极推进课程资源序列化，通过创新方式培养研学导师以及改善评价方式、健全评价体系等方法解决研学旅游课程化面临的问题（吴静涛，2019）。

二是研学基地。研学基地是研学活动中开展教学、实践、探究和考察活动的场所，是实施研学旅游的重要载体和保障。当前，我国研学基地的建设和发展还处在初步发展阶段，还存在着诸如研学线路较少、项目设计质量不高、配套设施不够、缺乏专业的研学专业人才等问题（钟志平，刘天晴，2018）。今后研学基地的发展应该进一步加强基础和配套设施建设，加强与学校合作，提高研学旅游人才质量，从而提升研学旅游的满意度（周培培，宋宁，宋玉平，2020）。

三是研学导师。研学导师是研学旅游活动的执行者，可以说是研学旅游的核心和灵魂。一定程度上讲，研学导师的能力和水平决定了研学旅游活动开展的成败。研学导师不同于传统的导游讲解服务人员，是一个属于旅游和教育交叉领域的综合性职业。研学导师既需要了解旅游行业的相关知识，又要掌握教学方面的知识和技能，还要能根据学生的不同特点，适时地做出引导。总的来说，研学导师需要兼具导游和教师双重角色需要的能力。当前研学旅游导师供需不平衡，造成研学导师素质水平不一，对研学旅游发展造成了一定不利影响。针对研学旅游市场对研学导师的新需求，可从教育和旅游两个行业角度培养跨学科的复合型研学导师,通过建立校企合作的人员流动的双向通道,强化研学导师的职业能力培训及考核等方法,促进研学导师职业能力水平的提升(胡驰,2020)。

四是研学旅游产品。研学旅游产品是研学机构根据研学旅游者的需求,整合研学基地、研学导师、研学课程、配套服务等要素内容,开发出来的以研究式学习、实践体验、能力提升为主要内容的旅游产品。当前,快速发展的经济和不断改善的生活条件,为研学旅游提供了坚实的物质基础,但我国研学旅游产品依旧存在规范性缺乏、设计规划不完善等诸多问题(文媛、沈世伟,2021)。韩一武(2020)认为,可以从摆脱传统旅游发展的路径依赖、大力加强区域旅游合作、构建研学旅游产品质量评估体系、培养研学旅游专业人才四方面着手,推进区域研学旅游产品创新。

(二)研学旅游的特征与主体

1. 研学旅游的特征

相较于传统教育,研学旅游强调寓教于乐,强调个性体验和自主学习,实现学习和真实场景的深度融通。根据现有研究结论,本研究认为研学旅游主要有以下几个特点:

一是教育性。很多专家从正面肯定了研学旅游的教育意义和作用。根据培根的观点,旅游同时具备教育和文化交流的双重作用,陶行知在其理论基础上,提出了"生活教育法",鼓励学生通过亲身体验来获取实际经验。研学旅游和课堂教学内容相互结合、融通,超出了课堂教学的界限,使学生有接触社会和自然的机会,能在参加社会实践活动中增长知识、体验风土人情、增强爱国主义情怀(薛博文,2020)。

二是情境性。研学旅游强调情境互动,是基于真实情境的教学方式。根据情境学习理论,学习的目的是了解社会,是基于真实情境进行的活动(Lave,Wenger,1991)。学生对外界的认知,是建立在真实情境之上的,所以,真实、生动的教学情境,便于学生感知社会并实现意义建构(彭俊芳,袁书琪,陈俊英,2019)。研学旅游通过创建真实文化情境,激发学生的社会意识,起到感性知识与理性知识互补的作用,使学生在真实情境中认识社会、感知世界。

三是互动性。研学旅游的互动性,除体现在旅游环境的异文化体验上,还体现在文化互动、人际互动和服务互动上。通过师生之间的互动,可促进师生之间的情感沟通、交流,彰显学生在研学旅游中的主体地位并发挥其主导作用。而学生之间的互动交流,便于培养学生的团队合作意识,提升学生人际交往能力和社交能力。总的来说,研学旅游的互动性,促进了各主体之间的联系和沟通,让实现价值共创成为可能。

2. 研学旅游的主体

研学旅游涉及旅游和教育两大行业领域，涵盖的参与主体和利益相关者众多。根据利益相关者理论，按照在研学旅游中利益的关联度，研学旅游主要的利益相关者包括学生、家庭、学校、旅游企业、政府、志愿服务组织等，其中学生、家庭、学校是核心利益相关者，旅游企业、政府、志愿服务组织是辅助性利益相关者（周姗、陈燕菁，林武夷，等，2020）。多元利益主体对研学旅游的理解和诉求都不相同，甚至有矛盾和争议，可以从教师、学生、家长、研学机构四个主要方面入手去进行深入研究（刘俊，周彤昕，2020）。本书总结学者们前期的研究，认为研学旅游参与主体主要包括学生、家长、学校和研学机构，政府发挥宏观调控的作用，通过发布政策等方式引导研学旅游的健康发展。

一是学生。学生是研学旅游的体验者、学习者、受益者。学生是研学旅游活动的主要参与主体，调查显示，学生对研学旅游产品需求较高，希望通过研学旅游放松身心、增长见识。但现实中由于研学导师的专业素养不够，在研学旅游中无法落实"研学性学习"，常采用灌输式的讲解方式，因而大大降低了学生对研学旅游的兴趣。在研学旅游活动的组织中，学生缺乏话语权，往往是被动听从学校或者家长的安排。虽然学生对研学旅游有较大价值诉求，但很少能够参与到这一活动的策划组织中，即使学校提前征求学生的意见，也往往因为客观因素等原因无法满足学生的需求。

二是家长。家长是孩子的监护人，是研学旅游经费提供者，也是学生参与研学旅游的实际决策者。家长对研学旅游的态度影响着研学旅游活动的顺利开展。家长对研学旅游质量有着很高的要求，尤其重视研学旅游的教育意义。在很多家长眼里，研学旅游是改进传统学校教育的尝试，是素质教育的代名词。在"双减"政策实施后，对家长来说，研学旅游必定会成为替代学科培训的较好选择，这可能会导致今后研学旅游市场的重要变化，即研学旅游的组织者从以学校为主，转变为以家长为主。

三是学校。学校是研学旅游的重要组织者。学校组织研学旅游，主要是出于"育人"的目的，因此学校在研学旅游活动中重点关注三方面的内容：首先是研学旅游中学生的安全是否能够得到保障，研学旅游的教育目标能否落实，研学旅游的趣味性如何，是否得到学生的喜爱；其次是学校的教育理念、教育形式、课程特色能否得到学生、家长、社会的认同；最后是是否有专业的研学机构参与到研学旅游的组织中来，以缓解学校师资不足带来的压力。

四是研学机构。研学机构作为研学旅游的主要供给方，是研学旅游产品的提供者，主要负责相关产品的研发和组织。当前，研学旅游产品需求呈逐年递增的态势，研学机构一方面要不断增加对研学课程的投入，提升研学旅游课程质量，另一方面也要想办法避免较高的课程研发成本和运营成本造成的在市场价格竞争中的劣势。"双减"政策出台后，研学旅游市场竞争将进一步加剧，教育培训机构由课程培训向研学业务转型的难度较小，其进入这一市场的门槛不断降低，导致这一市场环境越发复杂，竞争不断加剧；但同时，这也倒逼研学机构进一步提升产品品质和服务水平，必须坚持以客户为中心，在研学产品设计、研学导师培养等方面与学校密切合作，不断提高研学旅游课程质量。

除此以外，政府部门发挥着政策指引与监管的作用，教育、旅游等政府部门联合制定的相关政策，对这一行业的发展起到了极大的促进作用，同时政府部门也规范监督研学机构、学校按照相关规定组织开展研学旅游。政府发挥宏观调控的作用，促进我国教育和旅游两大产业资源合理配置，提升研学旅游发展质量。

需要强调的是，在研学旅游的四个主体中，学生居于最核心的位置。学生是家庭的希望，是国家的未来。政府高度重视并推动研学旅游的发展，并将其纳入学校的教育大纲中，学校认真组织实施研学旅游，其共同的目的是加快实现素质教育，提升人才培养质量，最终实现人的全面发展。"双减"政策的实施在很大程度上减轻了学生的课业负担和校外培训负担，家长满怀"望子成龙""望女成凤"的美好期望，支持学生参加研学旅游；研学机构顺应市场需求，为促成上述目标的实现提供研学旅游产品并在其中实现自身的成长。从这个角度上讲，研学旅游的价值可以说就是学生在研学旅游中的收获，因此，本书在后续的研究中，将对研学旅游价值的研究聚焦到研学旅游对学生的影响研究上，也就是关注研学旅游的体验价值。

（三）研学旅游的影响

1. 研学旅游者动机

Stone 和 Petrick（2013）等专家经研究指出，少年儿童在研学旅游活动中，通过国外游学、旅游交流，拓宽了自身的知识视野，增长了见闻，了解了其他地区的文化特色，提升了人际交往能力和对社会的认识，有利于青少年价值观的形成。Coates 和 Pimlott（2019）的研究指出，中小学学生参与研学旅游活动和其叛逆心理有一定关系，是为了在短时间内，摆脱学校、家长的束缚，认识新的朋友，增加社会见闻。其中，社交需求是学生参与研学旅游的主要原因，学习需求只在其次，且其学习意愿在研学旅游活动后更为强烈（Larsen, Jenssen, 2004）。董建英、任丽霞（2016）通过调研发现，中学生的研学旅游动机主要包括娱悦身心、求知、开阔视野、陶冶情操和健全人格等。

2. 学习与教育成效

旅游是个体进行学习的一种方式，学习是重要的旅游动机和期待体验（Shoemaker，1994）。旅游场所是不同于学校等场所的教学场景，学生的旅游学习有一定的特殊性，如愉悦性、演变性、社会导向等特点。Stone（2013）等对旅游者学习收获的研究进行回顾时发现，大部分个体可以通过参与旅游活动增长知识、提高技能和促进个人成长。Ryan 和 Dewar（1995）认为旅游者参与旅游活动后，在行为认知、学习态度等方面都会出现重大转变，其社交能力、知识技能有一定提升。

研学旅游不同于传统的旅游活动模式，其主要价值是对旅游者产生积极的教育意义和旅游影响。现有的研究大多是运用心理学相关理论对研学旅游的教育成效进行评估和分析。白长虹、王红玉（2017）借鉴优势行动理论，在分析研学旅游价值的基础上，创建了旅游教育研究模型和研究框架。刘帅（2010）通过实证研究发现研学旅游对旅游者的认知、情感、行为等意向水平有正向的积极影响。周琳（2016）认为在参与跨国研学旅游后，中小学生的跨文化交际能力得到了显著提升。还有研究者认为，研学旅游创造的各种学习情境，有利于学生价值观的引导和学生良好品德的形成。所以，应加大研学旅游研究力度，并逐步建立完善的研学旅游体系，引导学生感知社会、认识社会，提升学生对社会、经济、文化和政治要素的认识（魏雷、朱竑，2020）。

3. 满意度与目的地选择

Lam 和 Hsu（2006）调查了我国潜在的内地游客和台湾地区游客赴香港地区旅游的意向，证实了行为态度和感知行为控制可以对旅游决策产生较大的影响。Spark（2007）挑选了潜在旅游者选择澳大利亚的倾向性这一实例进行研究，证实了主观规范和感知行为控制在旅游者选择中的意义和作用。

学生是研学旅游的重要主体，其对研学旅游的认知水平对研学旅游价值体系的形成产生影响（Juergen，1997）。刘畅（2018）等研究指出，当前影响学生选择研学旅游目的地的主要因素，包括目的地类型（如自然景观、服务设施和娱乐活动等）、相关群体意见（包含家长、老师、朋友、互联网等）和安全性，其中安全性是影响研学主体选择研学旅游目的地的核心因素。因此，研学活动想要获得更好的发展必须要在安全的条件下进行。据研究，不少学生和家长对研学旅游还缺乏正确的认识，对其存在不同程度的误解和理解偏差，这极大影响了学生对研学旅行的认知、行为意向和满意度。满意度反映了研学旅游活动开展的实际效果，实证表明，研学旅游的成效进一步影响旅游者的满意度与忠诚度，两者呈正向关系（朴真实，2015）。加强有关学生对研学旅游的认知、满意度、行为意向等方面的研究，有利于设计和开发高质量的研学旅游产品（韩春鲜,2015)。

二、体验与体验价值相关研究

(一)体验

体验同时具有名词、动词的属性,《辞海》对体验的定义为:动词层面的体验,指的是相关人员通过对某些事物的考察获得对事物的感知;名词层面,指的是相关人员通过自身实践获得某种认知的过程。总的来说,营销学、工商管理学、心理学、美学、哲学等不同学科,对"体验"有着不同层面的认识和定义,并从不同角度入手,对体验价值内涵进行了不同的研究。其中,哲学层面的"体验",强调相关主体理性、非理性的认识;营销学、管理学强调主体在使用产品时的心理感知,多通过向消费者提供体验式产品来实现;心理学则认为,体验指的是以个体为中心,来自个体的情感和认知之间的互动,也就是说体验是个体主体在认知层面的情感感应和实践感知。

旅游学界一直对旅游的本质进行研究,结论也众说纷纭,但"旅游是一种体验"这一观点得到了普遍认可。张凌云(2009)等研究指出,旅游体验是通过旅游活动获得的心理情感感应。谢彦君(2010)在讨论旅游体验的本质时,指出旅游学要将体验作为旅游的内核。杨振之等(2014)指出,旅游的本质是人诗意地栖居。

陈佑清(2002)从教育学的角度对体验与素质形成之间的关系进行研究,指出体验是包括情感、感知、理解等心理情感感应在内的心理活动。学生的体验过程从对事物的亲身经历和感受(途径包括直接感知、参与活动、生活积累)开始,有时也会受到外界诱因(情感感染、情景熏陶、艺术陶冶)的激发,对事物产生情感反应,基于情感反应,学生对事物有所认识、理解,并形成了某种联想,从而领悟了事物的意义,并加强了主体的情感认知和心理反应。

伯恩德·施密特(1999)等从心理学角度,将体验划分为情感体验、思考体验、关联体验、感官体验、行动体验等几种类型。王鉴忠、盖玉妍(2012)等学者,则将个体体验划分为生理、心理层次的体验以及非心理、非生理层次的体验。樊友猛、谢彦君(2017)等学者,则从不同学科角度入手进行研究,认为研学旅游主要有具身性、流动性、情境性以及生成性等多个属性特点。

(二)体验价值

体验价值与心理学的相关属性有着紧密关系,认知、行为、情感形成了较为完善的感知系统。认知指的是人们对某些社会现象和事物的认识、理解，体验是我们对体验价值的深刻感受，行为是我们在不同因素下产生的活动。在体验经济时代背景下，体验价值是一种新的顾客价值观，是顾客价值的概念演化。顾客价值的发展演变包括从顾客价值到顾客感知价值，再到顾客体验价值。

学者们对顾客价值的研究多是从经济管理的角度出发，考虑顾客获得的收益和成本。Zeithaml（1988）指出，顾客价值并非由企业定义的，而是由顾客定义的，是顾客根据自己的情感体验和认知，就产品、服务进行全方位的评价。在当前的体验经济背景下，学术界更多地使用体验价值的概念。但是目前学者们对体验价值的理解各不相同，没有形成统一的观点。Holbrook 和 Hirschman（1982）等研究指出，体验价值是顾客价值的主要构成部分，是消费者在消费过程中的一种价值判断。Mckechnie 和 Tynan（2009）认为体验价值是具有价值共创特性的顾客价值。Gummerus 和 Grönroos（2014）指出消费者在价值创造中居于主导地位，是真正的价值创造者。屈小爽（2018）认为体验价值兼具顾客价值和价值共创的特点，是顾客通过主动参与和亲身经历而产生的对产品或服务的总体感知和评价，体验价值是消费者在体验过程中所获得的价值感受和整体评价。

同时，体验价值的维度一直以来都是国内外研究的热点，不同的研究者分别从不同角度分析了体验价值的维度。Sheth 等学者（1991）基于管理的角度认为体验价值包含社会性价值、知识性价值、功能性价值、情感性价值和条件性价值；Kotler（1997）基于综合角度认为体验价值包含服务价值、产品价值、形象价值和个人价值；Swccny 和 Soutar（2001）基于零售的角度提出体验价值包含功能性价值、情感价值和社会性价值；Pendleton（2001）认为体验价值包含功利价值、社会价值和情感或享乐价值；Michine（2005）认为体验价值包含实用性价值、享乐性价值和象征性价值；苏嘉杰（2005）认为体验价值包含功能价值、形象价值、核心价值、关系价值和效应价值等维度；李建州和范秀成（2006）提出体验价值包含功能体验、社会体验和情感体验；张成杰（2007）基于旅游角度认为体验价值具有有形性、美观性、可靠性、敏感性、可信性和环境性等特性；黄杰和马继等学者（2017）基于旅游角度认为体验价值具有知觉性、情感性、社会性和精神性等特性。

三、价值共创相关研究

（一）价值共创及其机制

1. 价值共创的概念

Prahalad 和 Ramaswamy（2004）提出"价值共创"（Value Co-Creation）的概念，使"价值共创"成为一个正式的学术理念。而根据对现有资料文献的分析，该理念起源于 19 世纪，当时的消费者生产理论认为产品价值是基于消费者对产品的感知形成的，生产人员通过向消费者提供产品、服务，协助消费者生成对产品的认识，使消费者和生产者形成某种互动关系。从这一角度而言，"消费者生产理论"可视为"价值共创"理论的本源。

随着"消费者生产理论"在企业生产活动中的应用不断增多，从实践角度认识这一理论显得极为关键。因此，Prahalad 和 Ramaswamy 提出了"价值共创"的概念，使学术界以新的专业化视角，来研究生产商和消费者的关系，分析共创价值中的经济行为，并在这一基础上，引导消费者和生产者之间的互动并实现"价值共创"。价值共创的理念形成于 2004 年，随后关于这一命题的研究也随之增多。

但价值共创作为学术术语形成的同时，并没有形成相应的明确定义，因此，学术界不同专家，从不同角度入手，对价值共创进行了不同的研究，并给出了不同的定义（见表 3-2）。

表 3-2 价值共创的概念发展历程

年份	作者	定义
2004	Prahala, Ramaswamy	价值共创意味着企业、消费者共同进行价值创造，也就是顾客、企业都应视为价值创造者
2008	Vargo, Maglio	价值共创是通过对各种现有资源整合进行的，而这些资源有利于实现产品在某一背景下产品品质的提升；且服务系统可通过资源交换的方式，提升资源使用率和产品内涵价值
2010	Spohrer, Maglio	价值共创是企业产品价值转变的主要方式，而这一改变，是多个不同主体之间相互交流的结果
2010	Hollebeek	"价值共创"指的是客户感知价值（Customer-Perceived Value）不断转变的结果。根据这一定义，价值共创指的是客户为了自身利益开展的相关活动。客户感知价值是在实际业务活动中，客户与企业互动形成的

Prahalad 和 Ramaswamy（2004）最先提出"价值共创"的概念，强调的认知点

是企业和顾客是价值共创过程中的仅有参与者，这一定义主要是区别于传统的由企业创造价值的价值创造方式，是一种最直接与表层式的定义。Vargo 和 Maglio（2008）等学者，将价值共创的理念应用到产品和服务上，使人们明确了共创价值的内涵和价值共创的方式，指出价值共创是在整合多个服务系统资源基础上实现的。Spohrer 和 Maglio（2010），则对价值共创内涵进行了进一步的研究和阐述，认为价值共创是多个主体共同参与实现的，他们的研究使对价值共创的研究进入多主体研究阶段。同时，Hollebeek 认为价值共创是顾客对与品牌相关参与者通过互动/联合或协作活动所获得的价值的评估，这一过程不仅涉及直接参与者，还可能受到网络中其他人的间接影响，且共创价值对参与者的福祉有积极贡献，而负面的共创价值则被称为共同破坏品牌价值。

2. 价值共创的机制

价值共创主体在相关因素的驱动和引导下，各主体间通过价值共创行为，产生了价值共创结果。

（1）价值共创主体

企业是价值共创的早期主体，即企业是价值共创的主导。随着经济社会的不断发展，价值共创主体从企业转变为顾客，价值共创模式发生了重大转变，呈现出以顾客为主导的价值共创模式（Zwass，2010），在该模式下，要求从个人价值入手，利用其资源优势，结合企业资源进行价值创造。随着价值共创理念在企业生产、服务中的应用不断增多，价值共创从企业发起，发展为多方主体发起（Pinho，2014）。

（2）驱动因素

价值共创的驱动因素，可划分为顾客要素、企业要素以及互动场景要素。首先是顾客要素。主要是指价值共创取决于顾客对产品、服务的情感认知，以及顾客特征、行为和其角色定位。顾客对产品、服务的情感感知和体验，是顾客参与到价值共创中的前提基础，且顾客对产品、服务的情感体验，能够强化顾客的认知行为，从而提升顾客在价值共创中的作用。大多数学者从顾客角度入手，分析了顾客参与价值共创的内在动因，如 Porter 等（2013）研究指出，顾客掌握的信息资源，直接决定了顾客对企业的态度和看法；彭艳君（2016）等学者指出，顾客是产品、服务共创价值的主体，顾客的参与直接关系到共创价值的产生。其次是企业要素。Beverland（2012）等创建了营销领域的价值共创模型，包括价值导向、价值能力、价值实践、价值结果。总的来说，企业要素构成部分包括企业资源、企业创新能力、企业管理水平、企业价值导向等。企业的价值导向，是企业核心价值理念、企业整体战略规划和发展的目标，如顾客导向、资源导向。根据商业模式理论，价值是连接企业资源和顾客利益的重要媒介，所以，企业价值导向直接关系到企业资源、管理能力。最后是互动场景要素。该要素是价值共创研究中的特殊要素，是基于特定场景进行的，因此，互动场景能够直接激发顾客参与价值共创的积极性和主观能动性，继而促进在各个环节产生价值共创活动，因而互动场景是价值共创活动的基础。

（3）价值共创结果

综合上文所述，价值共创研究有着鲜明的理论、现实意义，随着价值共创研究的不断增多，关于价值共创结果的研究也随之增加，但相关的实证研究却处于空白状态。首先，从顾客层面看，顾客是价值共创的主体。一般来说，顾客在使用相关产品或享受某一服务过程中，将对企业产品、服务形成一定的感知，包括对产品、服务质量的感知，有助于提升其体验感，从而做出消费决策。认知、情感、行为作为顾客参与价值共创的主要驱动要素，直接影响到个体价值共创的结果。李雷（2016）等关于网上银行服务情景的研究认为，人机交互因素通过影响客户感知体验而起到激发电子服务价值的作用。See和Ho（2014）等在网络社交情景基础上，就消费者价值共创对其消费意愿的影响进行了研究，认为价值共创能够激发消费者的消费意愿。其次，从企业层面来说，价值共创对企业行为的影响是学术界研究的主要方向，相关的研究多集中于资源、绩效、创新等多个方面。关于价值共创模式和流程的研究中，学者们就价值共创对企业资源、能力的影响进行了探讨和分析，有关结论也进一步强调它们之间存在正向关系。Lusch和Nambisan（2015）等从服务、创新理念入手，将企业资源定义为集能力、知识、关系、信息等于一体的资源实体，指出企业、顾客的价值共创是企业资源不断重构、融合的过程。同时，部分研究文献也明确指出，价值共创对企业资源整合有着正向且显著的影响（Hsien，2015）。

（二）研学旅游价值及其来源

1. 学生培养的本体价值

研学旅游的本体价值和实践出发点是丰富学生的文化素养、研究能力和实践体验。研学旅游活动，通过活态文化的教育价值，让参加学生在场体验，获得整体陶冶、具身认知，从而提升发展核心素养（殷世东，2019）。研学旅游可起到拓宽学生知识视野、提升学生见闻和人际交往能力的作用，引导学生形成正向的价值观，提升学生的社会责任意识、创新能力和社会实践能力。研学旅游从知识学习、能力培养、情感体验、品格塑造等多方面对学生产生积极影响，比如研学旅游能够帮助学生通过校外社会实践活动学习到更鲜活的知识，有助于培养学生独立思考、交流沟通、团结协作、组织策划等方面的能力，同时增进学生之间的友谊和师生之间的感情交流，帮助学生增强体魄、磨砺意志，形成集体观念、责任意识（杨艳利，2014）。

研学旅游中学生也会获得无法复制的宝贵学习经验。研学旅游将学生从单一、固定的校园带到相应的自然、社会场景，为学生接触社会、了解社会提供了便利，将不同特征的主体连接在一起，构建人生意义，有利于个体在研学过程中形成正向价值理念（Chew，2008）。同时，学生在研学旅游中，通过合作、交流、互动，提升彼此之间的情感互动，增强人际交往能力，从而能更好地应对复杂的人际关系。

2. 素质教育的推动价值

我国教育事业发展的任务是综合素质教育的全面深化，也就是说，如何实施有深度的综合素质教育是我们目前教育改革需要解决的现实问题。研学旅游能够通过旅游的方式丰富学生的自然和人文知识、提升其综合素质，研学旅游可以有效弥补现有教育模式和课程体系在素质教育方面的缺失。国家自2013年开始从政策层面推动研学旅游的发展，可以说这一举措基于特殊的社会历史背景，具有政策导向意义，蕴含着基础教育制度改革的深刻目的。

研学教育通过情境教学、体验教学的方式，极大填补了我国传统填鸭式、被动式教学的不足，完善了我国教学体系，激发了学生主动学习的积极性，对促进学生素质发展有着重大意义。研学旅游融合了社会文化、理性思维以及非理性思维等多方面内容，起到了填补课程分科上的问题的作用。同时，研学旅游通过教育、旅游之间的深度融合，起到了学思结合的作用，能极大地提升学生的认知能力和实践能力。可以说，研学旅游顺应了教学方式改革的需要，有力推动了素质教育的实施。

3. 产业功能的带动价值

作为旅游业的一种特殊业态，研学旅游对相关产业的带动作用非常显著，自从我国政府不断出台政策促进研学旅游发展以后，研学旅游的社会热度不断提高，市场规模不断扩大。2019年，我国研学旅行市场规模约为164亿元，主要参与研学旅行业务的企业有7300多家。《中国研学旅行发展报告2021》指出，全国在校中小学生规模近2亿人，考虑到我国人均教文娱消费支出占全国居民人均消费支出的比例已接近10%，研学旅行无疑是一个需求庞大的市场。随着市场规模的扩大，越来越多的旅行社、景区、研学机构，甚至是教育培训机构，纷纷开展研学旅游业务。"双减"政策下，学校研学旅游市场主导地位发生了根本性转变。随着我国"双减"政策的实施，学生空闲时间不断增多，家长希望找到课外补习的替代品，来提升子女综合素质，家长对研学旅游产品的需求将大大上升,以家庭亲子为主体的研学旅行市场规模或将进一步扩容。

四、研学旅游和"双减"政策相关研究

(一)研学旅游相关政策

1. 政策内容

自2013年《国民旅游休闲纲要(2013—2020年)》发布以来,我国政府出台了一系列研学旅游政策(见表3-3),在政府政策的推动下,研学旅游产业得到了快速发展。

表3-3 研学旅游国家政策一览表

时间	部门	标志性足迹
2013年2月	国务院办公厅	《国民旅游休闲纲要(2013—2020年)》
2013年2月	教育部	《关于开展中小学生研学旅行试点工作的函》
2014年7月	教育部	《中小学学生赴境外研学旅行活动指南(试行)》
2015年10月	教育部	《关于确定全国中小学德育工作相关实验单位的通知》
2016年1月	国家旅游局	公布首批"中国研学旅游目的地"和"全国研学旅游示范基地"
2016年3月	教育部	《关于做好全国中小学研学旅行实验区工作的通知》
2016年11月	教育部等	《关于推进中小学生研学旅行的意见》
2016年12月	国家旅游局	国家旅游局公告(2016年第37号)
2017年3月	教育部	《关于进一步做好中小学生研学旅行试点工作的通知》
2017年7月	教育部办公厅	《关于开展2017年度中央专项彩票公益金支持中小学生研学实践教育项目推荐工作的通知》
2017年9月	教育部	《中小学综合实践活动课程指导纲要》
2017年12月	教育部办公厅	《关于公布第一批全国中小学生研学实践教育基地、营地名单的通知》
2018年10月	教育部办公厅	《关于公布2018年全国中小学生研学实践教育基地、营地名单的通知》
2019年10月	文化和旅游部	《研学旅行指导师职业能力等级评价标准》

(资料来源:根据政府网站公开信息整理)

从2016年,我国教育部等多个部门出台《关于推进中小学生研学旅行的意见》等政策性文件后,地方政府也迅速跟进,并结合地方实际情况出台支持研学旅游发展的配套政策。截至2021年,我国有24个省、自治区、直辖市,根据自身情况,制定了有关研学旅游的产业政策,以规范本地研学旅游市场的发展。除此以外,除了旅行社、专

业的研学旅游机构以外，教育培训机构等跨行业机构也进军研学旅游市场，中国研学旅行目的地联盟、中国研学旅行联盟、中国研学旅行推广联盟等产业联盟先后成立，建立了线上的研学旅行平台，各地的旅游协会也相继成立了研学旅行专业委员会。从以上可以看出，研学旅游作为一个新兴产业，迎来了一个全新的、迅速的发展时期。

2. 政策效果

研学旅行产业模式，与传统校内教育模式不同，是校内外合作的新型教育模式，引起了家长、学校、旅游企业的关注和重视，加上国家、地方政府扶持政策文件的出台和实施，越来越多的学生参与到研学旅行活动中来，参与学生总数不断攀升。有关部门提供的调查数据显示，2018年，我国境内研学旅行人数，从2017年的140万人次增加到400万人次，境外研学旅行人数从2014年35万人次增长至105万人次[①]。据不完全统计，2019年我国研学旅行市场规模达到164亿元，有7300多家企业开展研学旅游业务，有专家推断，我国的研学旅游市场规模至少应该达到千亿元规模。但是，我国研学旅游发展起步较晚，从2013年至今也不到十年的时间，其间世界经济又受到新冠疫情的影响，对我国研学旅游产业发展造成了一定的阻碍和限制，要想达到预期发展目标仍需要付出更多努力。

虽然研学旅游政策极大地促进了我国研学旅游产业的发展，但是在政策实施过程中，也存在不少的问题。比如说，国家层面的研学旅游政策较为宏观，政策缺乏硬性约束，在实际中可操作性不强，政策效果也大打折扣。同时，当前研学旅行相关的安全管理制度还不健全，政府、学校、家庭、研学机构等主体的责权利关系仍不明晰，政府的监督评价职能未能有效履行，这都阻碍了研学旅游的健康发展（张晗，2020）。

究其原因，研学旅游涉及旅游和教育两大行业，既具有旅游行业食、住、行、游、购、娱的复杂性，又具有教育行业的敏感性。同时根据利益相关者理论，研学旅游行业又包含了众多的利益主体，比如学生、家长、学校、研学机构和政府等，众多主体间责权利关系不明晰，缺乏价值共创是导致当前研学旅游政策实施效果不佳的原因。

一是政府。政府部门是政策的制定者、执行者和监管者，但在实际政策执行和监督方面存在一定的缺位现象，具体表现为：研学旅游政策的执行需要多部门配合，但在政府内部，缺少详细分工，致使缺乏有效的督促和约束机制，同时研学旅游市场监督检查制度亦不完善。二是学校。各地的中小学校承担着组织学生参加研学旅游活动的职责。学校首先要组织师资参与到研学课程的开发设计中来，确保研学旅游的教育效果；其次

---

① 2018年中国研学旅游行业发展现状和市场前景[EB/OL].前瞻网，2019-02-10, https://www.qianzhan.com/analyst/detail/220/90201-af769394.html.

是要做好安全预案，确保学生的人身安全。但在现实中，学校往往以缺乏专业师资为借口，将研学旅游工作外包给研学机构，造成研学旅游的教育效果大打折扣，甚至有学校将学生安全责任也"外包"出去，学生的安全责任在政府、学校、研学机构之间如何分担尚没有明确，这也抑制了学校开展研学旅游的积极性。三是学生和家长。学生是研学旅游的直接参与者和体验者，家长是学生的监护人，二者都享有研学旅游的知情权，也有权向学校、研学机构反馈意见和建议。四是研学机构。研学机构是研学旅游产品的供给者，研学机构首先要提供符合要求的研学旅游产品；其次要接受政府的监督，规范自身的经营行为。实际中研学机构为了降低成本，对课程研发的投入力度不够，研学旅游产品的质量堪忧，同时由于政府的监管不到位，研学机构在经营过程中存在违规行为。

（二）"双减"政策的背景与影响

1. 政策背景

长期以来，在我国教育领域，中小学学生课业负担过重和校外培训负担过重问题备受社会诟病，并由此引发了广大家长和学生的教育焦虑现象。这种教育焦虑已经成为一种社会现象，并且受到国家的重视。

2021年7月，中共中央办公厅、国务院办公厅联合发布的《关于进一步减轻义务教育阶段学生作业负担和校外培训负担的意见》（"双减"政策），涉及8个方面、30条举措，具体包括全面压减作业总量和时长、提升学校课后服务水平、全面规范校外培训行为等措施。随后，国家各部门纷纷出台配套政策，以响应并落实国家"双减"政策。如全国人民代表大会明确提出，将"双减"提升到法律层面，以减轻九年义务教育阶段学生的学习压力。国家市场监督管理总局发出通报，严禁在公交站台、地铁站台发布校外培训广告等。

与此同时，北京、天津、上海等地相继出台政策，落实"双减"政策。2021年12月，教育部召开新闻发布会，明确表示"双减"政策实施工作起到了一定成效，主要体现在：首先，学生在校学习时长、作业量显著减少；其次，校外线下培训机构数量锐减。调查显示，线下校外培训机构减少了82.3%。通过这些数据可看出，"双减"政策的实施已经初见成效。

2. 政策影响

"双减"政策对校外教育培训机构造成了很大的影响，众多知名教育培训机构纷纷倒闭或者转型发展。尽管研学旅游等非专业教学机构不在"双减"政策范围内，但作为关联行业，研学旅游产业发展也遭受了极大的冲击，但同时，亦获得了绝佳的发展机遇。

第一，在国家政策引导下，学生、家长对研学旅游的关注不断提升，从而促进了这一产业的不断发展。在当前强调素质教育的背景下，研学旅游的价值随着我国旅游业的迅速发展而引起了人们的广泛关注和高度重视，国家也出台了一系列旨在促进研学旅游产业发展、规范研学旅游市场运作的政策文件。总的来说，政府发展研学旅游和实施"双减"政策的初衷是一致的，都是要推动素质教育的实施，在两类政策作用下，研学旅游成为促进学生素质发展、提升学生综合素质的主要渠道，学校和家长都关注学生的成长，因此研学旅游也越来越受到学校和家长的关注，研学旅游市场面临着新的机遇。

第二，"双减"政策促使研学旅游新需求充分释放。"双减"政策下，研学旅游市场可能由学校主导向家庭主导转变。目前研学旅游市场的主体还是以学校统一组织的研学旅游为主，但是，随着"双减"政策的不断实施，学生课外实践不断增多，作为家长，希望有更多的校外补习班的替代品，家长、学生对研学旅游产品的需求将大大提升，以家庭亲子为主体的研学旅游市场规模或将进一步扩容。家庭亲子对研学旅游产品的要求更高，兼有休闲度假和研学双重需求。在新冠疫情背景下，人们对产品品质、安全性、个性化的需求不断增多，对我国研学旅游市场发展造成了直接影响。而家庭亲子教育，更重视产品理念、产品服务、性价比、师资力量、教育内容等，研学产品的丰富度有望进一步提升，同时亲子市场和研学市场的界限可能进一步模糊。

第三，"双减"政策倒逼行业供给侧结构性改革。"双减"政策虽然是针对教育领域的改革，但客观上对研学旅游领域造成了很大的影响。因为"双减"政策对学科类培训业务的影响，培训机构也积极谋求出路，其进入研学旅游市场的可能性大幅上升，研学旅游行业竞争将进一步加剧。从业务相关性看，教育培训机构由课程培训向研学业务转型的难度较小，未来可能会有更多有资本、有师资、有专业课程体系的教培机构涌入研学赛道，加剧行业竞争。但同时，竞争也有利于进一步提升产品品质和服务水平，加强行业标准化和规范化程度。

五、文献述评

本章文献综述基于研学旅游、体验价值、价值共创三大主题，分别梳理与总结了相关概念内涵与国内外研究现状。通过回顾这些研究，本书认为相关主题研究主要存在以下三个局限。

第一，在现有研究中缺少"双减"政策对研学旅游影响方面的研究。

从我国学者们对研学旅游的研究内容上看，研究主要集中在基础概念研究、理论基础研究、研学旅游产业要素（研学课程、研学基地、研学导师、示范基地）研究、对策研究等方面。从政策层面对研学旅游进行研究的尚不多见，张晗（2020）基于地方相关政策文本分析，对中小学研学旅游进行了研究，蒋礼海（2021）运用政策工具对我国研学旅行政策进行了文本研究，并提出了政策建议。

由于"双减"政策出台不久，目前对"双减"政策的研究主要集中在教育领域，主要集中在对政策意义的评述、课后服务的设计、作业创新、课堂教学、教师素养等方面，目前研究"双减"政策对研学旅游影响的尚不多见。在下一步的研究中，还需要从"双减"政策对研学旅游参与主体（学生、家长、学校和研学机构）的影响方面进行深入调查研究，着重考察其对研学旅游市场的影响，以及给研学旅游带来的机遇和挑战。

第二，缺乏本土语境下的研学旅游价值共创测量量表。

研学旅游价值共创的重要性和意义，学界目前已经进行了广泛探讨，并已达成初步共识。然而，由于缺少完善的测量工具与方法，限制了学者们对研学旅游价值共创行为的实际检验，以致现有的研究基本停留在定性研究阶段。根据现有研究结论和理论文献，当前的价值共创行为量表主要以价值共创活动、行为测量为主。国内外学术界对不同价值共创主体或不同情景下的价值共创进行了大量的研究，但相关研究工作多是从企业、员工、顾客角度入手进行的，关于共创双方互动机制的研究相对较少。任际范、徐进和梁新弘（2014），以及谢萍（2013）等，研究、开发、验证了企业间价值共创化量表，上述研究对本书开发研学旅游价值共创行为量表具有重要的借鉴意义。对此，本书将在已有文献的基础上，结合半结构化访谈，开发研学旅游价值共创行为测量量表，弥补此处研究空白。

第三，缺少对研学旅游价值共创机制的研究。

现有的文献中，对研学旅游价值共创的研究少之又少，已有的关于价值共创的研究大多是在"顾客—企业"二元视角下对旅游价值共创活动进行研究（李如友，2018）。共享经济促进了不同主体之间的互动，从而形成了游客和游客、游客和旅游组织等多元化主体的价值共创（闻娟，汪维清，王晓腾，2018）。

本书将不再局限于顾客、企业视角，将价值共创的主体扩展至研学旅游的四个主要参与主体，也就是学生、家长、学校和研学机构，探讨这四者在对话、获取、降低风险、透明度之间（DART）的作用机理，同时构建了研学旅游价值共创行为的分析框架和研究模型，并通过实证检验了"双减"政策对研学旅游价值共创的驱动因素，以及研学旅游四个主要参与主体（学生、家长、学校、研学机构）的共创行为对研学旅游体验价值的影响，揭示了研学旅游价值共创的影响机理。

第二节 理论基础

一、利益相关者理论

利益相关者理论起源于对股东中心理论的创新。关于利益相关者的研究起源于20世纪30年代。20世纪80年代中前期，美国的Freeman等学者，从广义层面对利益相关者进行了定义，并获得学术界的认可。根据其关于利益相关者的定义，利益相关者指的是能够影响一个组织或被组织影响的团体、个人。所以，利益相关者指的是被企业政策、决策、行为影响的个人和群体。而这些人或群体的行为，也直接影响到企业的决策、行为、政策和战略目标。企业利益相关者，主要包括企业在职员工、供应链渠道商、企业产品消费者、竞争对手、政府、债权人、零售商和各类社会团体组织等。随着研究的深入，学者们从多角度对利益相关者进行分类，先后出现了多维细分法和米切尔评分法（Charkham，1992；Mitchell，1997），这两种分析方法促进了人们对利益相关者的界定和科学分类。学者们的研究指出了利益相关者在维度上存在的差异（Clarkson，1995；陈宏辉、贾生华，2004），通过多角度的研究，并对利益相关者进行分类，加深了对利益相关者的认识，在实践中有力地指导了对利益相关者的管理。

当前，已有学者已经运用利益相关者理论，对研学旅游行业的利益相关者进行了研究，周姗、陈燕菁、林武夷等（2020）将研学旅游利益相关者分为两类，首先是核心利益相关者，主要以学生、学校以及学生家庭为主；其次是辅助性利益相关者，多指政府、旅游企业和志愿服务组织。刘俊、周彤昕（2020）通过梳理，认为研学旅游行业的利益相关者包括学生、家长、家庭、科研机构、研学旅行社、学校、旅行社、交通、餐饮等多个主体。在研学旅游的研究中借鉴利益相关者理论，有利于从纷繁复杂的角色中，确定主要的研学旅游主体，并梳理清楚各主体之间的利益关联，为研学旅游价值共创研究奠定基础。

二、服务主导逻辑与价值共创理论

（一）服务主导逻辑

在当前信息化的社会背景下，社会分工和行业界限越发模糊，服务业成为社会主流行业之一，服务经济在国民经济中的占比不断提升，商品、服务不断融合，企业特别是传统制造企业，逐渐由制造业转向服务业，主要职责由产品生产转变为提供科学的解决方案，树立新型服务理念，对企业资源进行系统整合，实现产品、服务一体化，进而实现价值共创。在传统制造业向服务业转型阶段，企业服务管理工作应当以客户需求为导向。2004年，Vargo和Lusch等在权威财经杂志 *Journal of Marketing* 上发表了 *Evolving to a New Dominant Logic for Marketing* 一文，并进行了大量的有关研究，认为商品、服务可整合为一个整体，同时以新的服务主导逻辑（Service Dominant Logic：SDL）为视角，重新研究了价值创造、市场交易等重要问题。Vargo、Lusch（2004）等学者对服务进行了这样的定义：某一主体为实现自身或其他有关主体利益，通过自身专业、知识、资源，实现某一目标的过程。根据这一定义，商品是企业传递服务的重要媒介。

如上所述，商品是实现价值交换的主要工具，商品主导逻辑认为企业通过生产产品创造价值，并通过产品交换进行价值分配。在这一过程中，企业和消费者承担着各自的责任，在价值创造中发挥着不同作用；服务主导逻辑以产品为中心，以价值交换为基础，强调企业产品复杂价值创造，并通过市场实现价值分配，生产者、消费者同时进行价值创造，价值创造是提升企业综合竞争力的关键。服务主导逻辑是倡导以服务为中心替代传统的以产品为中心的逻辑，是解释经济交换和价值创造的哲学基础。Vargo认为服务主导逻辑为所有领域的研究者都提供了一种全新的研究视角，并根据服务主导逻辑的思维方式提出、检验并摒弃传统理论。服务主导逻辑是全新的商品主导逻辑，如何认识并应用该逻辑，是当前学术界研究的重点，学术界基于这一视角，进行了大量的研究。

（二）价值共创理论

Prahalad、Ramaswamy（2000，2004）从战略管理的角度入手，提出了价值共创的理念，之后，随着市场研究视角和理论的演变，聚焦消费者和企业在创造价值中的作用的变化，理论上通过某些方式、场景、价值共创等方式进行了研究和阐述，并得出了以下观点。

1. 基于顾客体验的价值共创

Prahalad、Ramaswamy（2000，2004）提出，共同创造价值是公司和客户之间通过不断交流、互动实现的，可总结为：首先，企业、顾客持续互动、交流，提升顾客体验价值，这是企业、客户共创价值的本质；其次，顾客和企业不断互动是实现价值共创的主要方式。上述研究结论，系统地揭示了当前互联网、知识型经济背景下，企业、顾客角色位置转变，造成企业价值理念转变的过程，从而为价值共创研究提供了理论支持。

2. 基于服务主导逻辑的价值共创

2004年，Vargo、Lusch等学者在资源优势理论、核心竞争力理论基础上，提出了服务主导逻辑等有关理念，并在2006年和2008年对这一理论进行了修订和改进，突出了顾客在价值共创过程中的主体地位。服务主导逻辑，拓展了价值共创研究思路，丰富了相关理论体系。Payne（2008）等多位学者基于服务主导逻辑提出的价值共创理念模型，进一步强调了顾客是价值创造主体的这一理念。

3. 基于服务逻辑的价值共创

Gronroos（2011，2013）等学者在服务逻辑理念基础上，进一步提出了价值共创理念，强调顾客的主体地位，指出顾客是企业价值的主要创造者，企业只有通过提供资源或帮助创造价值，才能提出有价值的建议；价值创造是不同企业和客户，在不同情境下进行的，也可在没有互动的情形下进行价值创造。

4. 基于服务生态系统的价值共创

服务生态系统是在服务主导逻辑基础上形成的，是互联网经济背景下的全新体系。2010年，Vargo、Lusch在提出该系统理念后，学术界对这一系统理念进行了大量的研究。2011年，Vargo、Lusch进一步指出，服务生态系统是以A2A（Actor—To—Actor，即参与者—参与者）主导的空间结构，相关主体通过持续互动、交流，对资源进行整合，实现价值共创目的。2011年，Edvardsson对服务主导逻辑的不足和局限进行了研究，认为价值共创中忽略了社会因素的影响，并提出了基于社会构建理论和服务主导逻辑的价值共创系统。

综合以上所述，当前国内外学术界就价值共创理论形成、参与主体的关系等进行了大量的研究，包括其机制形成、动机、行为、客户体验、客户忠诚度、社交网络、品牌等有关因素和重要维度，同时，基于欢迎、旅游、娱乐等进行了实证检验。例如，学者Ninon和Storbeka从共享创造和概念网络的价值角度展示了12家跨国公司在构建商业模式中的作用和意义。熊俊莉（2010）等对2000—2008年我国台湾地区各大行业企业运作模式进行了总结和分析；Lund（2010）讨论了社会组织和赞助商的解决方案，以实现与瑞典皇家歌剧院合作的商业价值作为研究对象，并强调了保持长期价值网络关系与共同创造价值的重要性。Ramsomi（2008）根据客户体验研究了耐克的增值趋势。Holbeek和Brody（2009）创建了一个概念模型，用于检查各种渠道的葡萄酒服务水平,并从价值共创角度提出了建议,重点关注消费者的参与和需求,增加葡萄酒市场的增值服务,并建立品牌。Wayne(2010)从客户参与的角度讨论了在公司和客户之间的价值共创。Satish和Robert(2009)讨论了客户虚拟环境下价值共创的积极性。李丽娟(2012)等以旅游行业为实证研究对象,对旅游行业的价值共创方式和途径进行了论述,并验证了游客在旅游价值共创中的作用。王新新(2012)等则从社交网络角度入手,分析了顾客在消费价值共创中的作用和意义。卢俊义(2011)以软件开发企业为实证研究对象,创建了基于供应商、顾客和顾客体验、顾客价值的共创价值理论模型,并对该模型进行了实证研究,验证了该模型的有效性。Kimmy(2010)、Vandermerwe(2000)、Wikstrom(1996)、Matias(2009)等研究了价值共创对企业、顾客的影响。

如上文所述,研学旅游价值共创是研学旅游多元主体共同进行价值创造的过程。价值共创相关理论为建立研学旅游高品质体验模式以及实现良好的素质教育的效果提供了理论依据。

三、社会支持理论

关于该理论的研究,最早可追溯到20世纪70年代,是在人们研究压力对人体健康影响基础上形成的全新理论体系(Homes,Rach,1967)。直到20世纪80年代,Cassel和Cobb才在其文献中,将这一理念作为精神病学理念提出,该理念引起了人们的关注和重视,之后相关研究才不断增多。

社会支持指的是人们通过和专业、非专业人士互动、交流,以获得社会资源支持来实现某一目标的活动。提供资源的专业、非专业人士,可能来自一般社会群体,也可能来自一般社交网络(Cohen,Underwood,2000)。李强(1998)等研究指出,社会支持指的是一个人通过其社交网络和人际资源,获取的能够缓解其焦虑心理、社交压力、心理应激反应以适应社会环境的行为,而这一社交网络、人力资源成员,可能是其家庭成员,也可能是其至交好友、同事、社区、社会团体等。Rosenbaum(2006)等指出,社会支持是服务提供方、顾客等主体之间的互动交流,可起到提升客户体验感、舒适感的作用,最终实现资源交换的目的。因此,服务人员和客户之间的情感交流,可起到提升社会支持的作用。而陌生人之间、家庭成员之间、企业之间只有彼此互动、沟通、交流,才能不断提升相互之间的情感情谊,进而提升社会支持度。社会支持包括有形支持、无形支持。其中,无形支持指精神、心理方面的支持,如共情、理解、尊重、关怀、引导、鼓励等;有形支持指经济、物质、服务上的支持(宋佳萌,范会勇,

2013）。大量的实证研究指出，社会支持在保证人们身心健康、提升社会生活质量方面有着重大意义和作用（杨化龙，鞠晓峰，2017；郑志丹，郑研辉，2017）。所以，研学旅游过程中，研学旅游者通过实施研学旅游价值共创行为从多个层面获取社会支持，对其顺利开展研学旅游活动和提升研学旅游体验价值发挥着重要的作用。

本章小结

本章的核心内容是对本书研究涉及的研学旅游、价值共创、体验价值、政府政策等多个概念及文献进行全面梳理与分析，对理论基础进行研究，为后续的理论和实证分析奠定基础。

文献综述主要内容有四：一是对研学旅游的概念与要素、特征与主体、影响与关系等方面的文献进行梳理；二是对体验和体验价值相关文献进行梳理，并对二者的内涵进行了阐释；三是通过对文献的梳理，对价值共创的概念和共创机制、研学旅游价值及其来源进行了研究；四是对研学旅游相关政策和"双减"政策的背景和影响进行了梳理。

通过回顾这些研究，本书认为，在现有研究中缺少"双减"政策对研学旅游影响方面的研究，缺乏本土语境下的研学旅游价值共创测量量表，缺少对研学旅游价值共创机制的研究。

本书关于研学旅游价值共创行为与体验价值的研究涉及社会学、管理学、心理学等多学科的相关理论，具体包括利益相关者理论、价值共创理论、社会支持理论等，对上述理论的阐述为后续研究奠定了理论基础。

第四章 研学旅游价值共创过程的质性研究

第一节 研学旅游价值共创的理论借鉴（DART 模型）

Prahalad 和 Ramaswamy 在对价值共创概念进行探讨时，提出了价值共创的 DART 模型，认为价值共创的基本要素包括对话（Dialogue）、获取（Access）、降低风险（Risk Reduction）和透明度（Transparency），这四者是价值共创的基石。本书将借鉴 DART 模型，研究研学旅游四个主要参与主体（学生、家长、学校、研学机构）间的价值共创行为。DART 模型中的价值共创要素，如表 4-1 所示。

表 4-1 DART 模型中的价值共创要素

DART 模型	阐述
对话 （Dialogue）	价值共创主体互动交流，明确双方意愿，形成合作关系，以共同解决相关问题，实现互动交流和价值共创
获取 （Access）	为提升资源、信息获取效率，创建合作中的服务信息平台，主要精力集中于共同使用权的应用上，而忽略了信息所有权
降低风险 （Risk Reduction）	提升共创价值主体之间的合作力度，分析产品、服务中面临的风险因素，建立统一的风险防范机制，提升风险管理能力
透明度 （Transparency）	提升信息资源之间的透明度，加深各主体之间的合作

（资料来源：谢萍.基于 DART 模型的企业间价值共创量表开发和验证 [D].哈尔滨：哈尔滨工业大学，2013.）

一、对话（Dialogue）

对话意味着价值共创主体之间进行沟通交流，实现知识共享的意愿和想法。在研学旅游情境中，对话是指各研学旅游主体通过沟通交流，增进了解，共同合作解决出现的问题，最终实现信息共享和互利共赢。对研学机构而言，在研学旅游产业链的各个阶段与学生、家长以及学校保持对话，可以及时了解研学旅游需求及对研学产品的意见和建议。对学校来说，与其他研学旅游主体加强对话沟通，如广泛征求学生意愿，让学生参与研学旅游方案的选择；对学生而言，平等的对话意味着尊重和自我实现，学生能够参与到研学旅游的全过程，尤其是研学旅游行程的设计和结束后的反馈评价环节，有助于提升学生的体验感。

二、获取（Access）

价值共创过程中，除了共创主体间要进行积极的对话和沟通，还需要建立信息获取以及沟通交流的渠道。获取是指价值共创主体为了快速有效地得到所需信息，而建立的信息传播渠道和实施的各类行为。信息获取的效果既依靠渠道的畅通也取决于信息的质量。研学旅游各主体要实现价值共创，必须树立信息开放共享的理念，并通过多种便利渠道让其他主体方便获取。可以通过线上（包括网站、公众号、客户群等）和线下（面对面沟通、电话沟通、传单、海报、宣传册等）等方式不断更新服务信息，收集反馈信息，为客户提供充分的研学旅游产品信息，便于价值共创活动的实现。

三、降低风险（Risk Reduction）

风险意味着对企业和消费者的利益造成损害，传统观念认为企业比消费者更能把控对风险的评估和规避；企业为了维护自身利益，在向消费者介绍产品和服务时，往往更注重说明消费者可获得的收益，少说甚至不说存在的风险，这种做法会对消费者的利益造成损害。而在价值共创中，强调的是所有的利益主体通过实施风险规避措施，降低风险，共担风险。随着消费者风险意识的增强，企业要主动与客户分享风险知识，共同管理风险。在研学旅游领域，安全事故、服务质量、矛盾冲突等风险发生的概率更高，如果对风险的管控不到位，给研学旅游各主体都会造成很大的损失。因此，在研学旅游价值共创过程中，学生、家长、学校应该与研学机构一起，对风险共同承担责任，研学机构要与其他研学主体分享风险管理的知识，建立风险评估机制，共同管理风险。

四、透明度（Transparency）

Prahalad 和 Ramaswamy 研究指出，信息公开、透明是促进企业、顾客合作的关键要素，也是实现双方合作共赢的前提基础。以往有的企业会利用与消费者之间的信息不对称而获益，但互联网时代信息不对称的鸿沟持续缩小，消费者越来越容易获得更多的关于产品和服务的信息，企业很难再维持相关信息的不透明。在研学旅游情境中，研学机构在价值共创过程中保证信息的高水平透明,有助于帮助家长和学生更好地了解研学旅游和价值共创规则、内容等信息,使其更好地参与价值共创活动;同时,学生和家长的反馈也能帮助研学机构更好地了解客户需求和意见,更好地提供满足客户个性化需求的旅游产品。由此可以看出,在价值共创中保持信息和资源的高透明度,能帮助各主体间深化彼此的信赖程度和合作欲望,研学旅游各主体之间的信息越对称,透明度越高,信任度就越高,参与研学旅游价值共创的意愿就越强烈。

第二节　研学旅游价值共创行为的质性分析

一、研究设计

由于研学旅游价值共创研究缺乏科学量表,本书在 DART 模型基础上,结合质性研究法,创建出研学旅游价值共创行为结构体系。通过质性材料的获取方法、质性材料的分析方法、结构体系构建的步骤三个方面开展研究设计。

(一)质性材料的获取方法

研学旅游价值共创行为质性材料的获取可通过两个途径:第一,文献研究法,通过对研学旅游以及价值共创行为的现有文献进行搜集整理,借鉴已有研究文献的研究成果,深入了解研学旅游价值共创行为的特点和结构维度;第二,半结构化访谈法,对研学旅游价值共创的主体(学生、家长、学校和研学机构)和政府五个群体进行深度访谈并进行资料收集,对研学旅游价值共创行为进行详细探究。本书总结学者们前期的研究后认为,可通过质性研究,运用文献研究法和半结构化访谈法,从 DART 模型的四个维度识别研学旅游价值共创行为。

(二)质性材料的分析方法

本书借鉴管理学、心理学和社会学中的问卷法、关键事件法、内容分析法等多种研究方法对研学旅游价值共创行为进行质性分析。其中,关键事件法运用较为普遍,通过分析梳理收集到的质性材料,提取出关键事件,并对关键事件的内容进行分析和归类,为总结出结构维度奠定基础。

（三）结构体系构建的步骤

本研究通过以下流程，创建了研学旅游价值共创行为结构体系：首先，根据本书的研究目的，在已有的旅游互动行为研究以及相关理论的基础上，咨询专家意见，结合DART模型的四个维度设计访谈大纲；其次，确定调查对象，并开展深度的半结构化访谈；再次，汇总整理访谈材料；最后，根据DART模型初步确立研学旅游价值共创行为的结构体系，为后文研学旅游价值共创行为量表及问卷题项的设计奠定基础。具体步骤如图4-1所示。

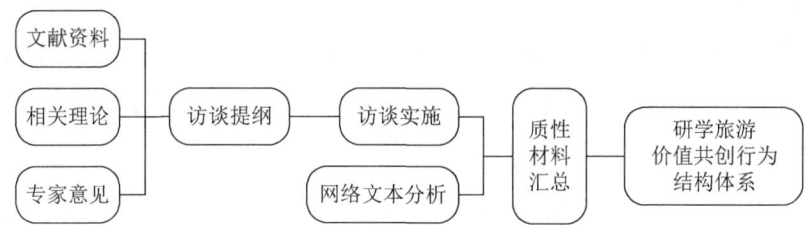

图4-1 研学旅游价值共创行为结构体系构建步骤

二、研学旅游价值共创行为的调研

本书总结了学者们前期的研究，研学旅游主要参与主体包括学生、家长、学校和研学机构，因此要对研学旅游价值共创行为进行调查，通过质性调查，全面识别研学旅游各主体在对话、获取、降低风险、透明度四个维度的看法和认识。鉴于此，此次调研将按照半结构化访谈的方式，从学生、家长、学校教师、研学机构从业人员和政府教育部门的工作人员等五个群体的角度进行资料收集。

（一）访谈调研实施

1. 访谈提纲

根据开放性原则，制定访谈提纲，给受访者一种自由、轻松的访谈环境，使其能够主动提供更多的信息。为掌控访谈节奏，使访谈工作不脱离主题范围，提升访谈调研效率，避免因为脱离主题而导致访谈时间的增加，应事先设计好以半开放题目为主的半结构化访谈提纲。访谈提纲按照受访者身份的不同，设计了五个类别的问题，分别针对四个研学旅游主体（学生、家长、学校教师、研学机构）和政府。访谈的内容包括研学旅游价值共创行为的研究和"双减"政策对研学旅游主体的影响，以期对研学旅游价值共创行为的前因、表现和结果等相关问题有一个系统、全面的认识。访谈提纲制定应当基于开放性的原则进行，通过开放性问题，和受访问者进行交流，以引导其真实表达自己的感想。为便于受访问者理解，笔者和多位有丰富研学旅游的家长和学生交换了意见，尤其是听取了营销学、社会学、旅游学等多个学科领域专家的意见，并根据他们的建议，对访谈提纲进行了修订和完善，从而制定了本次深度访谈的提纲（参见附录A）。为达到研究目的并确保问题设计合理、措辞得当，该访谈提纲征询了2位旅游管理领域、1位社会学领域和1位教育学领域的专家。

2. 实施流程

半结构化访谈（Semi-Structured Interview）是指在质性资料收集过程中，基于访谈提纲，以不同形式的开放性问题引导受访问者针对主题进行深入陈述的方法。该访谈方式内容集中，紧扣主题且能挖掘较深层次的信息，是一种最常见的质性资料收集方法。首先基于本书研究主题研学旅游价值共创行为设计访谈提纲，同时，组建访谈小组进行访谈技能培训，以减少后期访谈失误，提高访谈效率。由于访谈的人员数量较多，因此招募了20名旅游管理专业的硕士研究生和本科生，分成10组，每组有1名硕士研究生和1名本科生。本次访谈采取2名访谈者对1名受访者。其中1名访谈者承担提问、引导以及文本记录等主要访谈任务，另一名访谈者承担录音、补充提问等次要访谈任务，以此形式来保证质性资料的可信度。在访谈的过程中，访谈者应认真且细致地记录受访者访谈的所有信息，并根据信息不断引导受访者讲述更多其曾经经历或者知道的研学旅游价值共创行为现象。在整个访谈过程中，全程进行录音。访谈结束之后，访谈者将文字与录音设备所记录的内容进行整理与校对，形成最终的文本资料。

（1）访谈对象的确定

本次访谈对象主要分为游客与旅游一线员工两个群体。其中，游客访谈样本来源于旅游景区游客的随机抽样。由于旅游一线员工中，酒店（住宿业）、餐饮、导游（景区讲解员）与景区商家是与游客接触最为紧密的群体，因此，旅游一线员工访谈样本主要来源于以上四类群体。

（2）样本量的确定

Patton（2015）认为虽然在定性访谈中对于样本量大小没有特定的规定，但当信息冗余或数据饱和时，数据收集就应该停止。可见，这位学者已对访谈最大样本量给予了判定。Hughes等人（2007）则规定了访谈数量的最小值，该学者认为如果要产生足够数量的关键事件，访谈样本量最少应该要有25份。本书将以30作为最小样本量，分别先选择30名学生、家长、学校教师、研学机构从业人员和政府教育部门工作人员进行访谈。在此基础上，以2名受访者作为增量，不断提取关键行为，直到不再出现新的内容，实现数据饱和为止。由此，既确定了本次访谈的最大样本量，同时也进一步保证了质性研究内容的可信度。

（3）具体实施

访谈方式是多样化的。根据本次课题研究所需，本次研究选用面对面访谈、电话访谈、网络访谈等多种访谈方式进行访谈。其中，面对面的访谈方式能够较为直观地了解受访者的语言、情绪和情感感受、思想认知等，对认识某一问题、现象本质起着重要作用。作者利用在教育系统工作的便利，在多省区确定调查对象，并招募了调研团队，确保高质量地完成调研工作。

3. 数据收集

本次访谈从2020年6月起，到当年9月，前后进行了三个月。根据本次研究的目的以及访谈原则，本次访谈确定了35个中小学生家庭，对学生和一位家长进行了访谈，同时选取了33位中小学教师、37位研学机构从业人员、40位政府教育部门工作人员进行了访谈。对各访谈对象，最长访谈时间为70分钟，最短为25分钟。受访者情况，如下所述。

（1）中小学生受访的统计情况分析

由于受到新冠疫情等因素的影响，人与人之间仍旧保持一定的距离，且跨区域旅游受到限制，因此难以对不同地区的受访对象进行面对面访谈，为在严格遵守防疫要求的情况下尽可能扩大受访对象所在地域的覆盖面，本次访谈主要在线上举行。

从年龄上看（见表4-2），本次接受访谈的中小学生的年龄主要集中在9~15岁。从性别上看，女生共20个（占受访对象总数的57.1%），男生共15个（占受访对象总数的42.9%）。从教育程度来看，所有受访学生都在3年级到9年级之间。从地域上看，受访学生主要来自江苏、上海、广东、重庆、山东、山西、陕西、浙江、安徽、湖北、河南以及四川共12个省市。受访学生所在地主要分布在我国的南方地区，共25个（占受访学生总数的71.4%），并且以湖北省内居多，共6个（占比17.1%）。

表4-2 受访中小学生的基本情况

序号	受访者	性别	年龄（岁）	教育程度	职业	所在地
XS1	沈同学	女	15	9年级	学生	湖北武汉
XS2	吴同学	男	15	9年级	学生	安徽合肥

续表

序号	受访者	性别	年龄（岁）	教育程度	职业	所在地
XS3	韩同学	女	13	7年级	学生	浙江杭州
XS4	何同学	女	14	8年级	学生	广东深圳
XS5	孔同学	女	9	3年级	学生	湖北武汉
XS6	魏同学	男	14	8年级	学生	广东深圳
XS7	冯同学	男	15	9年级	学生	湖北武汉
XS8	魏同学	男	12	6年级	学生	江苏无锡
XS9	卫同学	女	13	7年级	学生	浙江杭州
XS10	杨同学	男	13	7年级	学生	山西太原
XS11	沈同学	女	10	4年级	学生	山东济南
XS12	魏同学	女	13	7年级	学生	河南郑州
XS13	许同学	男	12	6年级	学生	安徽合肥
XS14	严同学	男	15	9年级	学生	江苏无锡
XS15	蒋同学	女	9	3年级	学生	浙江杭州
XS16	尤同学	女	10	4年级	学生	湖北武汉
XS17	王同学	男	12	6年级	学生	湖北武汉
XS18	卫同学	男	14	8年级	学生	陕西西安
XS19	钱同学	男	11	5年级	学生	上海
XS20	钱同学	女	12	6年级	学生	山东济南
XS21	施同学	女	10	4年级	学生	上海
XS22	冯同学	女	14	8年级	学生	重庆
XS23	孙同学	女	14	8年级	学生	安徽合肥
XS24	施同学	女	11	5年级	学生	山东济南
XS25	何同学	女	13	7年级	学生	陕西西安
XS26	孔同学	女	12	6年级	学生	广东深圳
XS27	秦同学	男	13	7年级	学生	浙江杭州
XS28	李同学	男	12	6年级	学生	江苏无锡
XS29	吴同学	女	11	5年级	学生	湖北武汉
XS30	何同学	女	14	8年级	学生	重庆
XS31	魏同学	女	10	4年级	学生	山西太原
XS32	尤同学	男	12	6年级	学生	安徽合肥
XS33	沈同学	男	13	7年级	学生	四川成都
XS34	尤同学	男	15	9年级	学生	山东济南
XS35	陈同学	女	10	4年级	学生	河南郑州

(2)家长受访的统计情况分析

本次受访家长的总数为35个(见表4-3)。从性别上来看,本次受访家长以男性为主,共19个(占受访家长总数的54.3%),女性16个(占受访家长总数的45.7%)。从年龄上来看,本次受访家长的年龄集中在33岁至45岁之间,其中40岁及以上年龄的人数最多,共20人(占受访家长总数的57.1%)。从受教育程度来看,硕士及硕士以上学历的共20人,占受访家长总数的57.1%;本科学历的7人,占受访家长总数的20%;专科及专科以下学历的共8人,占受访家长总数的23.9%。从职业分布来看,事业单位职工8人,占受访家长总数的22.9%;非事业单位的27人(主要包括司机、公司职员、个体户、快递员、超市职员等),占受访家长总数的77.1%。从地域上来看,受访家长共覆盖了湖北、安徽、浙江、广东、江苏、山西、山东、河南、陕西、上海、重庆、四川共12个省市。受访家长地主要分布在我国的南方地区,共25个(占受访家长的71.4%),并且以湖北省内居多,共6个(占比17.1%)。

表4-3 受访家长的基本情况

序号	受访者	性别	年龄(岁)	教育程度	职业	所在地
JZ1	徐某	女	41	硕士	银行职员	湖北武汉
JZ2	吴某	男	44	专科	司机	安徽合肥
JZ3	韩某	男	35	学士	公司职员	浙江杭州
JZ4	何某	男	41	硕士	个体户	广东深圳
JZ5	孔某	男	38	硕士	公司职员	湖北武汉
JZ6	魏某	男	40	博士	大学教师	广东深圳
JZ7	吴某	女	44	本科	公司职员	湖北武汉
JZ8	魏某	男	42	博士	建筑设计师	江苏无锡
JZ9	卫某	男	35	本科	国企公司职员	浙江杭州
JZ10	杨某	男	35	专科	快递员	山西太原
JZ11	王某	女	36	硕士	公务员	山东济南
JZ12	魏某	男	40	专科	公司职员	河南郑州
JZ13	夏某	女	38	专科	超市职员	安徽合肥
JZ14	李某	女	41	博士	研究所研究员	江苏无锡
JZ15	蒋某	男	33	专科	货车司机	浙江杭州
JZ16	魏某	女	36	硕士	建筑设计师	湖北武汉
JZ17	陈某	女	44	博士	大学教师	湖北武汉
JZ18	杨某	女	43	硕士	公司职员	陕西西安

续表

序号	受访者	性别	年龄（岁）	教育程度	职业	所在地
JZ19	胡某	女	41	博士	公司部门经理	上海
JZ20	李某	女	33	本科	公司职员	山东济南
JZ21	施某	男	35	专科	个体户	上海
JZ22	冯某	男	40	硕士	公司职员	重庆
JZ23	刘某	女	39	本科	银行员工	安徽合肥
JZ24	施某	男	39	硕士	律师	山东济南
JZ25	何某	男	38	博士	医生	陕西西安
JZ26	孔某	男	42	硕士	自由职业	广东深圳
JZ27	秦某	男	43	博士	公务员	浙江杭州
JZ28	夏某	女	35	专科	公司职员	江苏无锡
JZ29	吴某	男	42	硕士	互联网工程师	湖北武汉
JZ30	何某	男	41	专科	个体户	重庆
JZ31	杨某	女	44	硕士	全职妈妈	山西太原
JZ32	边某	女	45	硕士	自由职业	安徽合肥
JZ33	李某	女	39	本科	公司职员	四川成都
JZ34	尤某	男	41	本科	个体户	山东济南
JZ35	白某	女	40	博士	医生	河南郑州

（3）学校教师受访的统计情况分析

本次受访教师的总数为33个（见表4-4）。从性别上来看，本次受访的教师以女性为主，共18个（占受访教师总数的54.5%），男性教师15个（占受访教师总数的45.5%）。从年龄分布来看，本次受访教师的年龄主要集中于26岁到55岁之间，其中30岁至40岁的受访教师共14人，占受访教师总数的42.4%，40岁到50岁的受访教师共14人，占受访教师总数的42.4%。从受教育程度来看，受访教师的受教育程度大都是本科及以上，其中拥有本科学历的受访教师共22人，占受访教师总数的66.7%，拥有硕士学位的受访教师共10人，占受访教师总数的30.3%。从职业分布来看，受访教师由小学教师和初中教师组成，其中人数最多的初中教师，共21人，占受访教师总数的63.6%。从地域分布来看，受访教师共覆盖了陕西、山西、河南、江苏、浙江、安徽、四川、湖北、山东、上海、重庆11个省市。

表 4-4 受访学校教师的基本情况

序号	受访者	性别	年龄	教育程度	职业	所在地
JS1	周老师	男	32	硕士	小学教师	山西太原
JS2	陶老师	男	38	硕士	小学教师	河南郑州
JS3	魏老师	女	38	本科	初中教师	河南郑州
JS4	钱老师	女	26	本科	小学教师	陕西西安
JS5	吕老师	女	42	本科	初中教师	江苏无锡
JS6	何老师	男	28	本科	小学教师	浙江杭州
JS7	金老师	女	55	本科	初中教师	江苏无锡
JS8	华老师	女	43	本科	初中教师	安徽合肥
JS9	张老师	男	45	本科	初中教师	四川成都
JS10	张老师	男	45	硕士	小学教师	安徽合肥
JS11	沈老师	男	54	本科	初中教师	山西太原
JS12	严老师	男	43	本科	初中教师	湖北武汉
JS13	张老师	男	31	硕士	小学教师	安徽合肥
JS14	秦老师	男	39	本科	小学教师	山东济南
JS15	秦老师	男	34	硕士	初中教师	上海
JS16	李老师	女	30	硕士	初中教师	陕西西安
JS17	秦老师	女	44	本科	初中教师	重庆
JS18	周老师	女	49	专科	初中教师	浙江杭州
JS19	魏老师	女	40	本科	初中教师	四川成都
JS20	金老师	男	35	本科	初中教师	安徽合肥
JS21	沈老师	女	42	硕士	小学教师	四川成都
JS22	施老师	女	30	本科	初中教师	重庆
JS23	秦老师	女	35	本科	初中教师	上海
JS24	魏老师	女	37	本科	初中教师	安徽合肥
JS25	李老师	女	45	硕士	小学教师	湖北武汉
JS26	郑老师	女	47	本科	初中教师	重庆
JS27	曹老师	男	39	本科	小学教师	重庆
JS28	沈老师	女	44	本科	小学教师	浙江杭州
JS29	钱老师	男	41	本科	初中教师	重庆
JS30	冯老师	女	33	本科	小学教师	重庆
JS31	吕老师	男	27	硕士	初中教师	湖北武汉
JS32	郑老师	女	40	本科	初中教师	浙江杭州
JS33	金老师	男	35	硕士	初中教师	上海

（4）研学机构从业人员统计情况分析

本次受访的研学机构从业人员共 37 人（见表 4-5），从性别来看，本次受访的从业人员以男性为主，共 21 人，占受访研学机构从业人员总数的 56.8%；女性从业人员 16 人，占受访人员总数的 43.2%。从年龄分布来看，本次受访的研学机构从业人员的年龄主要集中于 22 岁到 45 岁之间，其中 30 岁到 40 岁的受访从业人员最多，共 15 人，占受访研学机构从业人员总数的 40.5%。从受教育程度来看，研学机构从业人员的学历跨专科、本科、研究生共 3 个层级，其中以本科学历最多，共 16 个，占受访研学机构从业人员总数的 43.2%。从职业分布来看，本次受访的研学机构从业人员大多为景区或旅行社的基层工作人员，共有 31 人，占受访研学机构从业人员总数的 83.8%。从地域分布来看，受访的从业人员共覆盖了陕西、山西、河南、江苏、浙江、广东、四川、湖北、山东、上海、重庆共 11 个省市。

表 4-5 受访研学机构从业人员的基本情况

序号	受访者	性别	年龄（岁）	教育程度	职业	所在地
YXJG1	许某	女	43	本科	景区导游	河南郑州
YXJG2	秦某	男	24	专科	旅行社员工	河南郑州
YXJG3	赵某	男	28	本科	旅行社员工	重庆
YXJG4	张某	女	37	本科	景区导游	江苏无锡
YXJG5	孔某	男	34	专科	景区导游	上海
YXJG6	孙某	女	42	专科	景区导游	湖北武汉
YXJG7	孙某	女	36	硕士	研学基地管理人员	陕西西安
YXJG8	沈某	男	22	专科	景区导游	上海
YXJG9	卫某	女	37	本科	景区导游	江苏无锡
YXJG10	尤某	男	32	硕士	景区管理人员	重庆
YXJG11	施某	女	25	专科	旅行社员工	湖北武汉
YXJG12	杨某	男	43	本科	景区导游	四川成都
YXJG13	陶某	女	40	本科	旅行社员工	四川成都
YXJG14	蒋某	男	45	硕士	景区管理人员	广东深圳
YXJG15	杨某	女	41	硕士	旅行社员工	浙江杭州
YXJG16	尤某	男	35	本科	景区导游	浙江杭州
YXJG17	钱某	男	36	硕士	研学基地研学导师	湖北武汉
YXJG18	秦某	女	43	专科	景区导游	山东济南
YXJG19	王某	男	45	硕士	旅行社员工	上海
YXJG20	华某	女	30	专科	景区导游	广东深圳

续表

序号	受访者	性别	年龄（岁）	教育程度	职业	所在地
YXJG21	何某	男	42	专科	研学基地人员	上海
YXJG22	金某	男	25	专科	景区导游	河南郑州
YXJG23	孙某	男	24	本科	景区导游	陕西西安
YXJG24	曹某	男	30	专科	旅行社员工	江苏无锡
YXJG25	吴某	女	42	专科	旅行社员工	山西太原
YXJG26	曹某	男	26	专科	景区导游	山东济南
YXJG27	吕某	男	33	本科	景区导游	四川成都
YXJG28	冯某	男	35	本科	旅行社员工	重庆
YXJG29	李某	男	45	本科	旅行社员工	广东深圳
YXJG30	孙某	女	35	硕士	旅行社管理人员	湖北武汉
YXJG31	华某	女	36	本科	景区导游	山西太原
YXJG32	陶某	男	22	本科	旅行社员工	浙江杭州
YXJG33	严某	男	28	本科	景区导游	广东深圳
YXJG34	孙某	男	30	专科	旅行社员工	湖北武汉
YXJG35	许某	女	32	本科	旅行社员工	四川成都
YXJG36	王某	女	44	专科	旅行社员工	山西太原
YXJG37	许某	女	42	本科	旅行社员工	山东济南

（5）政府教育部门工作人员统计情况分析

本次受访的政府教育部门工作人员共40人（见表4-6），从性别来看，本次受访的政府部门工作人员以女性居多，共22人，占受访总数的55%。从年龄来看，本次受访的政府教育部门工作人员年龄集中在25岁到55岁之间，年龄的跨度较大，受访对象的年龄分布较广，数据的代表意义相对较强。从受教育程度来看，受访人员的学历主要由本科和硕士组成，其中本科学历所占比重较大，共24人，占受访总人数的60%。从地域分布来看，受访的政府教育部门工作人员共覆盖了湖北、陕西、上海、山西、河南、山东、浙江、重庆、四川、广东共10个省市。

表4-6 受访政府教育部门工作人员的基本情况

序号	受访者	性别	年龄（岁）	教育程度	所在地
ZF1	尤某	男	42	硕士	山西太原
ZF2	卫某	男	31	硕士	上海
ZF3	魏某	男	25	本科	浙江杭州
ZF4	孔某	男	34	博士	四川成都

续表

序号	受访者	性别	年龄（岁）	教育程度	所在地
ZF5	张某	女	27	本科	四川成都
ZF6	孙某	女	49	硕士	浙江杭州
ZF7	韩某	男	45	本科	重庆
ZF8	周某	男	26	硕士	陕西西安
ZF9	卫某	男	37	本科	山东济南
ZF10	卫某	男	55	硕士	山东济南
ZF11	尤某	女	25	本科	浙江杭州
ZF12	孔某	男	45	硕士	上海
ZF13	韩某	男	25	本科	重庆
ZF14	朱某	女	30	本科	上海
ZF15	吴某	女	31	本科	山东济南
ZF16	朱某	男	42	博士	四川成都
ZF17	曹某	男	35	硕士	四川成都
ZF18	周某	男	48	本科	湖北武汉
ZF19	孔某	男	43	本科	重庆
ZF20	李某	女	52	本科	山西太原
ZF21	吴某	男	49	本科	河南郑州
ZF22	孔某	女	28	硕士	河南郑州
ZF23	孔某	女	32	本科	浙江杭州
ZF24	孔某	女	26	本科	湖北武汉
ZF25	严某	女	50	硕士	陕西西安
ZF26	曹某	女	40	本科	四川成都
ZF27	吕某	女	34	本科	陕西西安
ZF28	钱某	女	55	本科	山东济南
ZF29	张某	男	30	本科	山东济南
ZF30	卫某	女	47	硕士	四川成都
ZF31	蒋某	男	41	硕士	重庆
ZF32	曹某	女	40	硕士	山东济南
ZF33	吕某	女	43	本科	山西太原
ZF34	魏某	女	42	硕士	重庆
ZF35	孔某	女	32	本科	浙江杭州
ZF36	张某	女	42	本科	浙江杭州
ZF37	吴某	女	46	本科	广东深圳
ZF38	吴某	女	37	本科	河南郑州

续表

序号	受访者	性别	年龄（岁）	教育程度	所在地
ZF39	杨某	女	55	本科	河南郑州
ZF40	金某	男	42	硕士	广东深圳

（二）网络文本质性数据收集与处理

随着互联网的快速发展，研学旅游可以通过网络平台进行深入了解展示，因此，可以搜集有关"研学旅游"的网络文本作为质性材料的补充。本书通过编写网络爬虫，主要爬取百度资讯与微博上发布的以"研学旅游"作为关键词的所有信息。其中，百度作为全国最大的搜索引擎，以其资讯端口作为信息获取源相对全面且具有权威性。而微博作为我国目前最有影响力的社交平台之一，已经成为大众发布、围观与讨论新闻时事的聚集地。综合这两个网络平台的数据，可以最大限度地获取真实可靠的信息并减少信息的遗漏。

1. 百度资讯数据爬取情况

通过剔除相关性较低和重复内容，共在百度资讯平台中爬取数据312条，从中精选出官方用户发布的研学旅游信息共28条。根据表4-7可知，28条信息的发布时间范围为2016年6月至2022年1月，且在地域上涵盖了我国东中西部地区，这也说明了研学旅游当前在我国各地普遍开展。

表4-7　百度资讯平台中官方用户发布的研学旅游相关信息的基本情况

序号	时间	地点	发布平台
BD1	2022-01-05	四川广元	四川新闻网
BD2	2022-01-04	河南洛阳	经济网
BD3	2022-01-03	新疆吐鲁番	腾讯网
BD4	2022-01-03	甘肃张掖	张掖新闻
BD5	2022-01-02	北京市	新浪网
BD6	2021-12-27	江苏泰兴	人民资讯
BD7	2021-12-21	北京市	搜狐网
BD8	2021-12-24	浙江绍兴	杭州网
BD9	2021-10-02	重庆市	上游新闻
BD10	2021-05-26	山东青岛	《大众日报》
BD11	2020-12-11	浙江杭州	研学旅行网
BD12	2020-11-19	山东省	闪电新闻

续表

序号	时间	地点	发布平台
BD13	2020-07-08	浙江杭州	海外网
BD14	2020-02-07	海南三亚	搜狐网
BD15	2020-01-02	广西合山	《广西日报》
BD16	2019-07-19	陕西西安	西安文旅之声
BD17	2019-06-14	宁夏银川	搜狐网
BD18	2019-04-09	湖南怀化	湖南在线
BD19	2019-03-12	北京市	《中国青年报》
BD20	2018-05-02	浙江杭州	中国青年网
BD21	2018-04-19	安徽省	安徽省教育厅
BD22	2018-02-05	河北石家庄	河北省新闻网
BD23	2018-01-12	北京市	央广网
BD24	2017-12-21	四川省	四川发布
BD25	2017-07-05	北京市	央视网
BD26	2017-02-16	浙江杭州	搜狐网
BD27	2016-12-19	北京市	央视网
BD28	2016-06-18	安徽滁州	中国新闻网

2. 微博话题数据爬取情况

通过剔除相关性较低和重复内容，共在微博平台爬取数据653条，从中精选出官方认证平台发布的研学旅游信息共25条（见表4-8），时间范围为2017年6月至2022年1月，涉及地域相对众多，具有一定的代表性。

表4-8 微博平台研学旅游情况精选信息的基本情况

序号	时间	地点	发布平台
WB1	2022-01-05	甘肃酒泉	《酒泉日报》
WB2	2022-01-04	云南保山	保山文旅
WB3	2022-01-04	内蒙古	《内蒙古日报》
WB4	2021-12-31	广西桂林	《桂林晚报》
WB5	2021-12-27	新疆乌鲁木齐	乌鲁木齐市文旅局
WB6	2021-12-23	福建泉州	泉州晚报社
WB7	2021-12-21	辽宁沈阳	沈阳博物馆
WB8	2021-07-13	湖北武汉	湖北新闻
WB9	2021-07-05	安徽宣州	宣州文旅
WB10	2020-09-07	浙江宁波	《慈溪日报》

续表

序号	时间	地点	发布平台
WB11	2020-08-31	江西省	江西网络平台
WB12	2020-08-28	福建厦门	厦门广电
WB13	2020-08-28	陕西西安	西安电视台
WB14	2020-03-26	浙江舟山	定海新闻
WB15	2020-03-25	四川乐山	《乐山日报》
WB16	2020-03-10	四川乐山	《三江都市报》
WB17	2018-01-22	北京市	央视财经
WB18	2017-12-21	四川成都	成都发布
WB19	2017-11-14	山东潍坊	潍坊文旅
WB20	2017-10-12	辽宁鞍山	鞍山发布
WB21	2017-09-29	山东青州	文旅青州
WB22	2017-06-29	北京市	海淀宣传
WB23	2017-09-29	山东青岛	山东发布
WB24	2017-09-27	安徽宿州	宿州文化旅游
WB25	2017-09-07	台湾地区	《中青报旅游周刊》

三、研学旅游价值共创行为质性材料分析

（一）价值共创行为维度分类的过程

本研究采用关键事件法和网络文本分析法对研学旅游价值共创行为维度进行归类。关键事件法的中心思想是将目光聚焦于影响结果的关键事件，即通过对关键事件的把控，揭示事件本质，帮助人们认识问题的本源。获取关键事件的途径和方式，包括深入访谈、问卷调查等。调查人员多通过对深度访谈、问卷调查数据的总结、分析，帮助我们认识事件的本质和根源。总的来说，关键事件法是从纷杂社会现象中提取关键事件，并分析关键事件对结果的影响。当前，和旅游行业有关的价值共创研究仍不是很多，关于共创行为类型的研究也处于零散状态，所以，关键事件法是了解研学旅游中共创行为的分类特点、结构维度和其本质的主要研究方法。

通过对研学旅游价值共创行为的半结构化访谈和对网络文本的搜集整理，我们共获得原始素材文本8万多字。基于该材料，运用关键事件法的数据分析流程，识别质性资料中的研学旅游价值共创行为关键事件并归纳关键行为。主要分为以下几个步骤：首先，回顾所收集的质性材料，进行关键事件的梳理并检查所有的关键事件是否符合研学

旅游价值共创行为 DART 模型的操作定义。其次,验证每个关键事件是否符合独立性原则,即该事件是否独立于其他事件,否则,该事件就可以被删除。最后,在此基础上,从所有符合条件的关键事件中提取关键行为,并按照一定标准对分属 DART 相似的关键行为进行归类。

(二)价值共创行为分类的结果与讨论

汇总研学旅游参与主体学生、家长、学校教师、研学机构从业人员以及政府教育部门工作者的受访资料与网络文本资料,共有 86 个反映研学旅游共创行为的关键事件。邀请 2 名旅游管理专业和企业管理专业的研究生,基于研学旅游价值共创行为的定义和 DART 模型,对每个关键事件进行独立性审查并提炼关键行为。笔者经过独自分析及与二人讨论,共获得 74 个有效关键事件,提炼出关键行为 22 个(见表 4-9)。

表 4-9 研学旅游价值共创行为归类结果

主类别	子类别	事件主要内容描述
对话 (6个)	分享重要信息	1. 我们研学过程中最重要的、比较核心的问题肯定是要沟通的,但达成一致并不容易,肯定有一方需要妥协。 2. 我们重要的信息会分享,有时立场会发生分歧,需要协调。 3. 我们的诉求反馈的渠道还是蛮多的,有电话、微信群、家长群、线上平台等。 4. 我们的问题提了,一般会给回复,有的马上解决,有的条件有限解决不了,也会说明原因;有的会延后解决
	经常交换信息	1. 我们的信息沟通渠道比较通畅。 2. 我们是看情况吧,需要的时候会联络。 3. 我们的信息交流比较到位,也很及时。 4. 我们受环境影响电话通信有时会不通畅,网络偶尔也会卡顿,有信息交换不畅的时段
	沟通是顺畅的	1. 我们的沟通较为顺畅。 2. 我们的沟通有时会有障碍。 3. 我们的沟通有时会引发分歧但最终可平衡。 4. 我们的沟通可以建立信任。 5. 我们的沟通为了解决问题,需要互相理解
	通过沟通解决问题	1. 我们沟通之后,问题立刻解决。 2. 我们沟通之后问题及时解决。 3. 我们沟通之后问题延后解决。 4. 我们通过沟通,建立信任协调机制。 5. 我们通过沟通实现合作和共同的目标
	频繁地、不定时地沟通信息	1. 任何时候,只要发生了突发事件或者比较严重的问题,都会第一时间打电话沟通。 2. 非常频繁地,并且不管任何场合都会联系对方
	不同的管理层次都有沟通	1. 不管是经理还是普通工作人员,各种层级的都有联系。 2. 跟不同部门的联系是畅通的

续表

主类别	子类别	事件主要内容描述
获取 （6个）	获取信息的渠道畅通	1. 我们的电话保持通畅。 2. 我们线上平台分享、回复、回应及时。 3. 我们想要获得的信息基本可以得到
	有多种获取信息的渠道	1. 我们有专项服务电话24小时待机服务。 2. 我们有线上信息服务平台。 3. 我们有线上信息互动平台
	获取的信息是真实的	1. 基本可信。 2. 类别主次分明。 3. 较为客观。 4. 有指导价值
	主动共建信息渠道	1. 我们主动提供渠道。 2. 我们主动参与渠道共建。 3. 我们主动分享信息渠道
	只需获取信息的使用权	1. 虽然没有购买他们的产品，但咨询问题时他们都很热情。 2. 有问题时打电话，对方会很愿意提供信息
	主动帮助提供信息渠道	1. 当从对方那里得不到信息时，对方会主动帮助提供获取信息的渠道。 2. 对方会主动联系其他人帮助提供解决方案
降低风险 （5个）	主动告知风险	1. 我们一般告知风险大小，如何规避。 2. 我们会重点提醒风险。 3. 我们会提醒风险但不强调。 4. 我们会总结并指导降低风险的具体方法。 5. 风险一般会提醒。 6. 还好吧，一般会提醒注意。 7. 一般会告诉我们如何规避风险
	共同评估承担风险	1. 虽有风险，但价值值得我们共同承担风险。 2. 虽有共同风险，但可控
	愿意共担风险	1. 我们愿意承担部分共同风险。 2. 我们愿意分担全部共同风险
	建立风险评估机制	1. 我们愿意建立共同风险评估机制和规避机制。 2. 我们愿意建立共同面对风险的责任分担机制。 3. 我们愿意建立应对共同风险的协调协作机制
	建立赔偿机制	1. 我们会根据不同风险级别建立赔偿机制。 2. 我们会根据具体责任关系建立赔偿机制。 3. 一般有赔偿机制，旅游时一般都会买保险。 4. 我们有签署赔偿协议的。 5. 有赔偿协议，但也要为自己的行为负责，不能为所欲为，安全第一

续表

主类别	子类别	事件主要内容描述
透明度（5个）	从不欺骗	1. 我们从不欺骗参加研学的家长和学生。 2. 我们从不隐瞒实际情况。 3. 我们从不夸大实际情况。 4. 我们实事求是地践行研学旅游的价值共创理念。 5. 我们真实地传达各方的意愿和价值诉求
	信息非常透明	1. 我们坦诚公开所有有价值的信息，非常透明。 2. 我们不隐瞒不利于自身的信息。 3. 我们传达信息及时，从不故意拖延。 4. 我们传达信息准确，不含糊其词，不夸大其词
	不隐瞒关键信息	1. 我们有问题和困难，直接公开提出，寻求解决办法，不隐瞒。 2. 我们实事求是，不推卸责任。 3. 我们即便有利可图，也不会利用信息不对称赚取额外利润
	不利用信息不对称损害他人利益	1. 网络很发达，信息不对称只是暂时的，没必要这么做。 2. 利用信息不对称坑人，也做不长久，没必要
	不利用信息不对称牟取利益	1. 信息不对称赚取利益不会长久，会失去很多客户。 2. 不会这么做，这么做不会做长久

同时通过专家会议法，对通过以上途径获取的22个题项进行了验证和完善。包括1名统计学专家、1名旅游管理学专家和4名旅游管理专业高校生，同时还邀请了家长、小学教师、研学机构和政府教育部门工作人员各1人参加专家会议进行讨论。同时专家组对题项重新进行了加工、修订和完善，以全方面反映被调查对象的意见和看法。

通过精简、修订和完善，最后得出了研学旅游价值共创行为量表，包含"对话"4个题项，"获取"5个题项，"降低风险"5个题项，"透明度"5个题项，共计19个题项，具体见表4-10所示。

表4-10 研学旅游价值共创行为量表题项设计

维度	题项
对话（4个）	DH1 我们同其他研学主体分享重要的、敏感的、有关运营和战略问题的信息 DH2 我们同其他研学主体之间频繁地、不定时地或者定时地交换信息 DH3 我们和其他研学主体的互动、沟通、交流是处于开放状态的 DH4 我们和其他研学主体出现冲突时，通常以对话形式进行解决
获取（5个）	HQ1 其他研学主体可以很容易地访问我们的信息平台 HQ2 其他研学主体能够很容易地从各方面渠道获得我们的信息 HQ3 其他研学主体通过我们的信息渠道获得的信息都是真实的 HQ4 我们会同其他研学主体协商建立共有的信息共享渠道 HQ5 其他研学主体会帮助我们获取其他的信息渠道

续表

维度	题项
降低风险 （5个）	JD1 我们告知其他研学主体所有可能存在的风险 JD2 我们邀请其他主体进行风险评估和风险共担，以分散风险并提升风险管理水平 JD3 和其他研学旅游主体共创价值并共同承担相关风险 JD4 建立统一的风险评估和防范机制，以提升风险防范能力 JD5 根据具体风险等级，建立统一的赔偿制度
透明度 （5个）	TM1 我们不会通过信息不对称性误导、欺骗其他研学主体 TM2 我们对其他主体保持公开透明 TM3 我们对其他主体不存在任何信息欺瞒 TM4 降低因为信息不对称造成的风险威胁 TM5 不会利用信息优势来营利

本章小结

本章运用质性研究的方法，对研学旅游价值共创过程进行了系统的研究，包括：首先，阐述 DART 模型中的对话（Dialogue）、获取（Access）、降低风险（Risk Reduction）和透明度（Transparency）四个方面，创建了研学旅游价值共创行为结构体系，该体系为后文研学旅游价值共创行为的结构和维度确立奠定了基础。其次是选取了 35 个中小学学生家庭，对学生和一位家长进行了访谈，同时选取了 33 位中小学教师、37 位研学机构从业人员、40 位政府教育部门工作人员进行了访谈，同时运用网络爬虫爬取百度资讯与微博上发布的以"研学旅游"作为关键词的所有信息，采用关键事件法和网络文本分析法对研学旅游价值共创行为维度进行归类。

第五章　研学旅游体验价值的结构和维度

前文对体验价值的内涵、发展、研究背景、研究意义进行了系统论述。当前，关于价值体验结构维度尚未形成统一的理论观点，但针对不同行业、情景的实证研究，对促进体验价值理论发展起到了极大作用，为今后的研究奠定了理论基础。本章在相关理论文献资料基础上，结合深度访谈、问卷调查结果和研学旅游游记等材料，明确了研学旅游体验价值的内涵和结构特点。

第一节　研学旅游体验价值的研究思路和方法

一、研究思路

研学旅游体验价值结构维度的研究思路包含以下几个步骤：首先，基于对学生、家长的相关深度访谈，和对网络文本的分析，对研学旅游参与者的心理特点进行了系统的研究，以了解其价值取向和心理特点；其次，通过高校图书馆等途径，获取了大量的和体验价值有关的理论文献，并对其主要观点、各结构维度对应指标进行了总结、归纳，从而为本书研究奠定了坚实基础；再次，提取了研学旅游价值体验的关键要素；最后，通过文本分析法，归纳出研学旅游体验价值的有关维度、指标。本章研究为研学旅游体验价值量表开发、调查问卷编订等提供了理论依据。本书主要研究思路，参见图5-1。

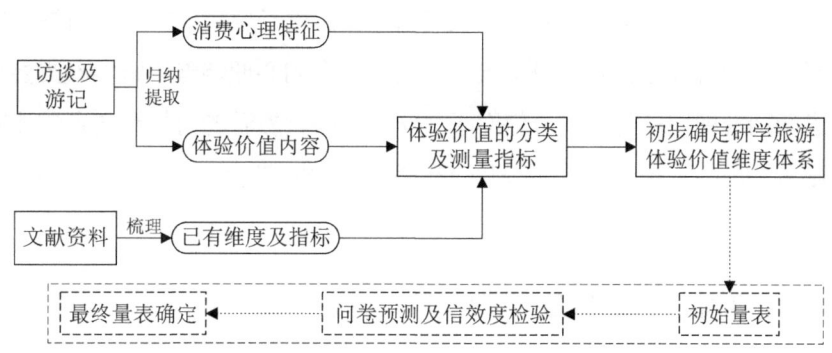

图 5-1 研学旅游体验价值结构体系构建思路

二、研究方法

本书采用文献分析、半结构化访谈、网络文本分析、调查统计等多种方法相结合，对研学旅游体验价值结构维度及指标内容进行分析和研究。本书通过半结构化访谈和网络文本对研学旅游参与者的心理特征和消费理念、消费行为特点进行了总结。学术界现有的和体验价值维度有关的研究结论，为研究旅游体验价值维度和指标设定提供了理论借鉴和参考，但需要经过进一步的验证，从而选择出和旅游价值有关的维度、指标，并为研学旅游体验价值量表设计奠定了良好基础。

本书第四章对研学旅游主体进行了半结构化访谈，访谈内容包括对研学旅游产品的体验感等，了解参加研学旅游之后研学旅游者获得了什么样的价值感受，他们对旅游产品的评价、感悟、收获，研学旅行对个人价值观的正向引导作用，对个人身心健康的影响等。本书对深度访谈材料和网络文本材料中和体验价值有关的内容进行了系统的分析，通过文本分析法，提取了和研学旅游体验价值有关的主要指标，从而为体验价值指标体系设计奠定了基础。

第二节　体验价值结构维度建构依据

一、研学旅游消费心理分析

近年来，国家和社会对素质教育的重视不断加强，与此同时，旅游领域的外延也在持续扩张。研学旅游是旅游、教育相结合形成的新型产业模式，备受社会各界的关注和重视。在"双减"政策实施以后,家长对研学旅游寄予更高的期望。首先,应从研学旅游参与者的行为偏好上,分析研学旅游产品消费者的心理特点和研学旅游参与者的体验价值,进而精准把握参与者的价值需求。学生是研学旅游的直接参与者和体验者,家长是研学旅游费用的直接承担者,因此,有必要对学生和家长两个群体的消费心理进行分析。

(一)安全为先,经费保障

子女的安全牵动着家长的心弦,研学旅游的安全性是家长最为关注的问题,同样安全也是限制研学旅游市场需求充分释放的重要因素之一。中小学生外出参加研学旅游,等于是脱离了家长的掌控,家长除了对衣食住行的担心以外,更担心安全问题,可谓是"儿行千里母担忧"。在访谈中,有家长提到"现在就一个孩子,我最关心的就是安全,学校或者研学机构如果在安全上没有足够的保障,我宁愿不让孩子参加"。当前学生参加研学旅游的方式还是以学校集中组织为主,校外集体活动使得学生管理的难度增加,安全风险增大。而研学旅游本身环节多,涉及交通、餐饮、住宿、参观、体验等众多环节,每一个环节考虑不周或管理不当都可能引发安全问题。另外,在现行的机制下,还未能将跨层级共治的安全保障机制建立起来,研学旅游的安全问题仍然是家长和学校的心头之患。

另外,研学经费也是家长重点关注的一点。虽然在一些地区,学校组织的研学旅游会获得来自政府、景区、交通运输部门等的补贴和优惠,但目前国内研学旅行活动主要是以家长付费为主要经费来源,政府、学校、社会、家庭共同承担的多元化经费筹措机制尚未建立(刘海新,2019)。在访谈中,有多位家长提到,学校公布了研学旅游方案以后,会对研学旅游经费的价格进行比较和核算,如果收费不合理,会通过家校联系微信群或QQ群向学校表达意见。也有家长表示"既然我们支付了费用,就要了解研学旅游中各个环节的服务项目和质量,如果收费不合理或质量不高,我就不让孩子参加"。由此可见,家长主要承担了研学费用,必然会更加关注研学机构及研学基地的设施条件、服务水平、服务质量、安全性、性价比等问题,对研学旅游产品质量提出了更高的要求。

(二)寓教于乐,课程规范

在访谈中了解到,学生喜欢参与研学旅游的重要原因是放松身心、开阔视野,研学旅游以寓教于乐、在游中学的特点,受到了学生们的普遍喜爱,学生们通过旅游学习,增长见闻，了解旅游地的人文历史和文化内涵，提升其对社会的认识，以更好地认识社会环境。比如有学生在访谈中谈到参观生态农庄的感受："大家饶有兴趣地研究玻璃温室大棚的构造，了解温室植物的生长规律和种植技术，学到了很多课本上没有学到的知识，从不同的角度去了解自然界的奥秘。通过农耕研学，同学们可以了解农作物的属性和农业文化，感受农业生产的艰辛，树立正确的劳动观念。"当前，博物馆、红色旅游景区、科技馆、植物园、动物园、自然景观、历史文化景观等都是开展研学旅游的热点。截至2019年，教育部共批准了621家中小学研学实践教育基地（营地），与此同时由社会投资建立的研学基地（营地）在不断地增加。学生通过研学旅游，从日常繁重的课业压力中解脱出来，放松了身心，收获了知识，提升了社交能力，同时，在研学旅游过程中，同学们互相帮助，共同克服和解决出现的问题，也增进了同学之间的友情和归属感。

而家长们更注重研学旅游的教育价值，更关注研学旅游课程的规范性，也就是组织者要合理安排"游"与"学"的比例分配。现实中很多学校由于人手不足等原因，多是委托旅行社或研学机构，由研学机构完全代替学校来设计课程和路线并组织学生的研学旅行活动，学校只是安排老师带队并负责行程中的日常管理。这种模式因为没有学校的深度介入，并且由于研学机构缺乏专业的研学导师，导致研学产品缺少应有的教育意蕴，往往"游"多"学"少，研学旅游的教育目标很难实现，被家长们所诟病。家长们更希望在研学开展之前，和子女一起参与到研学主题、旅行线路等工作中去，实现研究性学习，最终提升学生的综合素质。

（三）提升素质，全面发展

我国自古就有"读万卷书，行万里路"的游学思想，研学旅游让学生增长见识、开阔视野、提升素质。受传统观念"望子成龙""望女成凤"思想的影响，我国的家长对子女的成长，有着更高的期望。"双减"政策实施以后，学生从繁重的学科类培训中逐步解脱出来，但作为家长，仍然非常关心子女的综合素质的提升和全面发展，研学旅游因独特的优势成为家长们一个不错的选择。家长们希望子女通过参观图书馆、美术馆、音乐厅、纪念馆、名胜古迹等，培养学习兴趣，丰富知识，扩展视野，加深对集体生活方式与社会公共道德的体验；同时希望他们通过接触自然和社会，能提高动手能力、创新精神和社会责任感。对学校而言，国家全力推进开展研学旅游，其目的就是实现向素质教育的转型，促进学生综合素质的提升，最终实现全面发展。

在访谈中，有学生提到"研学旅游让我有机会和同学们一起讨论问题，不断思考，当问题得到解决的时候，会非常的开心，非常有成就感"。也有学生提到"在研学旅游中由于分小组进行活动，让我对平时很少接触的同学有了更深的了解，同学间的友谊增加了，同学之间的关系变得更融洽了"。还有学生提到"我平时在班上成绩算不上优秀，研学旅游中，我动手能力强的优点得到了发挥，受到了老师的表扬，我变得更有自信了，同时也让我认识到实践能力和创新思维的重要性"。由此可见，学生们喜欢参与研学旅游，是因为研学旅游满足了马斯洛的需要层次理论中高等级的受尊重、自我实现的需要，学生们渴望成长、受尊重和全面发展。

二、体验价值维度研究梳理

对已有学者关于体验价值结构维度的研究进行梳理，有利于提高研学旅游体验价值结构维度划分的合理性和科学性，基于此，本书对学者们的研究进行了总结和梳理。

体验价值的高低决定研学旅游产品吸引力的大小。Mathwick（2001）等研究指出，体验价值是基于人们对产品、服务的使用获取的，来自消费者对产品、服务价值的感知。白长虹（2001）认为体验价值是消费者对产品、服务的体验感知。Holbrook和Hirschman等在消费者核心价值基础上，创建了基于体验消费价值、理性消费价值的体验模型，这种分类方法影响很大，后来学者们大多以此为基础进行扩展和细化，这种方法是根据对象属性进行分类的，优点在于简洁、直观，但缺点在于不够细致，无法客观体验价值。Michie和Gooty等学者在这一基础上，进一步提出了象征性维度，并将体验价值进一步扩展到三维维度，即将体验价值细化为享乐性价值、实用性价值以及象征性价值。随着体验价值研究力度的不断加深，学者们从不同行业、学科角度入手，对体验价值进行了多维度划分，并给出了不同结论，代表性结论包括Mathwick、Sweeney的四维分类法、Sheth的五维分类法。其中Sheth（1991）在研究影响消费者消费决策因素时指出，体验价值同时包括社会、认知、情感、情景价值、功能等多个维度；该分类法成为当时的主流分类方式。体验价值维度有关的观点，参见表5-1。

旅游体验价值指的是以消费者为导向，在特定环境中，为消费者提供差异化、无形化服务。一般来说，不同消费者的体验需求是不同的。Paul和Geoffrey（2009）等在旅游服务体验研究过程中，指出认知维度也适用于旅游领域的研究。Sweeney和Soutar（2001）等学者，对顾客价值量表指标进行了进一步拓展，并将功能性、社会性、知识型、情感性指标纳入顾客价值量表。张凤超、尤树洋（2010）证实了Sheth等的五维体验价值模型。在对湿地公园体验价值的研究中，魏遐、潘益听（2012）将体验价值分为服务、特色、教育、成本、生态、信任、关怀七个维度。在旅游目的地体验价值研究中，那梦帆、谢彦君、Dogan Gursoy（2019）受Sweeney和Soutar启发，将旅游目的地体验价值分为功能价值、享乐价值与符号价值，并包含放松、复愈、交流、社会声望等8个子范畴。屈小爽（2018）将研学旅游体验价值，划分为认知性价值体验、情感性价值体验、功能性价值体验等多个维度。虽然体验价值划分方式存在一定差异，但Sheth（1991）的五维度分类法是当前认可度较高、应用较多的分类方式，其科学性、合理性和有效性，在研学旅游服务研究中被多次检验。研学旅游体验价值在旅游理论和开发实践研究中尚处于起步阶段。

表 5-1 体验价值维度构成的代表性观点汇总表

提出学者	体验价值维度构成/类型
Holbrook, Hirschman（1982）	1. 理性消费价值 2. 体验消费价值
Babin 等（1994）	1. 功能性价值 2. 享乐性价值
Ruyter（1997）	1. 内部价值 2. 外部价值 3. 系统价值
Sweeney, Soutar（2001）	1. 情绪价值 2. 社会价值 3. 价格功能价值 4. 质量功能价值
Mathwick 等（2001）	1. 消费者投资报酬 2. 服务优越性 3. 美感 4. 趣味性
Sheth, Newman, Gross（2004）	1. 功能性价值 2. 情感性价值 3. 社会性价值 4. 情境性价值 5. 认知性价值
Petrick（2004）	1. 质量 2. 情感反应 3. 货币成本 4. 行为成本 5. 信誉
Michie（2005）	1. 实用价值 2. 享乐价值 3. 象征价值
Sanchez 等（2006）	1. 功能价值 2. 情感价值 3. 社会价值

续表

提出学者	体验价值维度构成/类型
Williams, Soutar（2007）	1. 功能性价值 2. 情感性价值 3. 社会性价值 4. 认知性价值
Radder, Han（2015）	1. 娱乐 2. 学习 3. 逃避现实 4. 审美
张凤超，尤树洋（2009，2010）	1. 功能价值 2. 情境价值 3. 情感价值 4. 认知价值 5. 社会价值
张凤超、尤树洋（2010）	1. 服务 2. 特色 3. 教育 4. 成本 5. 生态 6. 信任 7. 关怀
屈小爽（2018）	1. 功能性体验价值 2. 认知性体验价值 3. 情感性体验价值
那梦帆、谢彦君、Dogan Gursoy（2019）	1. 功能价值 2. 享乐价值 3. 符号价值

（资料来源：本书根据相关文献整理）

结构维度是体验价值量表的主要内容，即使同一维度，也被不同研究人员赋予不同意义，其内涵和外延是通过测量指标来体现的，测量指标也应当根据结构维度重新进行界定。所以，在结构维度基础上，还要进一步总结、归纳现有研究结论中，各维度有关的测量指标。结合Sheth、Newman、Gross（2004）关于体验价值维度的定义，对体验价值现有维度和各维度测量指标进行了归纳和汇总，参见表5-2。学术界现有关于体验价值结构维度、测量指标的研究，为研究研学旅游价值结构维度提供了依据。

表 5-2 体验价值维度及测量指标汇总表

维度	定义	测量指标
功能性价值	客户通过企业提供的产品、服务获得感知体验	产品品质、安全性、完善性、制度性、便捷性、应用环境、产品特点、服务特点、耐用度、售后服务、战略布局、合理性、场景和谐性、资源丰富性、人员专业性
情感性价值	同时也被称为享乐价值、情绪价值，指消费者因为产品、服务附加属性，而获得情感、心理感知，有一定的主观性的特点	兴奋度、逃逸感、新奇感、新鲜感、控制欲、快乐感、轻松、快乐、趣味、震撼感、代入感、惬意感、舒适感、怀旧感、满意度、新奇感、吸引力、激动、震动、享受、美好回忆
认知性价值	客户求知欲满意情况，如认知能力提升情况、知识获取情况等	认知增长、事业开拓、技能掌握、经验获取、知识获取、增加对社会的认识度等
社会性价值	顾客消费过程中，对社会需求的满足程度	社会形象、社会荣誉感、社会归属感、社会成就感、社会地位、自我认同等

第三节　研学旅游体验价值结构维度构建

由上文学者们对体验价值结构维度的研究可知，不同的学者从不同角度对其进行研究并得出了不同结论，他们关于体验价值结构的划分也存在一定差异。所以，研学旅游体验价值的研究，应当是基于相应情景进行的，按照包容性、间接性、边界性等原则，分析研学旅游者的消费需求、行为特点，结合对消费者的深度访谈结果，合理划分研学旅游体验价值结构维度。

一、体验价值维度及指标的分析过程

（一）访谈内容分析

在本次研究中，笔者以半结构化访谈方式，获取了和研学旅游价值有关的信息，本书第四章，针对 35 个学生、家长制定的访谈大纲中，包含了关于研学旅游体验价值的问题。由于体验价值是一个专业性较强的概念，可能会存在被调查对象理解不足，认识较少的现象，因此在实际访谈过程中，以价值、感知、收获等口语化词语进行替代。例如："你为什么想参加研学旅游？""你参加研学旅游的收获是什么？""研学旅游中有哪些事件是让您感觉印象特别深刻的事情？""您同意孩子参加研学旅游的原因是什么？""您希望孩子通过研学旅游收获什么？"

关于研学旅游的网络文本？内容多是对研学旅游产品的介绍、研学旅游者的体验感

受以及他们对研学旅游产品的整体感官认识，便于提取关键信息。所以，本书对访谈结果信息进行了归纳和整理，从中提取了大量和研学旅游价值体验有关的要素，并在这一基础上，对研学旅游体验价值内容进行了研究。

根据对访谈结果的分析，当前学术界关于研学旅游价值的体验评价，呈现出由浅入深的特点。因为研学旅游主要的参与者是学生，而学生由于平时的学业负担较重，所以学生首先评价的是离开学校（惯常的学习场所）带来的放松感觉，比如研学旅游放松了身心、心情轻松愉快等情感的感知；进而对认知层面进行评价，比如开阔了眼界、增长了知识、了解了社会等，最后上升为社会层面的评价，比如增强了同学间的友谊、学会与人团结合作、提升了交际能力等。与学生不同的是，家长作为研学旅游的实际资金支付者，出于对子女外出游学安全性的考虑，首先关注的是研学旅游的功能性层面，比如安全性、舒适度、顺畅性等方面。深度访谈关于学生和家长研学旅游体验价值情况参见表 5-3、表 5-4。

表 5-3 深度访谈研学旅游体验价值（学生）情况汇总表

编号	活动类型	体验价值情况
1	农业、科技	娱悦身心、增广见闻、开阔视野、惊险刺激
2	科技、工业	放松身心、学习技能、培养兴趣、猎奇
3	文化、农业	了解历史、增长见识、娱悦身心、了解社会、人生感悟
4	农业、工业、科技	增进友谊、认可自我、集体认同、提升技能、美好记忆
5	科技、文化、农业	增长见识、了解知识、强身健体、获得感、荣誉感
6	工业、文化	视野开阔、身心愉悦、荣誉感、实践能力提升、学习知识
7	文化、农业、科技	身心放松、心情愉悦、开阔视野、学习知识、了解社会、获得感
8	农业、科技	美好记忆、增加阅历、开阔视野、增进友谊、集体认同
9	科技、文化、工业	学习知识、美好记忆、放松身心、刺激有趣、强身健体
10	文化、农业	提升技能、开阔视野、磨炼意志、获得感、认可自我
11	文化	了解知识、学习历史、荣誉感、开阔视野、美好记忆、获得感
12	农业、文化、科技	娱悦身心、强身健体、集体认同、增进友谊、获得感
13	工业、科技	增长见识、学习知识、美好记忆、开阔视野、娱悦身心、有趣
14	工业、农业	放松身心、精神愉悦、集体认同、强身健体
15	农业	美好记忆、娱悦身心、增进友谊、学习知识、自我认同
16	科技、文化	学习知识、开阔视野、自我认可、获得感、集体认同
17	工业、文化	了解知识、增长见识、强身健体、美好记忆、荣誉感
18	农业、科技	放松身心、增进友谊、强身健体、美好记忆
19	农业、工业、文化	开阔视野、增长见识、学习知识

续表

编号	活动类型	体验价值情况
20	文化、科技、工业	提升技能、增长见识、增进友谊、娱悦身心、了解社会
21	农业、文化	娱悦身心、开阔视野、了解历史、增长见识
22	生态、农业	增长见识、学习知识、开阔视野、增进友谊
23	科技、生态、农业	娱悦身心、美好记忆、了解社会、强身健体、增长见识
24	生态、科技	美好记忆、了解社会、增长见识、学习知识
25	生态	强身健体、增长见识、开阔视野
26	文化、生态	增进体验、开阔眼界、有荣誉感
27	工业、科技	增进知识、提升技能、获得感、集体认同、增进友谊
28	文化	了解社会、学习历史、增进知识、荣誉感、人生感悟
29	科技、文化、生态	增长见识、开阔视野、学习知识、满足感、了解社会、娱悦身心
30	农业、工业、生态	强身健体、增长见识、开阔视野、娱悦身心
31	工业	了解社会、美好记忆、增长见识、学习知识、获得感
32	文化、生态、科技	增长知识、学习历史、了解社会、放松身心、开阔视野
33	科技、生态	培养兴趣、集体认同、强身健体
34	农业、工业	美好记忆、自我认可、学习知识

表 5-4 深度访谈研学旅游体验价值（家长）情况汇总表

编号	活动类型	体验价值情况
1	农业、工业	课程安排合理、行程安全、性价比高、高于预期、经济可靠
2	科技、生态	效果明显、安排合理、高性价比
3	文化、生态、科技	服务水平好、课程质量高、课程安排合理、性价比高
4	工业	经济实惠、课程效果好
5	农业、工业、生态	课程安排合理、效果明显、经济安全、课程质量高
6	科技、文化、生态	高于实际预期、服务水平好、课程安排合理、性价比高
7	文化	课程安排合理、经济安全
8	工业、科技	课程安排合理、性价比高、课程质量高
9	文化、生态	服务水平好、课程质量好、高于实际水平、经济实惠
10	生态	安全系数高、服务态度好、课程效果明显、安排合理
11	生态、科技	经济实惠、性价比高、课程质量高、服务水平好
12	科技、生态、农业	课程安排合理、经济安全、高于实际预期、课程效果好
13	生态、农业	性价比高、经济实惠、高于实际预期
14	农业、文化	课程安排合理、经济实惠、高性价比、课程质量好

续表

编号	活动类型	体验价值情况
15	文化、科技、工业	服务水平高、效果明显、行程安全、经济实惠
16	农业、工业、文化	课程质量好、服务水平高、课程效果好、高于实际预期
17	农业、科技	性价比高、经济安全、课程安排合理、服务水平高
18	工业、文化	课程安排合理、课程质量高
19	科技、文化	服务水平高、课程效果好、课程安排合理
20	农业	经济实惠、行程安全、性价比高、课程质量高、服务水平好
21	工业、农业	课程效果好、课程安排合理、高于实际预期、行程安全
22	工业、科技	课程安排合理、高于实际预期、性价比高、服务水平好
23	农业、文化、科技	课程质量好、课程效果好、行程安全、高于实际预期
24	文化	高性价比、经济实惠、行程安全、课程安排合理、高于实际预期
25	文化、农业	服务水平好、课程质量高、课程效果好、高于实际预期
26	科技、文化、工业	行程安全、经济实惠、高性价比、课程效果好
27	农业、科技	课程效果好、服务水平高、课程质量高、性价比高
28	文化、农业、科技	行程安全、经济实惠、高于实际预期、课程安排合理
29	工业、文化	课程质量好、服务水平高、课程安排合理、高性价比
30	科技、文化、农业	经济实惠、行程安全、性价比高
31	农业、工业、科技	课程安排合理、课程质量高、课程效果明显、高于实际预期
32	文化、农业	高于实际预期、高性价比、服务水平高
33	科技、工业	性价比高、经济实惠、高于实际预期、课程效果好
34	农业、科技	课程安排合理、课程质量高、服务水平高

（二）体验价值内容词频分析

本书对研学旅游活动参与者的深度访谈及对研学游记的分析，基本可较为精准地体现出研学旅游者的体验价值。为更为精准地体现出研学旅游体验价值结构维度信息，本书通过词频提取的方法对关键词出现的频率进行提取及分类，整理结果如表5-5所示。

表5-5 研学旅游者体验价值词频统计表

序号	关键词	词频	序号	关键词	词频
1	增长见识	32	11	集体认同	9
2	开阔视野	24	12	自我认可	8
3	放松身心	27	13	获得感	7

续表

序号	关键词	词频	序号	关键词	词频
4	强身健体	19	14	荣誉感	7
5	学习知识	17	15	提升技能	7
6	了解历史	16	16	人生感悟	6
7	心情愉悦	15	17	刺激有趣	6
8	增加阅历	13	18	了解社会	5
9	美好记忆	10	19	培养兴趣	5
10	增进友谊	10	20	猎奇	2

二、体验价值维度及指标的分析结果

通过对研学旅游者的深度访谈可以发现，研学旅游者体验价值的内容主要集中在对以下三个方面的评价：第一，对研学旅游过程中情绪、精神状态的感知，比如，娱悦身心、兴奋感、获得感等；第二，学生通过参与研学旅游活动，获得一定的情感认知和价值体验，如了解社会、体验风土人情、提高了实践能力等；第三，研学旅游活动中，学生的社会需求得到满足，包括自我认同感、价值成就感、社会认同感以及集体归属感等。

在深度访谈中，家长与学生对以上三个方面的研学旅游体验价值的感受基本一致，但不同的是，家长非常关心研学旅游本身的功能属性，比如，研学旅游的安全性、研学课程安排的合理性、服务水平、性价比等。相反，作为研学旅游的直接参与者和体验者，学生却对功能性价值不太关心。经过深入分析不难理解，家长作为学生的监护人和研学旅游费用的实际承担者，自然首先关心的是子女外出旅行的安全问题，其次是研学旅游产品的费用高低、课程品质、性价比等问题，而学生并不直接承担研学旅游费用，其更关注研学旅游对自身需要的满足。

以上学生关于研学旅游价值评价的三个方面具有很强的逻辑性，即"情绪感受""认知评价""社会性感知"。首先，学生参加研学旅游，从最直观的情绪感受等方面对研学旅游是否能够满足自身需求进行评价；其次，从认知层面入手，评价研学旅游对参与者认知能力的影响；最后，由浅层次的情绪认知，提升到心理层面、精神层面的认知，最终到社会层面的感受。

综合上文所述，可将研学旅游价值体验结构维度分为三个方面，即"情感性体验价值""认知性体验价值""社会性体验价值"，这三个价值维度是研学旅游体验价值的主要构成部分,是研学旅游者在参与研学旅游活动中获得的体验价值。

(一) 情感性体验价值维度

情感作为一种稳定与持久的心理倾向,三方面的表征综合而成情感,作为人们对于周围事物、对于自身以及对于自己活动的态度的体验,是感知主体对外部刺激做出的肯定或否定的心理、情感感受。因此,研学旅游活动参与者的价值体验,是由内外感情和付诸行动的情绪等构成(谢彦君,2006)。心理学上认为,人的情感存在积极、消极两种类型,其中,积极情感包括满意、喜悦、开心、快乐等;消极情感主要包括愤怒、抑郁、厌恶、不满、悲伤、痛苦等(李建州、范秀成,2006)。研学旅游者在参与研学旅游活动时通常受一定情感、情绪的支配,而这些情感、情绪直接影响研学旅游产品参与者的消费行为,同时它们也是影响研学旅游产品体验者满意度的主要要素。本书认为情感性体验价值指的是研学旅游者在参与研学旅游过程中获得的主观情感体验。分析有关专家关于文本体验价值的研究后,本书认为,研学旅游的情感性体验价值维度由放松身心、情感愉悦以及美好记忆三个测量指标构成。

(二) 认知性体验价值维度

心理学上的认知,指的是根据个人主观判断、感知或某一理念来获得某一体验的过程。认知过程可以是自然的或者人造的、有意识或无意识的。研学旅游活动中,通过使研学旅游者参与经过精心设计的研学旅游课程,激发了学生的好奇心和求知欲,调动了学生主动学习的积极性,在寓教于乐中实现了开阔视野、获取知识、提升技能的目的和对世界和自我的认知。所以,笔者认为,认知性体验价值指的是研学旅游产品参与者在研学旅游活动中获得的知识、技能、感悟等主观体验。结合本书前文中关于认知价值维度的有关研究,笔者认为,认知性体验价值维度由学习知识、开阔视野、提升技能、增加阅历、人生感悟等维度构成。

(三) 社会性体验价值维度

相较于马斯洛需求层次理论中的高层次需求,社会性体验价值的观点认为消费者作为自然人,更看重消费者和社会的关系。Carbone和Haechel(1994)研究指出,消费者看重的不单单是产品、服务的使用价值,比如其功能性、象征性价值等,更看重的是其价值联系。总的来说,消费者的消费行为,是为了形成某种社会关系,明确自身的归属感和社会认知感,形成正确的价值观、人生观、消费观以及合理的社会定位。当前研学旅游多是在学校的统一组织下，学生以班级为单位统一参加研学旅游。在参加研学旅游的过程中，学生在与其他同学的频繁互动中，对自我和同学的认知进一步加深，增加了同学间的友谊，以及班级的归属感和荣誉感。因此，结合研学旅游的具体情况，本书认为，社会性体验价值是指研学旅游者在参与研学旅游过程中对其社会性需求满足程度的感知情况。社会性体验价值维度测量指标包括认可自我、增加友谊、集体认同、归属感、荣誉感等。

本章小结

本章研究重点在于研学旅游体验价值结构维度的构建，同时开发研学旅游体验价值量表，为后续研究奠定基础。具体包括以下内容：

（1）根据深度访谈结果，对研学旅游者的消费行为进行分析，归纳出研学旅游者具有安全为先、经费保障，寓教于乐、课程规范，提升素质、全面发展的消费特征，为归纳研学旅游者的体验价值奠定了基础。

（2）根据第四章对35个家长和学生的深度访谈内容进行的质性研究，结合学者们关于体验价值结构维度的研究成果，得出关于研学旅游体验价值的初步结论：研学旅游体验价值是由情感性体验价值、认知性体验价值以及社会性体验价值等维度构成。

第六章　研学旅游价值共创行为对体验价值的影响机制与关系模型

第一节　研学旅游价值共创行为对体验价值的影响机制

研学旅游各主体价值共创对研学旅游者价值体验有怎样的影响？首先，本节对有关社会支持维度的研究结论、观点进行了总结和归纳，同时结合价值共创情景，就研学旅游社会支持结构维度构成进行了相应的研究；其次，本节分析了社会支持视角下，价值共创行为和体验价值的内在关系。

一、研学旅游社会支持维度分析

（一）社会支持维度研究梳理

本书第三章部分内容对社会支持理论进行了介绍，可知学者们从心理学、管理学、行为科学、社会学等学科角度对社会支持进行了研究，并对社会支持进行了定义。Cobb（1976）认为社会支持是指人们感知的被关心、被爱、被尊重的信号，能够让被支持者产生归属感；Rook、Ituarte（2010）指出，社会支持也是提高个人生活质量、提升个人家庭生活满意度、维护个人身心健康的重要力量。徐勤（1995）认为社会支持来自政府、社区、企业、组织机构等正式组织，也有部分来自家庭成员、朋友、邻居、志愿者等非正式组织。社会支持包括物质、信息、服务等有形支持，也包括他人的关心、认可、尊重等无形支持（宋佳萌、范会勇，2013）。有关社会支持维度构成的代表性观点如表6-1所示。

按照社会个体成员提供资源的性质可以将社会支持划分为不同的类别，Cohen（1985）将社会支持划分为情感支持、信息支持、陪伴支持和工具性支持四类；

Dunkel、Bennett（1990）等学者，将社会支持划分为实际支持以及感知支持两种类型；Rosenbaum（2006）则将社会支持划分为情感性支持以及工具性支持两种类型；Taylor（2011）等将社会支持划分为制度性支持、信息性支持以及情感性支持；肖水源、杨德森（1987）将社会支持分为主观支持、客观支持和支持利用度三个类别；徐勤（1995）将社会支持分为正式组织支持和非正式组织支持；陈成文、潘泽泉（2000）等学者，将社会支持总结为物质性、精神性支持两种形式；屈小爽（2018）将社会支持分为工具性支持和关系性支持。

表6-1 有关社会支持维度构成的代表性研究观点汇总

学者（时间）	社会支持维度
Cohen, Wills（1985）	情感、信息、陪伴以及工具性支持
Dunkel, Bennett（1990）	实际支持、感知支持
Rosenbaum（2006）	工具性支持以及情感性支持
Taylor（2011）	信息性、制度性支持以及情感性支持
肖水源、杨德森（1987）[①]	主观支持、客观支持、支持利用度
徐勤（1995）	正式组织支持、非正式组织支持
陈成文、潘泽泉（2000）	物质性支持、精神性支持
屈小爽（2018）	工具性支持以及关系性支持

（资料来源：本书根据相关文献整理）

（二）研学旅游社会支持结构维度

综合本书之前对于社会支持维度研究的分析，学术界不同专家从不同角度得出的结论以及他们对社会支持维度的划分是不同的，因此，研究研学旅游社会支持，还需要在具体的研学旅游情境下对社会支持的内容进行明确。在研学旅游价值共创过程中，研学旅游者通过价值共创活动获取所需要的各种社会性资源。在此，本书比较认同屈小爽（2018）对社会支持的划分，其分类比较适合研学旅游的情景，也就是将研学旅游社会支持分为工具性社会支持和关系性社会支持。

1. 研学旅游工具性社会支持

研学旅游者在参与研学旅游价值共创活动中，为保障自身顺利完成研学旅游活动，通过对话沟通等方式，从其他研学旅游主体获取有效的信息、帮助、建议、服务等支

---

① 肖水源、杨德森1987年编制的社会支持评定量表，共有10个条目，包括客观支持（3条）、主观支持（4条）、对社会支持的利用度（3条）三个维度，其中，对社会支持的利用度体现的是个体对支持的利用考虑，个体对支持的利用存在差异。

持。这类支持主要是帮助研学旅游者顺利完成研学旅游活动,对顺利开展研学旅游起到工具性帮助作用。由此,可以将研学旅游工具性社会支持定义为:研学旅游者通过参与研学旅游价值共创活动,获取所需的服务、信息和帮助,以解决其面临的问题。

2. 研学旅游关系性社会支持

研学旅游各主体在开展价值共创活动的同时也在进行人际互动,不断拓展各自的社会关系。研学机构与学校、家长收获的相互之间的信任和尊重,研学旅游参与者获得研学导师、家长的认可、关心、支持,感知同学、研学旅游产品提供者的欣赏、认可、关心以及信任等心理性支持,这种心理性支持会帮助研学旅游者获取更好的研学旅游体验。因此,可以将这种心理性体验总结为关系性社会支持,它指研学旅游活动有关主体在价值共创活动中获得的社会层面的支持、认可、尊重等。

二、社会支持视角下价值共创行为对体验价值的影响机制

机制是指各要素之间的结构关系以及其运行方式。影响机制指的是系统各部分之间的关系和运作方式。研究研学旅游产品参与主体价值的共创活动对体验价值的影响机制,需要解决以下问题:为何会出现价值共创?价值共创的意义和作用是什么?价值共创和体验价值有什么关系?

本书依照利益相关者理论,对研学旅游行业利益相关者进行识别,确定研学旅游中的四个主要参与主体,分别是学生、家长、学校和研学机构,四者在研学旅游行业的地位和作用各不相同,但又缺一不可。研学机构是研学旅游产品的主要供给方,学校、家长、学生是需求方,其中学生是研学旅游产品的直接体验者。各主体都拥有独特的资源禀赋,也都有多层次的需求,因此产生了合作共赢的动机。

当前,政府为了促进研学旅游的发展出台了一系列政策,"双减"政策的出台客观上也对研学旅游供给和需求都造成了影响,这些政策调节着研学旅游主体开展价值共创的活动。对研学旅游者来说,他们通过参与研学旅游价值共创活动,从不同研学旅游主体身上获取了多种有益的社会性支持。

最后,社会支持理论表明社会支持对体验价值产生影响。郑志丹、郑研辉(2017)认为社会支持对个人身心健康、生活满意度、幸福感等起到了积极的促进作用。也就是说,研学旅游者通过价值共创来获取社会支持,使活动参与者获得高质量的研学旅游体验。

综合本书以上所述,研学旅游价值共创的作用和流程是:在政府政策的调节下,研学旅游主体之间实施价值共创行为,获取社会性支持,满足研学旅游活动参与者的各种

第六章 研学旅游价值共创行为对体验价值的影响机制与关系模型

需求,从而影响到参与者的体验价值。所以,本书从社会支持角度研究研学旅游价值共创行为对体验价值的影响机制(见图6-1)有一定的合理性和实际意义。

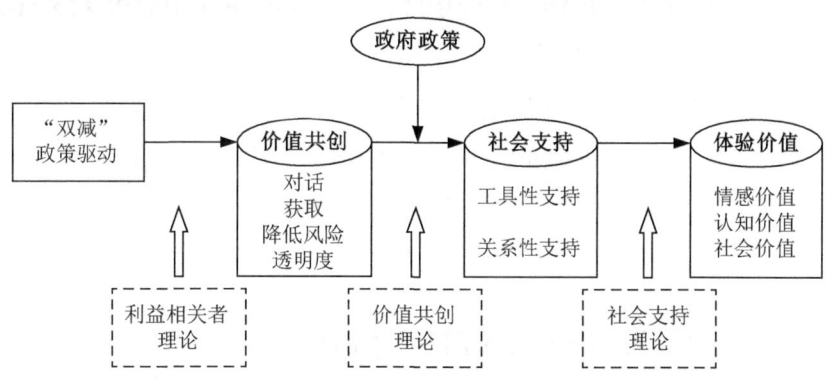

图 6-1 研学旅游价值共创行为对体验价值的影响机制

研学旅游主体间的价值共创行为对体验价值的影响机制,可做如下概括。

第一,研学旅游主体间的价值共创行为,直接影响到研学旅游者的价值体验和获取的社会支持。研学旅游主体间的价值共创行为是研学旅游者获得社会支持的主要方式,即社会支持是其价值共创的必然结果。由于研学旅游价值共创行为的维度不同,研学旅游者获得的社会支持存在较大差异。研学旅游价值共创是发生在旅游情境中的各主体间通过实施对话、获取、降低风险、透明度四个方面的互动行为,使研学旅游者及其家长共同参与创造旅游体验的过程,丰富了研学旅游者的体验内容,加强了旅游者的体验效果。

第二,社会支持在研学旅游价值共创行为与体验价值之间起中介作用。研学旅游者在研学旅游中通过实施一系列价值共创行为获得了社会支持,这种支持稳定了研学旅游者对研学旅游活动的期待,提升了研学旅游者的价值体验感。研学旅游价值共创行为多大程度上影响体验价值,取决于研学旅游者在价值共创活动中获得的社会支持程度,换言之,社会支持在研学旅游价值共创活动和价值体验中有一定的中介作用。

第三,政府政策在研学旅游价值共创行为与社会支持之间起调节作用。研学旅游相关政策和"双减"政策,促进了研学旅游产业的发展,这些政府政策不仅从宏观层面为研学旅游营造了良好的市场环境,从微观层面也保障了研学旅游各主体实施价值共创行为,尤其是对研学旅游四个主体产生积极影响,进而促进研学旅游者获取更多的社会支持,因此,政府政策在研学旅游价值共创行为与社会支持之间具有显著正向调节作用。

第二节　研学旅游价值共创行为与体验价值的关系假设

假设指的是研究人员在科学理论分析、合理逻辑推理基础上，对某一命题做出的推想，是需要通过实证验证才能确定的设想，直接关系到后续的定量研究。为研究旅游价值共创、社会支持、体验价值影响机制以及各变量之间的关系，本书提出了多个关系假设。

一、价值共创行为与体验价值的关系假设

研学旅游价值共创是指在价值共创驱动因素的影响下，研学旅游主体间通过实施价值共创行为并实现共创目标的过程。在本书中，研学旅游价值共创的最终目标是实现研学旅游者体验价值的提升。本书第三章、第四章分析了研学旅游的主要参与主体——学生、家长、学校和研学机构，并借鉴 DART 模型，全面识别了研学旅游各主体在对话、获取、降低风险、透明度四个维度的看法和认识。研学旅游价值共创是旅游情境中各主体经对话、获取、降低风险、透明度的互动行为，让研学旅游者及其家长参与创造旅游体验，形成联系和记忆，丰富了相关理论体系。总的来说，应根据价值共创行为的四个维度，提出不同假设。

（一）对话对体验价值的影响及假设

研学旅游各主体间的对话沟通，是多方进行信息交流、知识共享的重要方式，是共同创造价值的必要条件。对话意味着研学旅游主体有意愿并且有意识地在对方身上投入资源或精力，并拥有采取行动的倾向。在深度访谈中，让学生和家长对研学旅游感到满意的关键性事件中，对话性事件有 31 件，比例为 31.6%。对研学机构而言，在研学旅游产业链的各个阶段与学生、家长以及学校保持对话，可以及时了解研学旅游需求，以及对研学旅游产品的意见建议。通过对话交流，可以充分发掘和利用学生、家长、学校所拥有的资源、信息、知识和能力，为研学旅游产品开发做出贡献。对学校来说，与其他研学旅游主体加强对话沟通，广泛征求学生意愿，让学生参与到研学旅游方案的选择中来，同时与研学机构在课程设计、研学导师培养等方面进行深入合作，意味着彼此间知识和资源的共享，并且能够促使研学旅游产品质量不断提高。对学生而言，平等的对话意味着尊重和自我实现，学生能够参与到研学旅游的全过程，尤其是研学旅游行程的

设计和结束后的反馈评价环节，从而有助于提升学生的体验感。

可见，研学旅游各主体之间的对话沟通是研学旅游价值共创的重要组成部分，各主体间良好的沟通交流，可增进彼此的了解，提升研学旅游产品质量，提高研学旅游者的体验价值感知，因此，本书提出假设H1。

H1：对话对体验价值有显著的正向影响。

深入访谈的结果显示，对研学旅游者学生来讲，放松身心、娱悦心情是大多数学生最先考虑的内容。研学旅游为学生提供了一个出游的机会，来到一个全新的环境，学生们感到新奇、兴奋，放松了身心，精神得到了愉悦，在旅途中和老师、同学们互相关心照顾，共同解决问题，这些都成为美好的回忆。研学旅游注重寓教于游，学生们在旅游时，可了解旅游地的历史、风土人情，并激发求知欲，增长见闻，拓宽视野。同时，开阔视野、增长见识也是研学旅游的主要动机，学生通过体验各地的风土人情，感受不一样的文化，激发好奇心和求知欲，调动主动学习的积极性，在寓教于乐中实现开阔视野、获取知识、提升技能和增强对世界和自我的认知等目的。学生多是以集体形式参加研学旅游，在研学旅游过程中，学生之间频繁互动，对话沟通交流，遇到问题同学总是第一时间给予帮助，对自我和同学的认知进一步加深，增强了同学间的友谊以及班级归属感和荣誉感。对话对研学旅游参与者的体验价值形成了较大影响。所以，本书在这一基础上给出了下述假设：

H1a：对话对情感性体验价值有显著的正向影响。

H1b：对话对认知性体验价值有显著的正向影响。

H1c：对话对社会性体验价值有显著的正向影响。

（二）获取对体验价值的影响及假设

研学旅游各主体要实现价值共创，必须树立信息开放共享的理念，并通过多种便利渠道让其他主体方便获取。对于研学机构来讲，通过线上（包括网站、公众号、客户群等）和线下（面对面沟通、电话沟通、传单、海报、宣传册等）渠道不断更新服务信息，收集反馈信息，为研学旅游者提供充分的研学旅游产品信息，便于研学旅游者参与价值共创。在深度访谈中，让学生和家长对研学旅游感到满意的关键性事件中，获取性事件有24件，比例为24.5%。可以说，获取是研学旅游参与者了解研学旅游产品特点的主要方式，同时也是研学旅游产品体验的主要方式，直接关系到参与者对研学旅游产品的体验感，所以，本书在这一基础上，提出假设H2。

H2：获取对体验价值有显著的正向影响。

信息获取的效果一是取决于渠道是否建立和畅通，二是取决于信息获取的结果。而这二者都离不开工作人员的服务质量。尤其是服务性行业，更强调的是人性化的服务，真正能够打动人心的服务是情感服务。作为研学旅游者的学生获取的所有信息，和所经历的每一个人每一件事，对他们来说都是新奇的、令人兴奋的，所以说获取能够增加研学旅游者对旅游地的情感性体验。在当前的信息化社会背景下，网络信息技术应用不断增多，为研学旅游出游者了解出游地信息提供了便利。研学旅游者可通过相关机构、公众号了解出游地信息，加强对目的地的认识和了解，不管是面对面的沟通还是线上的交流，研学旅游各个环节的服务人员都为研学旅游者了解旅游地提供了帮助，体现了旅游地的人文素养和人文环境。总之，获取增加了研学旅游者对旅游地的认知。研学旅游者在获取信息的过程中，与外界建立了一种社会关系，带来社会性及心理性利益，感受到友谊、信任、尊重，满足了情感性需求，同时，在研学旅游中，他们寻求到了社会归属感和认同感，提高了体验质量。因此，本书在以上基础上，进一步提出了以下假设：

H2a：获取对情感性体验价值有显著的正向影响。

H2b：获取对认知性体验价值有显著的正向影响。

H2c：获取对社会性体验价值有显著的正向影响。

（三）降低风险对体验价值的影响及假设

研学旅游价值共创活动中，风险指的是对研学旅游各主体造成损坏的可能性。在深度访谈中，让学生和家长对研学旅游感到满意的关键性事件中，降低风险性事件有21件，比例为21.4%。研学旅游活动中，可能因为缺乏相应的风险管理机制，导致研学旅游者在研学旅游活动中面临多种风险威胁，从而导致学生、家长的不满，如交通安全事故以及矛盾冲突等方面，这些都会严重影响研学旅游者的体验质量。研学旅游体验价值是由研学旅游各主体共同创造的，在价值共创的过程中，学生、家长、学校应该与研学机构一起，共同承担风险责任。同时，面对风险，学生和家长会要求学校和研学机构提供研学旅游服务的全部信息，以便进行评估并做出决策。因此，研学机构应该向其他研学主体分享风险管理的知识，建立风险评估机制，共同管理风险，从这个角度上在价值共创过程中减少其面临的风险威胁，提升参与者的体验感。本书基于此提出了假设H3。

H3：降低风险对体验价值有显著的正向影响。

研学旅游对学生来讲是一件非常值得期待的美好事情，学生们期待和同学一起度过一段美好的旅行时光。如果在研学旅游过程中风险管控没有做好，比如学生在参加研学旅游过程中出现安全事故、遇到服务质量等问题，学生会感觉很扫兴、沮丧、难过、不满意等情绪马上就会涌现；进而会影响到他们对旅游地的认知，可能会认为当地人素质低、当地民风不好等，导致认知上出现偏差。同时，这种情绪在学生之间、学生与家长之间很容易传染，它会很快地在同学和家长中发酵，会影响学生的自我认知、幸福感和归属感，最后影响他们的体验感。因此，本书进一步提出如下假设：

H3a：降低风险对情感性体验价值有显著的正向影响。

H3b：降低风险对认知性体验价值有显著的正向影响。

H3c：降低风险对社会性体验价值有显著的正向影响。

（四）透明度对体验价值的影响及假设

信息透明是研学旅游各主体形成信任的必要条件，透明度不仅是各主体共赢合作的前提，同时也是研学旅游主体保持信任的关键。以前有企业利用其信息资源优势来提升其营利能力，但随着网络信息技术应用不断增多，网络信息技术为人们获取信息提供了便利，信息不对称情况逐步减少。在深度访谈中，让学生和家长对研学旅游感到满意的关键性事件中，透明度事件有22件，比例为22.5%。研学机构在价值共创过程中保证信息的高水平透明，有助于帮助家长和学生更好地了解研学旅游和价值共创规则、内容等信息，使其更好地参与价值共创活动；同时，学生和家长的反馈也能帮助研学旅游机构及时了解客户需求情况，并开发符合客户实际需求的产品。如果研学旅游产品的价格、安全责任、服务质量等信息公开透明，家长们更容易做出消费决策，有助于学生和家长一起做好研学旅游的前期准备工作。学生和家长获得的信息越多，对研学旅游的预期越明确，越有助于提高研学旅游的体验感。因此，本书制定了假设H4。

H4：透明度对体验价值有显著的正向影响。

因此，研学机构在与学生和家长互动合作过程中做到信息透明，消除信息不对称造成的不利影响，提升信息传递效率，可加深各主体之间的相互了解，提升彼此间的信任度。有了信任就会感到"放心"，学生才能够心情放松并全身心地参与到研学旅游中去，同时体验研学旅游带来的惊喜、愉悦、好奇和兴奋等情绪性感受。在研学旅游的各环节做到信息透明，学生就能够全面掌握相关信息，更真实地认识旅游目的地的人文历史，增强认识性感受。研学机构和学校公开化征求学生和家长的反馈和建议，让学生和家长产生受尊重的感觉，激发他们参与价值共创的热情，同时学生和家长的建议若能引起大家的共鸣和热烈讨论，则会产生更大的影响力，使研学旅游者产生更大的成就感，研学旅游者的社会性体验感也会随之提升。所以，本书在以上基础上，提出了以下假设：

H4a：透明度对情感性体验价值有显著的正向影响。

H4b：透明度对认知性体验价值有显著的正向影响。

H4c：透明度对社会性体验价值有显著的正向影响。

二、价值共创行为与社会支持的关系假设

根据价值共创理论以及社会交换价值理论，研学旅游主体之间实施价值共创行为，可获取所需的资源和结果，满足各自的需要。社会支持理论认为，社会支持是人们凭借正式、非正式交际网络进行互动，从而获得所需资源，以满足自身信息、物质等方面的需求。因此，研学旅游活动各参与主体的价值共创活动是各参与主体在研学旅游活动中获得社会支持的主要方式。因此，社会支持是价值共创的必然结果。但不同主体在研学旅游活动中的作用是不同的，其他主体给研学旅游参与者的社会支持和参与者自己感知的社会支持也存在较大差异。所以，应当从价值共创行为的四个维度入手，研究其对研学旅行主体社会支持的影响。

（一）对话对社会支持的影响及假设

价值共创的过程，本质也是互动的过程。对话在价值共创行为中具有基础性的地位，没有良好的沟通和交流，其他行为都无从谈起。在研学旅游过程中，学生和家长受自身需要的驱使，针对研学旅游中安全、课程、食宿、费用等众多方面存在的疑问，与学校、研学机构进行对话，充分了解和掌握关于研学旅游的全部信息，并进一步获取研学旅游活动所需资源。研学旅游活动中，参与者和研学旅游供给方的对话活动进行得越多，参与者感知到的获得的信息和资源等的回报就越多。同样地，在与同学的交流中，对话进一步加深了同学间的理解和友谊，学生们能够在对话过程中感受到来自对方的关心、照顾、信任和认可。

因此，本书给出以下假设：

H5：对话对社会支持有显著的正向影响。

H5a：对话对工具性社会支持有显著的正向影响。

H5b：对话对关系性社会支持有显著的正向影响。

（二）获取对社会支持的影响及假设

获取是研学旅游各主体实现价值共创时获得信息的渠道和方式，获取信息的渠道越多样化、越畅通，越有利于信息的共享和传播，从这个角度讲，获取影响着研学旅游者取得社会支持的效果。通过线上和线下的信息平台，学生和家长能够更好地了解研学旅

游信息，此外，他们还可以通过在网络社群中的交流获取知识、技能及经验等。同时，研学旅游者可通过多种途径，获得和研学旅游产品有关的各种信息，如优质客户服务等，使研学旅游者获得所需资源。研学旅游者在获取信息的过程中，与外界建立了一种社会关系，带来社会性及心理性利益，感受到友谊、信任、尊重等关系性社会支持，所以，本书给出了以下假设：

H6：获取对社会支持有显著的正向影响。

H6a：获取对工具性社会支持有显著的正向影响。

H6b：获取对关系性社会支持有显著的正向影响。

（三）降低风险对社会支持的影响及假设

风险是指在某一特定环境下，在某一特定时间段内，某种损失发生的可能性。也就是说在特定环境下，实际结果偏离了人们的最初预期。价值共创过程中，风险的出现对研学旅游各主体的利益造成损害，进而会影响价值共创的意愿。风险有着很大的不确定性，风险一旦出现，气氛、难过、不满意等情绪就会出现，从而影响研学旅游各主体间的沟通，同时也会出现信任危机，导致各种矛盾和冲突随之出现，这些不利因素会阻断研学旅游者对信息、资源等支持的获取，同时也会严重影响各主体之间的关系认知，进而导致人际关系的裂痕或者断裂。总之，风险对社会支持的负面影响主要体现在：首先，风险限制了研学旅游活动参与者和他人之间的交流，对补救措施也有一定的阻碍，导致活动参与方无法及时获得社会资源支持；其次，就情感感知来说，负面心理情绪导致研学旅游活动参与者的满意度大打折扣。相反，对价值共创中可能出现的安全事故、服务问题、矛盾冲突等风险进行评估并制定应对预案，对风险进行管理，将降低风险的措施落实到位，则对研学旅游者获取各种社会性支持有着直接影响。所以，本书提出下述假设：

H7：降低风险对社会支持有显著的正向影响。

H7a：降低风险对工具性社会支持有显著的正向影响。

H7b：降低风险对关系性社会支持有显著的正向影响。

（四）透明度对社会支持的影响及假设

研学旅游各主体间保持信息公开透明，有助于彼此间形成相互信任、合作共赢的良好局面。在价值共创中保持信息的高透明度，有助于学生和家长全面掌握研学旅游所需的信息和资源，进而进行消费决策，同时，对价值共创规则和内容等信息的掌握，能够使其更好地参与价值共创活动。家长对研学旅游产品的价格、安全责任、服务质量等信息掌握得越全面，就越容易做出消费决策，越有利于获取各种支持并做好研学旅游的前期准备工作。学生在研学旅游活动中，通过和旅游所在地居民交流，了解其人文历史和风土人情，并通过社交旅游平台分享活动体验，向研学机构反馈心得体会和意见建议，这些提高信息透明度的行为，使研学旅游活动更具现实意义，起到了拓展研学旅游活动参与者社交圈的作用，也给参与者以尊重、认同、信任等社会支持。因此，本书提出了下述假设：

H8：透明度对社会支持有显著的正向影响。

H8a：透明度对工具性社会支持有显著的正向影响。

H8b：透明度对关系性社会支持有显著的正向影响。

三、社会支持与体验价值的关系假设

根据社会支持理论，社会支持有利于缓解身心压力，维持身心健康和情绪稳定。从外界获取到的社会支持会对个体的心理产生影响，会让个体的体验更加美好。研学旅游者在研学旅游中通过实施价值共创行为获得了社会支持，这种支持稳定了研学旅游者旅游体验的预期和感知，会促使研学旅游者提高对体验价值的评价。此外，获取的社会支持满足了研学旅游者物质和精神层面的多种需要，让研学旅游者产生更好的旅游体验。工具性社会支持和关系性社会支持，对研学旅游者体验价值形成了不同影响。

（一）工具性社会支持对体验价值的影响及假设

研学旅游者会对陌生的旅游地产生好奇和新鲜感，但同样也会产生不安全感，不安和紧张等负面情绪会随之而来，这将大大降低研学旅游者的旅游体验效果。研学旅游者在价值共创过程中，通过其他途径获得相应的信息和服务支持。研学旅游者通过价值共创行为获取到有用的信息、建议、服务、帮助等支持，能够降低不确定性感知，同时减少负面情绪。所以，本书给出以下假设：

H9：工具性社会支持对体验价值有显著的正向影响。

H9a：工具性社会支持对情感性体验价值有显著的正向影响。

H9b：工具性社会支持对认知性体验价值有显著的正向影响。

H9c：工具性社会支持对社会性体验价值有显著的正向影响。

(二)关系性社会支持对体验价值的影响及假设

研学旅游活动中的人际互动,为研学旅游参与者提供了新的社会关系网络,拓展了参与者的社会关系网。关系性的社会支持是人际交往中形成的稳定的社交关系,对个体产生积极的意义。研学旅游者在研学旅游价值共创活动中产生了新的人际关系,这种人际关系满足了研学旅游者的心理需求。具体来说,在研学旅游活动中,旅游者从家人身上获取鼓励、信任等情感支持,从同学身上获得关心、关爱,从老师身上获取信任、认可,从研学机构的各类服务人员那里获得尊重、热情,这些都提升了参与者的体验感。所以,本书在这基础上,提出了以下假设:

H10:关系性社会支持对体验价值有显著的正向影响。

H10a:关系性社会支持对情感性体验价值有显著的正向影响。

H10b:关系性社会支持对认知性体验价值有显著的正向影响。

H10c:关系性社会支持对社会性体验价值有显著的正向影响。

四、社会支持的中介作用

根据社会支持理论的观点,社会支持是人际网络各主体之间,通过持续性互动、沟通、交流,获得相应的资源支持。在价值共创过程中,研学旅游各主体获得的相应的社会支持是价值共创行为产生的结果。社会支持对研学旅游体验价值的评价有着重要的影响,研学旅游者在研学旅游中获取到的社会支持,会促使旅游者对体验价值做出积极的评价。社会支持产生于研学旅游价值共创行为之中,并通过对研学旅游者需求的满足,对旅游体验价值感知产生影响,也就是说,社会支持在研学旅游价值共创行为和体验价值之间,起到中介作用。所以,本书在这一基础上,提出了以下假设:

H11:社会支持在价值共创与体验价值之间起中介作用。

H11a:社会支持在对话与体验价值之间起中介作用。

H11b:社会支持在获取与体验价值之间起中介作用。

H11c:社会支持在降低风险与体验价值之间起中介作用。

H11d:社会支持在透明度与体验价值之间起中介作用。

五、政府政策的调节作用

我国研学旅游的发展离不开国家和地方政府的大力支持,政府大力推动研学旅游发展,很大程度是因为研学旅游的教育属性,政府希望通过在中小学生中大力开展研学旅游来突破素质教育的瓶颈,提高人才的培养质量。自2013年以来,国家层面陆续出台一系列旨在引导、规范研学旅游发展的政策、文件,对我国研学旅游发展起到了极大的促进性作用。与此同时,2021年7月"双减"政策颁布实施,以期解决长期以来在我国教育领域存在的中小学生课业负担过重和校外培训负担过重的问题。"双减"政策虽然是针对教育领域,但给研学旅游市场的需求和供给端带来了很大的影响。

可以说政府部门出台的相关政策文件对我国研学旅游的发展发挥着重要的调节作用,比如说"双减"政策,以及国家"带薪假期"政策的落实,学生和家长有更多的时间和精力参与研学旅游,政策的实施释放了研学旅游的需求。政府通过经费补贴的形式,在门票、交通、税收等方面进行减免,降低了研学旅游费用,这也会增加研学旅游需求。政府促使社会公共资源(博物馆、纪念馆、高校、科研院所等)转化为研学旅游产品来增加研学旅游产品的供给,通过出台政策加强对研学旅游市场的监督管理,对研学市场进行规范,提升研学旅游产品的品质和服务。可以说,各项政策促进、指导、规范了研学旅游的健康发展,调节了研学旅游各主体实施的价值共创行为,实现了社会价值的最大化。

因此,本书提出如下假设:

H12:政府政策正向调节研学旅游价值共创行为对社会支持的影响。

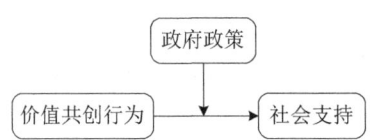

图6-2　政府政策的效率调节作用

第三节　研学旅游价值共创行为与体验价值的关系模型

关系模型反映的是研究变量之间的逻辑关系,为下文的实证研究奠定基础。本书研究的是研学旅游价值共创行为、社会支持、体验价值、政府政策之间的内在关系,在前文完成的影响机制分析、研究假设的基础上,需明确具体的研究变量,才能构建关系模型。

第六章 研学旅游价值共创行为对体验价值的影响机制与关系模型

一、研究变量

本书探讨的是在政府政策的调节作用下，研学旅游价值共创行为、社会支持、体验价值之间的关系。本书采用半结构化访谈、网络文本分析等研究方法，分析了研学旅游价值共创行为、体验价值、社会支持三要素的结构维度，关系模型的变量也就是各个要素的维度。

研学旅游价值共创行为，主要存在对话、获取、降低风险以及透明度四个变量，几乎涵盖了研学旅游价值共创的主要方面，同时对研学旅游者的社会支持与体验价值产生不同的影响。

研学旅游社会支持，指研学旅游者在参与活动中，通过价值共创获取社会性资源支持。这些支持满足参与者需求，并提升研学旅游体验。研学旅游社会支持可归纳为工具性社会支持以及关系性社会支持，这两个变量同时包含了物质和精神两方面的支持，同时也体现了研学旅游价值共创的社会交往属性。

研学旅游体验价值，是指研学旅游者通过参与研学旅游活动所获得的价值感和体验感。研学旅游体验价值要素，主要由情感性体验价值、认知性体验价值以及社会性体验价值三个变量构成。体验价值的三个变量按照"情绪感受—认知评价—社会性感知"的逻辑设计，同时也与研学旅游者的需要层次相对应。

政府政策是指政府颁布实施的促进、指导、规范研学旅游健康发展的一系列政策、规范性文件和行业标准等，包含了需求释放、经费补贴、产品供给、规范监督等内容。

综合上文所述，研学旅游价值共创行为与体验价值的关系模型包括4个要素、10个变量以及上述关系假设，如表6-2所示。

表6-2 研究假设汇总

编号	研究假设
H1	对话对体验价值有显著的正向影响
H1a	对话对情感性体验价值有显著的正向影响
H1b	对话对认知性体验价值有显著的正向影响
H1c	对话对社会性体验价值有显著的正向影响
H2	获取对体验价值有显著的正向影响
H2a	获取对情感性体验价值有显著的正向影响
H2b	获取对认知性体验价值有显著的正向影响
H2c	获取对社会性体验价值有显著的正向影响

续表

编号	研究假设
H3	降低风险对体验价值有显著的正向影响
H3a	降低风险对情感性体验价值有显著的正向影响
H3b	降低风险对认知性体验价值有显著的正向影响
H3c	降低风险对社会性体验价值有显著的正向影响
H4	透明度对体验价值有显著的正向影响
H4a	透明度对情感性体验价值有显著的正向影响
H4b	透明度对认知性体验价值有显著的正向影响
H4c	透明度对社会性体验价值有显著的正向影响
H5	对话对社会支持有显著的正向影响
H5a	对话对工具性社会支持有显著的正向影响
H5b	对话对关系性社会支持有显著的正向影响
H6	获取对社会支持有显著的正向影响
H6a	获取对工具性社会支持有显著的正向影响
H6b	获取对关系性社会支持有显著的正向影响
H7	降低风险对社会支持有显著的正向影响
H7a	降低风险对工具性社会支持有显著的正向影响
H7b	降低风险对关系性社会支持有显著的正向影响
H8	透明度对社会支持有显著的正向影响
H8a	透明度对工具性社会支持有显著的正向影响
H8b	透明度对关系性社会支持有显著的正向影响
H9	工具性社会支持对体验价值有显著的正向影响
H9a	工具性社会支持对情感性体验价值有显著的正向影响
H9b	工具性社会支持对认知性体验价值有显著的正向影响
H9c	工具性社会支持对社会性体验价值有显著的正向影响
H10	关系性社会支持对体验价值有显著的正向影响
H10a	关系性社会支持对情感性体验价值有显著的正向影响
H10b	关系性社会支持对认知性体验价值有显著的正向影响
H10c	关系性社会支持对社会性体验价值有显著的正向影响
H11	社会支持在价值共创行为与体验价值之间起中介作用
H11a	社会支持在对话与体验价值之间起中介作用
H11b	社会支持在获取与体验价值之间起中介作用

第六章 研学旅游价值共创行为对体验价值的影响机制与关系模型

续表

编号	研究假设
H11c	社会支持在降低风险与体验价值之间起中介作用
H11d	社会支持在透明度与体验价值之间起中介作用
H12	政府政策正向调节研学旅游价值共创行为对社会支持的影响

二、关系模型

本书基于前述的影响机制研究、研究变量的选取以及相关假设的提出，创建出用于研究社会支持的研学旅游价值共创行为与价值体验的关系模型，参见图6-3。这一模型在相关理论的指导下，反映研学旅游价值共创行为、社会支持、体验价值三者之间的内在逻辑关系和影响机制。研学旅游价值共创行为一方面直接影响研学旅游体验价值，另一方面以社会支持为中介变量影响研学旅游体验价值。同时，政府政策在研学旅游价值共创行为与社会支持之间起调节作用。

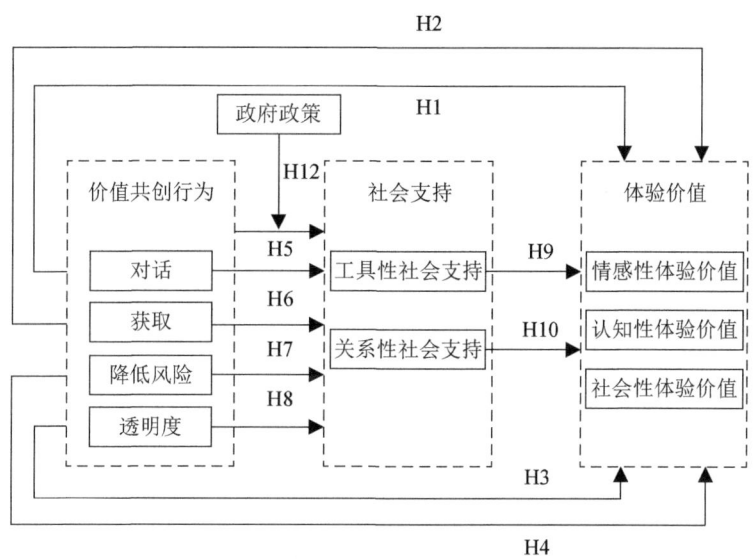

图6-3 社会支持视角下研学旅游价值共创行为与体验价值的关系模型

本章小结

本章主要介绍了基于社会支持理论的研学旅游价值共创行为与体验价值的内在关系

基于价值共创理论的中国研学旅游实践创新研究

与影响机制,从而为本书的后续研究奠定了坚实基础。总的来说,本章主要研究内容包括:

首先,在有关理论基础上,对研学旅游价值共创行为、社会支持、体验价值、政府政策进行了阐述和介绍,并提出研究假设。其次,以管理学、社会学、心理学等学科理论知识为基础,构建研学旅游价值共创行为与体验价值的关系模型,反映价值共创行为、社会支持、体验价值三者之间的内在逻辑关系和影响机制,以及政府政策在研学旅游价值共创行为与社会支持之间的调节作用。

第七章 问卷设计与预调研

第一节 问卷设计的原则

一、问卷设计思路与原则

问卷设计是考验研究人员专业素养的重要工作，问卷设计结果直接关系到收集数据的精准性和有效性。调查问卷中各相关变量和选项的设计，必须是在相关原则基础上，结合特定研究场景进行。量表变量和测项是调查问卷的主要构成部分，在量表开发中，可以借鉴使用已有的成熟量表，也可以通过访谈调查的方式获得量表内容。风笑天（2009）等专家认为，已有量表经过了实证检验，信度、科学性较高，但应当根据实际面临的问题进行修订、改进和完善，或根据实地走访和调查的数据，进行量表开发、设计。

为保证问卷的信效度，提高研究效率，实现研究目的，设计一份科学合理的问卷极为重要。结合研究内容，本书主要基于科学性、情境性、逻辑性与规范性四项基本原则设计问卷。

一是科学性原则。能否科学地制定量表决定了实证研究工作是否能够高质量地完成。本书的调查问卷共包括研学旅游价值共创行为、研学旅游社会支持、研学旅游体验价值三个量表，价值共创、体验价值有应用较为成熟、可信度较高的量表，本书在其基础上，设计的调查问卷可信度较高，符合科学性的原则。

二是情境性原则。在调查问卷设计过程中，应当遵循情境性的原则，即根据研究情景，编写符合研究情景的调查问卷，从而有效地解决具体问题。前文已经针对"双减"政策对研学旅游的影响、研学旅游价值共创行为、研学旅游体验价值等进行了大量的研究，对研学旅游价值共创行为和体验价值的特点有了一定的认识和了解，所以，参考成熟量表，对调查问卷的题项内容进行不断改进和完善，使其更接近研学旅游情景，以为本书研究提供便利。

三是逻辑性原则。调查问卷各问题之间要有逻辑性，避免出现逻辑错误，可以根据研究变量间的逻辑进行测量顺序设计。首先，先测量"双减"政策对研学旅游驱动因素的影响，然后测量研学旅游价值共创行为，最后测量研学旅游的体验价值。综上，整个问卷的测量遵循一定的逻辑思路，更能够让被测者准确传递出自己的真实想法。

四是规范性原则。为提高问卷程序与操作的规范性，除了要保证问卷结构完整、语言表达清晰之外，还应该注意尽量避免过多使用专业术语，以防被测者难以理解题项，无法作答。同时，问题长度也需要进行控制。过长的问题表达，不仅会加大被测者的理解难度，而且容易引起被测者的反感，导致无效问卷增多。此外，为反映研究现象的真实性，需要保证每个问题的位置一致性，在问卷中不能进行相关提示或主观臆断，要让被测者在特殊环境中独立作答。

二、预调研问卷基本内容

预调研问卷内容、结构、形式也应当符合上述要求，因此，预调研问卷内容应当包含以下几方面的内容（参见附录B）。

一是问卷说明。本次设计的调查问卷，主要作用是调查研学旅游者对价值共创和体验价值的感受，考虑到家长是最关心和了解孩子成长的，以及学生年龄较小可能存在无法准确理解问卷内容以及准确表达自身意图的问题，本研究以家庭为单位进行调查，请一名家长和一名学生对问卷内容进行充分沟通后一同作答。

二是研学旅游价值共创行为量表。本书通过借鉴现有的价值共创行为量表，结合研学旅游价值共创行为研究结论，设置问卷题项，请研学旅游者根据自己参加研学旅游的情况，对研学旅游价值共创行为发生的频次进行判断，共分为五种情况：经常发生、较多发生、一般、较少发生或几乎不发生。比如，关于"对话"的测项，表述为"我们同其他研学主体之间经常交换信息"，请被调查者结合自己参加研学旅游的真实情况，对发生此行为的频率进行判断。

三是研学旅游社会支持、体验价值和政府政策量表。研学旅游者在研学旅游活动中通过价值共创活动来获取社会支持，从而稳定了研学旅游者旅游体验的预期和感知，会促使研学旅游者提高对体验价值的评价，同时政府政策从宏观和微观两个层面保障了研学旅游各主体实施价值共创行为。按照逻辑关系，这三个量表被依次放在价值共创行为量表后，符合被调查对象的思维特点。以上量表是结合被调查对象研学旅游经历进行编写的，回答对研学旅游的实际感受和评价。比如，测量问题"通过研学旅游放松了身心"，要求被调查对象根据对问题的实际看法和真实感知作答。

四是指标评价方法。根据本次研究目标和本书研究思路，研学旅游价值共创行为量表是研究研学旅游参与者价值共创参与频次，而社会支持、价值体验以及政府政策测量量表，主要用于了解被调查对象对研学旅游产品的态度，所以在上述量表评价指标设定上，多选用李克特量表法。该量表法内容简洁，实用性强，易于理解，为调查人员分析调查结果提供了便利。其中，研学旅游价值共创行为量表，评分由5到1，划分为五个层次，分别对应着经常发生、较多发生、一般、较少发生以及几乎不发生；研学旅游社会支持量表、体验价值量表以及政府政策量表，评分由5到1，划分为五个层次，分别对应着非常同意、比较同意、一般、比较不同意以及非常不同意五个选项。

三、预调研问卷分析程序

量表是调查问卷的主要构成部分，量表开发、检验是调查问卷设计工作中的重点。根据 Churchill（1979）关于量表开发的观点，本书的调查问卷设计、预调研工作主要流程为：

第一，量表变量的定义和测项的选择。变量、问项以及指标是量表的主要构成要素，体现出变量之间的结构关系，而指标、问项被用于检测研究的有关变量。就量表设计来说，应对变量有一个科学的定义，才能保证变量测量问项选取的精准性和科学性。本书在相关理论及文献研究基础上，运用质性研究方法，通过半结构化访谈、网络文本分析对变量进行定义，并确定测量题项。

第二，邀请相关专家对问卷进行内容效度检验。内容效度检验的目的，是检验量表问项的精准性、科学性、有效性以及其词义表达是否清晰。在初始问卷设计完成后，组织相关专家、人员进行审核，检验问卷内容的科学性，同时根据专家的看法和建议，对问卷内容进行改进和完善。完成问卷编写后，邀请心理学、哲学、营销、管理学等多个领域的专家，对问卷进行审核和修订，保证内容的完善性、意思表达的全面性，以更好地完成本次调查、研究工作。

第三，开展问卷预调研。为检验本次设计调查问卷内容的精准性，通过向被调查对象发放预调查问卷，进行数据调查，随后对问卷所含量表进行分析，通过探索性因子分析、信度检验，检测预调研问卷题项的合理性和科学性，从而为正式问卷的编订提供依据。

第四，量表信效度检验。信度指量表检测结果的科学性和有效性，信度分析与检验主要分析研究变量的 Cronbachs' α 值是否达到标准要求。效度校验同时包括内容效度、结构效度检验。通常来说，内容效度检测是以专家咨询方式进行的。而结构效度检测，通常是根据探索性因子进行的。

第五，净化题项以及生成正式的调查问卷和量表。通过以上信度校验后，去除量表中逻辑关系不明、表达不清、重复、同质性以及不符合本次课题研究的测项，并对剩余题项进行效度检验后，便生成了正式的调查问卷。

第二节　变量的定义及测项

变量的定义指的是对变量特点的总结、界定和阐述，直接关系到研究结果。关于变量的定义，包括操作性、抽象性两个层面，相对来说，操作性定义通过对变量进行概括而揭示其本质，具有可视性、表象化等特点，所以，本书关于变量的定义是操作性层面的。本书以下部分，对研学旅游价值共创行为、社会支持、体验价值、政府政策等量表变量分别进行阐述和介绍。

一、研学旅游价值共创行为变量的定义及测项

通过对研学旅游主体进行半结构化访谈和网络文本分析，借鉴现有文献对DART模型的研究，运用关键事件法提取出75个反映研学旅游共创行为的关键事件。邀请2名旅游管理专业和企业管理专业的研究生，对每个关键事件进行独立性审查并提炼关键行为，共获得74个有效关键事件，提炼出关键行为22个。最后得到的研学旅游价值共创行为量表包含19个题项。其中"对话"有4个，"获取"包含5个，"降低风险"包含5个，"透明度"包含5个。研学旅游价值共创行为相关变量的操作性定义和相应的测量题项如下所述。

（一）"对话"操作性定义及测项

1. 操作性定义

根据 Prahalad 和 Ramaswamy 等人的研究，本书认为"对话"是指各研学旅游主体通过沟通交流增进了解、共同合作解决出现的问题，最终实现信息共享和互利共赢。

2. 测量题项

开发"对话"子量表时，通过文献梳理和质性研究，确定了"对话"的测量指标，包括分享重要信息、经常交换信息、沟通顺畅、通过沟通解决问题、频繁地不定时地沟

通信息、不同的管理层次都有沟通 6 个测量题项，详见表 7-1 所示。

表 7-1 "对话"初始量表变量题项设计及来源

代码	测量题项	参考文献和来源
A1	我们同其他研学主体分享重要的、敏感的、有关运营和战略问题的信息	Paulraj, et al.; Humpreys et al.; 任际范、徐进、梁新弘（2014）；本书研究
A2	我们同其他研学主体之间经常交换信息	
A3	我们和其他研学主体的沟通是开放性、共享性的	
A4	我们在和其他研学主体意见相左时，一般通过对话方式进行解决	
A5	我们和其他研学主体频繁地、不定时地或者定时地交换信息	
A6	我们和其他研学主体在不同的管理层次都会沟通	

（二）"获取"操作性定义及测项

1. 操作性定义

价值共创过程中，共创主体间除了要进行积极的对话和沟通，还需要建立信息获取以及沟通交流的渠道，渠道的畅通与否，决定了共创行为信息能否快速有效地传递。本书的"获取"操作性定义是，获取是指研学旅游各主体为了快速有效地得到所需信息，而建立的信息传播渠道和实施的各类行为。

2. 测量题项

通过对文献的分析和质性研究，本书的"获取"变量具体包括 6 个测项：获取信息的渠道畅通、有多种获取信息的渠道、获取的信息是真实的、主动共建信息渠道、只需获取信息的使用权、主动帮助提供信息渠道（见表 7-2）。

表 7-2 "获取"初始量表变量题项设计及来源

代码	测量题项	参考文献和来源
B1	其他研学旅游主体能很便利地访问到我们的信息平台	Paulraj et al.; Humpreys et al.; 任际范、徐进、梁新弘（2014）；本书研究
B2	其他研学主体能够很容易地从各方面渠道获得我们的信息	
B3	其他研学主体通过我们的信息渠道获得的信息都是真实的	
B4	我们会同其他研学主体协商建立共有的信息共享渠道	
B5	其他研学主体不一定要获得产品或服务的所有权才能获取这些产品或服务的信息； 其他研学主体必须获得相应产品服务所有权，才能获取相关信息	
B6	其他研学主体会帮助我们获取其他的信息渠道	

(三)"降低风险"操作性定义及测项

1. 操作性定义

在价值共创活动中,风险的出现对研学旅游各主体的利益造成损害,进而会影响价值共创的意愿。本书的"降低风险"操作性定义是,研学旅游主体在价值共创中,通过建立风险防控机制,共同评估、抵御和承担风险,以维护价值共创主体的利益和价值共创意愿而采取的措施和行动。

2. 测量题项

通过对文献的分析和质性研究,本书"降低风险"变量具体包括主动告知风险、共同评估承担风险、愿意共担风险、建立风险评估机制、建立赔偿机制等指标内容,共设置5个测量题项,如表7-3所示。

表7-3 "降低风险"初始量表变量题项设计及来源

代码	测量题项	参考文献和来源
C1	我们告知其他研学主体所有可能存在的风险	Paulraj et al.; Hum preys et al.; 任际范、徐进、梁新弘(2014);本书研究
C2	我们邀请其他研学旅游主体共同承担相关风险,提升风险识别能力、管理能力和防范能力	
C3	其他研学旅游主体愿意进行价值共创,所以愿意共同承担相关风险	
C4	我们将建立专门的风险管理机制,以提升风险管理水平	
C5	我们将根据具体的风险等级,建立相应的风险赔偿机制	

(四)"透明度"操作性定义及测项

1. 操作性定义

信息的透明性是研学旅游各主体形成信任的必要条件,透明度不仅是各主体共赢合作的基础,也是互相信任的源泉。本书的"透明度"操作性定义是,透明度是指研学旅游各主体间保持信息公开透明,帮助彼此间形成相互信任、合作共赢的良好局面。在价值共创活动中,保持较高的信息透明度,可提升各主体的资源共享度并加深彼此之间的信任度。

2. 测量题项

通过对相关理论文献观点的总结、归纳、分析以及质性研究,本书"透明度"变量具体包括从不欺骗、信息非常透明、不隐瞒关键信息、不利用信息不对称损害他人利益、不利用信息不对称赚取利益,设置了5个题项,如表7-4所示。

表 7-4 "透明度"初始量表变量题项设计及来源

代码	测量题项	参考文献和来源
D1	我们不会利用信息不对称来欺骗其他研学主体	Paulraj et al.；Hum preys et al.；任际范、徐进、梁新弘（2014）；本书研究
D2	我们对其他研学主体非常透明	
D3	我们对其他研学主体坦诚以待，不隐瞒关键信息	
D4	因为信息不对称因素的影响，导致其他研学旅游主体面临着较大的风险威胁	
D5	就算有营利机会，也不会利用信息不对称优势营利	

二、研学旅游社会支持变量的定义及测项

研学旅游社会支持是指研学旅游者在活动过程中，通过价值共创活动获得相应的社会支持。社会支持量表变量是由现有理论文献结合研学旅游价值共创特点总结而成的。本书将研学旅游社会支持归纳为工具性社会支持、关系性社会支持两个不同变量，其操作性定义和测量问项如以下所述。

（一）工具性社会支持操作性定义及测项

1. 操作性定义

根据社会支持理论的相关观点，工具性社会支持的操作性定义是：研学旅游主体通过价值共创获得的且对解决问题有实际帮助和支持的建议、信息、知识、解决方案等。

2. 测量题项

根据对当前现有量表的分析，研学旅游的工具性社会支持变量，包括经验建议、信息知识、降低风险、解决问题等多个维度，我们根据各维度设置了相应的测量题项，参见表 7-5。

表 7-5 工具性社会支持初始量表变量题项设计及来源

代码	测量题项	参考文献和来源
E1	通过价值共创，获取了有用的意见、建议	Wills, Shinar（2000）；Siddall et al.（2013）；李志兰（2015）；杨化龙（2015）；本研究
E2	通过价值共创，获取了有价值的信息和知识	
E3	通过价值共创，大大降低了旅行风险、不确定因素	
E4	通过价值共创，解决了实际遇到的问题和困难	

(二)关系性社会支持操作性定义及测项

1. 操作性定义

根据社会支持相关理论及研究成果,关系性社会支持的操作性定义为:研学旅游者在研学旅游价值共创过程中,从社会关系网络中获得的心理性支持。

2. 测量题项

研学旅游关系性社会支持变量可以归纳为来自他人的信任、尊重、认可、关爱等人际关系带来的心理性支持,设置4个测量题项,见表7-6所示。

表7-6 关系性社会支持初始量表变量题项设计及来源

代码	测量题项	参考文献和来源
F1	价值共创中,感受到来自他人的信任	Rosenbaum(2006);Taylor(2011);宋佳萌、范会勇(2013);李志兰(2015);郑志丹、郑研辉(2017);本书研究
F2	价值共创中,感受到来自他人的尊重	
F3	价值共创中,感受到来自他人的认可	
F4	价值共创中,感受到来自他人的关爱	

三、研学旅游体验价值变量的定义及测项

研学旅游体验价值,是指研学旅游者在研学旅游过程中,通过实施研学旅游价值共创行为所获得的价值感受,以及对旅游体验的整体性评价。通过对研学旅游深度访谈材料的分析,可以将研学旅游体验价值划分为情感性体验价值、认知性体验价值、社会性体验价值。上述维度动态、真实地反映出研学旅游者在活动中的体验变化。以上三个变量的操作性定义和其检测题项具体详述如下。

(一)情感性体验价值定义及测项

1. 操作性定义

通过参考Sweeney、Soutar(2001)及Sheth(2004)等有关学者的观点,关于体验价值的操作性定义是:研学旅游者在研学旅游活动中,对情绪、情感等心理与精神状态的主观感知。

2. 测量题项

根据本书体验价值研究结论以及情感体验价值指标,情感性体验价值变量主要由放松身心、愉快喜悦、美好记忆等维度构成,可归纳为3个测量题项,如表7-7所示。

表 7-7　情感性体验价值初始量表变量题项设计及来源

代码	测量题项	参考文献和来源
G1	通过研学旅游放松了身心	Sweeney、Soutar（2001）；Sheth et al.（2004）；Bajs（2015）；谢彦君（2006）；李建州、范秀成（2006）；本书研究
G2	研学旅游让人感觉愉快和喜悦	
G3	研学旅游留下了美好记忆	

（二）认知性体验价值定义及测项

1. 操作性定义

结合 Sheth（2004），Williams、Soutar（2007）等学者的观点，认知性体验价值的操作性定义是：认知性体验价值是指研学旅游者对研学旅游过程中知识获取、视野、技能、感悟等方面收获的主观感知。

2. 测量题项

由前文所述可知，认知体验价值变量主要由学习知识、开阔视野、提升技能、增加阅历、人生感悟等维度构成，并归纳为五个测量题项，如表 7-8 所示。

表 7-8　认知性体验价值初始量表变量题项设计及来源

代码	测量题项	参考文献和来源
H1	通过研学旅游活动增长了知识	Sheth et al.（2004）；Williams、Soutar（2007）；Radder、Han（2015）；张凤超、尤树洋（2010）；马鹏、张威（2017）；本书研究
H2	通过研学旅游活动开阔了视野	
H3	通过研学旅游活动提升了相关技能	
H4	通过研学旅游活动增加了人生阅历	
H5	通过研学旅游活动获得了很多人生感悟	

（三）社会性体验价值定义及测项

1. 操作性定义

根据 Wills、Shinar（2000）及 Sheth（2004）等有关专家的研究结论，社会性体验价值的操作性定义为：社会性体验价值是指研学旅游者在参与研学旅游过程中，对其社会性需求满足程度的感知情况。

2. 测量题项

结合相关学者的研究及本书对体验价值质性材料的分析结果，本书认为，社会性体验价值变量包括认可自我、增进友谊、集体认同、归属感、荣誉感等测量内容，共设置

5个测量题项，如表7-9所示。

表7-9 社会性体验价值初始量表变量题项设计及来源

代码	测量题项	参考文献和来源
I1	研学旅游增加了对自我的认可	Carbone, Haechel（1994）；Wills, Shinar（2000）；Sheth（2004）；Siddall et al.（2013）；李志兰（2015）；杨化龙（2015）；本书研究
I2	研学旅游加深了同学之间的友谊	
I3	研学旅游增加了对集体的认同感	
I4	研学旅游让人有归属感	
I5	研学旅游让人感受到荣誉感	

四、政府政策变量的定义及测项

1. 操作性定义

政府政策的操作性定义，本书概括为：政府政策是指政府颁布实施的促进、指导、规范研学旅游健康发展的一系列政策、规范性文件和行业标准等。其目的在于促进研学旅游各主体和谐共生，实现价值共创，实现社会价值的最大化。

2. 测量题项

根据相关专家的研究结论以及本书对政府政策文件的研究结论，本书认为政府政策调节变量是由需求释放、经费补贴、产品供给、规范监督等维度构成的，可归纳为4个检测题项，如表7-10所示。

表7-10 研学旅游政府政策初始量表变量题项设计及来源

代码	测量题项	参考文献和来源
J1	"双减"和带薪休假等政策实施后，学生和家长有时间和精力参与研学旅游	钟志平，刘天晴（2018）；张晗（2020）；蒋礼海（2021）；本书研究
J2	政府通过增加经费补贴，或减免门票、交通、税收等费用政策，支持研学旅游发展	
J3	政府促使社会公共资源（博物馆、纪念馆、高校、科研院所等）转化为研学旅游产品	
J4	政府对研学市场进行规范，提升研学旅游产品品质和服务质量	

第三节 问卷预调研与结果

初始量表设计完成后,加入问卷说明、概念界定、个人基本信息和结束语等有关内容,从而形成了正式的、内容全面的研学旅游价值共创行为量表和初始问卷,并对问卷调查获取的数据进行了归纳、整理和分析,以验证和优化量表,并最终形成正式问卷。

一、预调研实施

(一)预调研问卷样本量标准

本书以下部分运用结构方程模型等工具,就各变量关系进行了相应的研究。一般来说,结构方程模型多用于大样本数据分析中,样本数量和结果稳定性呈正相关。很多专家指出,样本量的标准和模型变量及观测指标数量有关,如果样本量低于 200 份,则模型稳定性比较差,样本量在 200~500 比较适宜。吴明隆(2010)指出,样本量最多是调查问卷题项数量的 3~5 倍,如果需要做因子分析,样本量应当是测量题项的 5 倍。

本书研究中,研学旅游价值共创行为量表指标测项数量是 22 个;社会支持量表指标测项数量是 8 个;体验价值量表指标测项数量是 13 个;政府政策量表指标测项数量是 4 个,共计 47 个测项,由于需要对预问卷进行探索性因子分析,按照吴明隆的观点,样本量应当是测量题项的 5 倍以上,所以,样本量应足够多,至少 235 份。

(二)预调研问卷数据收集

本书重点研究的是如何通过价值共创活动来提升研学旅游者的体验价值,为了保证调查对象的一致性,本研究采用以家庭为单位进行调查的方式,请一名家长和子女对问卷内容进行充分沟通后一同作答。本次调研的时间为 2021 年 5 月 16 日至 5 月 27 日,历时 12 天,通过线上、线下相结合的方式进行问卷调查。其中,线上问卷调查是通过在线平台向调查对象发放调查问卷,将所有题项设置为必答,将最大答卷数设置为 200 份,问卷调查数量一旦达到上限就会自动停止。同时,本人运用在教育系统工作的便利,通过中小学教师发放纸质问卷给学生和家长来进行线下调研,线下调研共回收 74 份问卷。线上问卷剔除答案相同的问卷 9 份,和答题时间小于 60 秒的问卷 12 份,获得有效问卷 179 份;线下问卷剔除答题不全、涂改不清等问题的问卷 12 份,预调研共收集有效问卷 241 份,有效问卷率为 87.96%(预调研问卷详见附录 B)。

二、预调研问卷基本信息描述性统计

被调查对象基本信息包括学生性别和年级,家长的受教育程度、职业和常住地等 5 个测项。就性别来说,女学生占调查对象总数的 60.4%,男生为 39.6%;年级方面,1~2 年级学生占 10.3%、3~4 年级学生占 16.2%、5~6 年级学生占 30.8%、7~8 年级学生占 27.5%、9 年级学生占 15.2%;受教育程度方面,初中及以下占 3.5%、高中占 13.5%、大专占 25.6%、本科占 38.8%、硕士及以上占 18.6%;职业方面,企业职工占 39.5%、政府机关或事业单位人员占 28.7%、个体经营者占 17.6%、自由职业者占 10.3%、其他占 3.9%;常住地以城市为主,占比 56.3%,其次是县城和乡村,分别是 32.4% 和 11.3%。

三、预调研问卷信度检验

预调研问卷信度检验的目的是检测设计出来的量表是否稳定可靠,以及衡量某一测量题项和同一变量题项的相关性是否一致。预问卷量表信度评估指标包括内部一致性系数 Cronbach's α、修正的项目总相关系数(Corrected Item-Total Correlation,CITC)以及项目删除时的 Cronbach's α 值。

首先,内部一致性系数 Cronbach's α 值。吴明隆等专家指出,如果 Cronbach's α 系数小于 0.5,意味着该量表信度不符合,应以删除;如果系数为 0.5~0.6,意味着量表信度符合规定但水平较低;系数为 0.6~0.7 意味着可接受;系数为 0.7~0.8,意味着效度较好;系数为 0.8~0.9,意味着效度极佳;如果系数大于 0.9,则意味着效度非常理想。通常来说,如果 Cronbach's α 系数大于 0.7,意味着量表效度信度较高。

其次,修正的项目总相关系数(CITC)。该系数用来体现修正题项和题项总分关系的系数,CICT 值越小,说明该题项与总量表的相关性越低,则应该考虑删除该题项。通常来说,如果相关系数小于 0.45,就意味着效度较低,应予以删除。

最后,项目删除时的 Cronbach's α 值,是体现删除某一项目后的量表信度值,如果项目删除后的信度系数高于未删除时的量表系数,意味着该项目和其他题项同质性较低,可删除该项目。

(一)预调研问卷研学旅游价值共创行为量表信度分析

本书运用 SPSS22.0 等软件,来分析预问卷量表效度、信度。预问卷研学旅游价值共创行为量表信度参见表7-11。根据表7-11，删除"对话"量表中的A5题项后，Cronbach's α值为0.835，大于该变量的Cronbach's α值0.815，且该题项项目总相关系数是0.405，小于0.45；删除项目A6后，Cronbach's α值为0.821，大于该变量的Cronbach's α值0.815，且该修正后的总相关系数是0.396，小于0.45；这意味着A5、A6题项同其他题项的同质性较低，可对其进行删除处理。

"获取"变量中，相关题项被删除时的Cronbach's α值小于该子量表Cronbach's α值0.794，但B5修正项目相关系数是0.386，而B6修正的项目相关系数是0.435，均小于0.45，说明B1和B4题项也能够涵盖B5、B6的内容，因此，可将B5、B6项删除。

"降低风险"和"透明度"变量中包含的题项，符合本课题研究所需，因此保留相关题项。所以，根据信度同质性检验结果，可删除研学旅游价值行为量表中的A5、A6、B5、B6测量题项。

同时，由表7-11可知，研学旅游价值共创行为量表中四个子量表的信度分别为0.815、0.794、0.861和0.873，均超过了0.7，表示价值共创行为量表可信度比较高。

表7-11 预调研问卷研学旅游价值共创行为量表信度检验

变量	题项	修正的项目总相关系数（CITC）	项目删除时的Cronbach's α值	Cronbach's α值
对话	A1	0.793	0.801	0.815
	A2	0.655	0.774	
	A3	0.562	0.756	
	A4	0.641	0.746	
	A5	0.405	0.835	
	A6	0.396	0.821	
获取	B1	0.661	0.653	0.794
	B2	0.669	0.650	
	B3	0.654	0.749	
	B4	0.712	0.734	
	B5	0.386	0.730	
	B6	0.435	0.739	

续表

变量	题项	修正的项目总相关系数（CITC）	项目删除时的Cronbach's α 值	Cronbach's α 值
降低风险	C1	0.647	0.845	0.861
	C2	0.545	0.785	
	C3	0.674	0.854	
	C4	0.811	0.801	
	C5	0.773	0.813	
透明度	D1	0.657	0.865	0.873
	D2	0.635	0.758	
	D3	0.725	0.836	
	D4	0.653	0.856	
	D5	0.712	0.783	

（二）预调研问卷研学旅游社会支持量表信度分析

结合信度检验标准，预调研问卷研学旅游社会支持量表信度分析结果如表 7-12 所示，工具性和关系性社会支持量表效度信度系数大于 0.76，量表可信度较高。其中，工具性社会支持量表测试结果符合信度检验标准，可保留相关变量，并将它们作为探索性因子分析的依据。关系性社会支持量表 F3 题项被删除后的 Cronbach's α 系数是 0.901，大于关系性社会支持总体的信度系数 0.885，因此，可删除该题项。

表 7-12 预调研问卷研学旅游社会支持量表信度分析

变量	题项	修正的项目总相关系数（CITC）	项目删除时的Cronbach's α 值	Cronbach's α 值
工具性社会支持	E1	0.732	0.812	0.893
	E2	0.653	0.810	
	E3	0.724	0.836	
	E4	0.656	0.762	
关系性社会支持	F1	0.823	0.812	0.885
	F2	0.803	0.778	
	F3	0.625	0.901	
	F4	0.732	0.869	

（三）预调研问卷研学旅游体验价值量表信度分析

通过以上量表信度检验标准，预调研问卷研学旅游体验价值量表信度检验结果如表7-13所示。根据表中数据可看出，体验价值量表中三个维度的总体信度系数均超过了0.8，意味着该量表效度信度和一致性相对较佳。而在删除社会性体验价值I3题项后，Cronbach's α 值为0.903，大于所在变量的信度系数0.857，同时从内容上看I4题项"研学旅游让人有归属感"也涵盖了I3题项"研学旅游增加了对集体的认同感"，因此可考虑将此题项删除。情感性体验价值和认知性体验价值的各测量题项均符合同质性规定，因此可保留并作为探索性因子分析的依据。

表 7-13 预调研问卷研学旅游体验价值量表信度分析

变量	题项	修正的项目总相关系数（CITC）	项目删除时的 Cronbach's α 值	Cronbach's α 值
情感性体验价值	G1	0.802	0.854	0.893
	G2	0.785	0.834	
	G3	0.735	0.857	
认知性体验价值	H1	0.887	0.826	0.916
	H2	0.792	0.911	
	H3	0.767	0.875	
	H4	0.844	0.850	
	H5	0.771	0.877	
社会性体验价值	I1	0.737	0.847	0.857
	I2	0.672	0.793	
	I3	0.631	0.903	
	I4	0.665	0.762	
	I5	0.773	0.791	

（四）预调研问卷研学旅游政府政策量表信度分析

根据信度检验标准，预调研问卷研学旅游政府政策信度分析结果如表7-14所示。根据表中数据可看出，政府政策量表的信度系数为0.857，量表有比较好的信度。量表的各测量题项均符合信度同质性检验标准，全部保留并进入下阶段的探索性因子分析。

表 7-14 预调研问卷研学旅游政府政策量表信度分析

变量	题项	修正的项目总相关系数（CITC）	项目删除时的 Cronbach's α 值	Cronbach's α 值
政府政策	J1	0.745	0.821	0.857
	J2	0.723	0.811	
	J3	0.734	0.829	
	J4	0.679	0.773	

四、预调研问卷因子分析

本书编订的研学旅游价值共创行为量表、社会支持量表以及体验价值量表，是在参考应用较为成熟的量表基础上结合研学旅游质性研究结果编订的，由于是新编订的量表，需要对其结构情况进行检验。同时，本书通过探索性因子分析（Exploratory Factor Analysis，EFA）方法，用较少但高度相关的题项来反映变量，从而实现题项数目的简化。检测题项是否符合因子分析要求，按照取样适切性量数值（Kaiser-Meyer-Olkin，KMO）进行判断。

KMO 指标值一般在 0~1 的范围内，越接近 1，表明各指标同质性越强，越适合进行因子分析。通常情况下，如果 KMO < 0.5，意味着题项无法作为因子分析依据。KMO 如果在 0.5~0.6 范围内，无法进行因子分析；如果 KMO 在 0.6~0.7 范围内，意味着不适用于因子分析；如果 KMO 在 0.7~0.8 范围内，意味着可勉强进行因子分析；如果 KMO 在 0.8~0.9 范围内，意味着可进行因子分析；如果 KMO > 0.9，意味着适于进行因子分析。

探索性因子分析是基于主成分分析法进行的，因此提取的共同因子的累计解释变量要达到 60% 以上。吴明隆（2010）认为，提取的共同因子累计解释变量达到 50% 以上的结果也是可以接受的，能够达到 60% 以上则表示是可靠的。

（一）预调研问卷研学旅游价值共创行为量表因子分析

信度同质性分析结果指出，预调研问卷研学旅游价值共创行为量表中删除"对话"维度下的 A5、A6 两个题项，删除"获取"维度下的 B5、B6 题项，保留其他 18 个题项作为探索性因子分析题项。通过主成分分析法，预调研问卷研学旅游价值共创行为量表探索性因子分析结果如表 7-15 所示。

研学旅游价值共创行为量表，KMO 值等于 0.786，Bartlett 球形检验卡方值等于

1508.221，显著性概率为 0.000，意味着可使用探索性因子分析方法进行分析。主成分分析特征值大于 1，可提取 4 个共同因子，可以解释总变异量的 74.64%。这四个共同因子符合之前对题项的设计，即"矛盾冲突"、"社交互动"、"亲情互动"以及"服务互动"四个因子，且各题项所在因素的负荷量均大于 0.5，通过这一结果可看出，预调研问卷研学旅游价值共创行为量表有较好的结构效度。

表 7-15 预调研问卷研学旅游价值共创行为变量的探索性因子分析

题项代码	因子载荷				KMO	Sig.	因子解释方差（%）	累计解释方差（%）
	1	2	3	4				
C1	0.831	0.036	−0.056	0.248			22.12	22.12
C2	0.885	0.023	0.245	−0.003				
C3	0.875	0.156	0.136	0.178				
C4	0.793	−0.036	−0.078	0.132				
C5	0.846	0.245	0.024	0.156				
A1	0.009	0.838	0.153	0.175			19.86	41.98
A2	0.122	0.863	0.198	0.189				
A3	0.092	0.768	0.012	0.178	0.786	0.000		
A4	−0.003	0.793	0.147	−0.001				
B1	0.217	0.145	0.752	0.219			18.43	60.41
B2	0.19	0.178	0.815	−0.078				
B3	0.168	−0.056	0.821	0.059				
B4	−0.055	0.235	0.763	0.165				
D1	0.188	0.074	0.031	0.732			17.67	78.08
D2	0.136	0.045	0.032	0.810				
D3	0.177	00.154	0.215	0.705				
D4	0.215	0.098	−0.002	0.765				
D5	0.021	0.123	0.189	0.721				

（二）预调研问卷研学旅游社会支持量表因子分析

经过信度同质性分析处理，删除预问卷研学旅游社会性支持量表中关系性社会支持维度 F3 题项，其他题项作为探索性因子分析题项。通过主成分分析法，分析结果如表 7-16 所示。

根据表 7-16 可看出，KMO 值等于 0.831，Bartlett 球形检验卡方值等于 975.156，显著性概率是 0.000，表明剩余题项可被用于进行探索性因子分析。通过主成分分析法，提取两个共同因子，被用于解释 77.87% 的总变异量。这两个共同因子符合之前对题项的设计，即"关系性社会支持"和"工具性社会支持"两个因子，其中，在工具性社会支持维度中 E4 题项不符合因子分析要求，需要删除，是因为其在两个共同因子中的因子载荷量均小于 0.5。通过这一结果可看出，预调研问卷研学旅游价值共创行为量表有较好的结构效度。

表 7-16　预调研问卷研学旅游社会支持变量的探索性因子分析

题项代码	因子载荷 1	因子载荷 2	KMO	Sig.	因子解释方差（%）	累计解释方差（%）
F1	0.876	0.023				
F2	0.856	0.245			45.69	45.69
F4	0.865	0.156				
E1	0.122	0.815	0.831	0.000		
E2	0.215	0.853				
E3	0.193	0.842			32.18	77.87
E4	0.109	0.279				

（三）预调研问卷研学旅游体验价值量表因子分析

通过同质性分析，删除预调研问卷量表中功能性体验价值维度下的 I3 题项，保留认知体验价值、情感体验价值所有题项，其他题项作为探索性因子分析题项。通过主成分分析法，预调研问卷研学旅游体验价值量表探索性因子分析结果如表 7-17 所示。研学旅游体验价值量表，KMO 值等于 0.835，Bartlett 球形检验卡方值等于 863.476，显著性概率是 0.000，意味着可使用探索性因子分析方法进行分析。通过主成分分析法，提取三个共同因子，可用于解释 73.04% 的总变异量。这三个共同因子符合之前对题项的设计，即情感性体验价值、认知性体验价值、社会性体验价值三个因子，三个共同因子，各构面题项因素载荷量均在 0.5 以上，由此可见，预调研问卷研学旅游体验价值量表具有良好的结构效度。

表 7-17 预调研问卷研学旅游体验价值变量的探索性因子分析

题项代码	因子载荷			KMO	Sig.	因子解释方差（%）	累计解释方差（%）
	1	2	3				
G1	0.865	0.156	0.215	0.835	0.000	25.31	25.31
G2	0.876	0.023	0.263				
G3	0.856	0.245	0.256				
H1	0.122	0.815	0.158			24.17	49.48
H2	0.309	0.779	0.217				
H3	0.215	0.853	0.198				
H4	0.012	0.765	0.135				
H5	0.193	0.842	0.171				
I1	0.145	0.025	0.832			23.56	73.04
I2	0.217	0.325	0.648				
I4	0.195	0.215	0.786				
I5	0.126	0.138	0.695				

（四）预调研问卷研学旅游政府政策量表因子分析

对预调研问卷研学旅游政府政策量表中的四个题项，进行主成分分析，预调研问卷研学旅游政府政策量表探索性因子分析结果如表 7-18 所示。研学旅游政府政策量表，KMO 值等于 0.854，Bartlett 球形检验卡方值等于 763.489，显著性概率是 0.000，意味着可使用探索性因子分析方法进行分析。通过主成分分析法，提取一个共同因子，可解释 74.36% 的总变异量，结果参见表 7-18。由此可以认为，政府政策量表具有较好的结构效度，全部题项能够用于解释相关变量。

表 7-18 预调研问卷研学旅游政府政策变量的探索性因子分析

题项代码	因子载荷	KMO	Sig.	因子解释方差（%）	累计解释方差（%）
	1				
J1	0.843	0.854	0.000	74.36	74.36
J2	0.862				
J3	0.875				
J4	0.806				

五、正式问卷形成

基于预调研问卷量表的设计、专家内容效度检验、预调研、信度分析、探索性因子分析,本研究最终确定了正式调研问卷。正式调研问卷的具体内容包括研学旅游价值共创行为量表、社会支持量表、体验量表、政府政策量表四个部分,一共 40 个测量题项。问卷中所有量表均经过检验,具有良好的信度与效度,正式量表的题项内容如表 7-19 所示。

表 7-19 各变量测量题项汇总

变量	维度	代码	测量题项
价值共创行为（18项）	对话	D1	我们同其他研学主体分享重要的、敏感的、有关运营和战略问题的信息
		D2	我们同其他研学主体之间经常交换信息
		D3	我们和其他研学主体的沟通是开放性、共享性的
		D4	我们在和其他研学主体意见相左时,一般通过对话方式进行解决
	获取	A1	其他研学旅游主体能很便利地访问到我们的信息平台
		A2	其他研学主体能够很容易从各方面渠道获得我们的信息
		A3	其他研学主体通过我们的信息渠道获得的信息都是真实的
		A4	我们会同其他研学主体协商建立共有的信息共享渠道
	降低风险	R1	我们告知其他研学主体所有可能存在的风险
		R2	我们邀请其他研学旅游主体,共同承担相关风险,提升风险识别能力、管理能力和防范能力
		R3	其他研学旅游主体愿意价值共创,所以愿意共同承担相关风险
		R4	我们将建立专门的风险管理机制,以提升风险管理水平
		R5	我们将根据具体的风险等级,建立相应的风险赔偿机制
	透明度	T1	我们不会利用信息不对称来欺骗其他研学主体
		T2	我们对其他研学主体非常透明
		T3	我们和其他研学主体坦诚以待,不隐瞒关键信息
		T4	因为信息不对称因素的影响,导致其他研学旅游主体面临着较大的风险威胁
		T5	就算有营利机会,也不会利用信息不对称优势营利
社会支持（6项）	工具性社会支持	IS1	通过价值共创,获取了有用的意见建议
		IS2	通过价值共创,获取了有价值的信息和知识
		IS3	通过价值共创,大大降低了旅行风险、不确定因素
	关系性社会支持	RS1	价值共创中,感受到来自他人的信任
		RS2	价值共创中,感受到来自他人的尊重
		RS3	价值共创中,感受到来自他人的关爱

续表

变量	维度	代码	测量题项
体验价值（12项）	情感性体验价值	EV1	通过研学旅游放松了身心
		EV2	研学旅游让人感觉愉快和喜悦
		EV3	研学旅游留下了美好记忆
	认知性体验价值	CV1	通过研学旅游活动，增长了知识
		CV2	通过研学旅游活动，开阔了视野
		CV3	通过研学旅游活动，提升了相关技能
		CV4	通过研学旅游活动，增加了人生阅历
		CV5	通过研学旅游活动，获得了很多人生感悟
	社会性体验价值	SV1	研学旅游增加了对自我的认可
		SV2	研学旅游加深了同学之间的友谊
		SV3	研学旅游让人有归属感
		SV4	研学旅游让人感受到荣誉感
政府政策（4项）	—	GP1	"双减"和带薪休假等政策实施后学生和家长有时间和精力参与研学旅游
		GP2	政府落实了支持研学旅游发展的具体政策，比如说门票、交通、财政、安全等
		GP3	政府促使社会公共资源（博物馆、纪念馆、高校、科研院所等）转化为研学旅游产品
		GP4	政府对研学市场进行规范，研学旅游产品品质和服务有较大提升

本章小结

本章的主要目的是基于文献综述、研究假设，完成问卷量表设计和预调研工作，具体内容包括以下三个部分：

（1）量表的设计。介绍量表设计的思路、方法和流程，在有关理论文献和结论基础上，结合当前应用较为成熟的量表，完成了预调研问卷设计工作，并对问卷的信度和效度进行检验。

（2）以相关理论为基础，借鉴国内外的相关研究成果，设置各变量的测量题项，确定初始量表的内容。最后，通过专家访谈法对初始量表进行内容效度评价，测量题项的内容具有较高的效度水平，能满足测量的需要。

（3）预调研和量表检验。通过初始设计的问卷进行预调研，收集、整理与分析数据，通过探索性因子分析判断问卷的信度、效度，删除不合理的题项，最终形成本书的正式调研问卷。最终得到包含40个题项的量表,其中,研学旅游价值共创行为量表是由降低风险、获取、透明度以及对话4个变量、18个测量指标构成;研学旅游社会支持量表由工具性、关系性社会支持2个变量、6个测量指标构成;研学旅游体验价值量表由认知性、社会性以及情感性体验价值3个变量、12个测量指标构成;研学旅游政府政策量表包含1个变量和4个测量指标。

第八章　国内研学旅游价值共创的实证分析

本章在量表设计及初始问卷预测基础上开展正式问卷的调查研究，并对调研数据进行了总结、归纳和分析，包括统计性分析、问卷效度检验、假设检验、结果分析等。

第一节　正式调研与数据分析

一、数据收集

本书以结构方程模型（Structural Equation Modeling，SEM）分析方法进行数据分析，采用大样本数据，以保证数据分析结果的精准性和有效性。分析结果的精准度和样本数量有着直接关系，样本量直接关系到统计结果的稳定性、指标适用性（吴明隆，2012；孟秋莉，2019）。Boomsma（1982）认为样本量越大越好，至少多于100份，但多于200份更好。大多数结构方程模型的样本容量在200~500份之间（Shumacker，Lomax，1996）。吴明隆（2010）认为样本量大小取决于最多题项的量表，样本量应为题项个数的5倍以上，越多越好。Thompson（2000）认为样本量的多少取决于研究变量和题项的个数，样本量应为变量10~15倍。本书正式问卷包含研学旅游价值共创行为、社会支持、体验价值、政府政策四个量表，共有40个题项，正式调研中总共发放600份调查问卷，筛除61份不符合要求的问卷，共收集有效问卷539份，样本数量符合以上标准的要求，具有较好的代表性。

本研究以家庭为单位进行调查，请一名家长和一名学生对问卷内容进行充分沟通后一同作答。调查请武汉某高校企业管理专业的5位研究生帮助完成。首先通过问卷星调查平台发布调查问卷，将所有题项设置为必答，将最大答卷数设置为600份，问卷调查数量一旦达到上限就会自动停止发放。其次将调查问卷的链接发送给学校、研学机构、政府教育部门的工作人员,请他们转发给中小学生家长完成调查问卷。

调研时间为 2021 年 7 月 21 日至 8 月 5 日,历时 16 天。调查问卷收集完成后,剔除答案相同的问卷 15 份,答题时间小于 60 秒的问卷 46 份,获得有效问卷 539 份,有效问卷率为 89.83%。正式调研问卷详见附录 C。

二、人口特征描述性统计分析

本研究的被调查者人口统计特征变量主要有性别、年级、受教育程度、职业、常住地等,具体情况如表 8-1 所示。

表 8-1 人口特征描述性统计(N=539)

统计变量		样本数(份)	占比(%)
性别	男	261	48.4
	女	278	51.6
年级	1~2 年级	61	11.3
	3~4 年级	82	15.2
	5~6 年级	171	31.7
	7~8 年级	144	26.8
	9 年级	81	15.0
受教育程度	初中及以下	14	2.6
	高中	61	11.3
	大专	116	21.5
	本科	236	43.8
	硕士及以上	112	20.8
职业	企业职工	224	41.6
	政府机关或事业单位人员	135	25.0
	个体经营者	108	20.0
	自由职业者	51	9.5
	其他	21	3.9
常住地	城市	258	47.9
	县城	189	35.1
	乡村	92	17.0

由表 8-1 可知,性别方面,女性比重为 51.6%,男性比重为 48.4%,男女比例相当。年级方面,1~2 年级占 11.3%、3~4 年级占 15.2%、5~6 年级占 31.7%、7~8 年级

占 26.8%、9 年级占 15.0%，受访学生主要集中在 3~8 年级，占比 73.7%，该类群体是中小学生参加研学旅游的主体，与本书的主要研究对象较为吻合。受教育程度方面，初中和以下学历的占比为 2.6%；高中学历占比为 11.3%；大专学历占比为 21.5%；本科学历占比为 43.8%；硕士和硕士以上学历，占比为 20.8%，通过数据可看出，被调查对象学历水平较高，符合本书研究所需。被调查对象就业情况方面，企业职工占 41.6%、政府机关或事业单位人员占 25.0%、个体经营者占 20.0%、自由职业者占 9.5%、其他占 3.9%。常住地以城市为主，占比 47.9%，其次是县城和乡村，占比分别是 35.1% 和 17.0%，这也符合当前研学旅游发展的现实情况。

从被调查人员来源地上看，样本量覆盖湖北、宁夏、天津、山东、河南、广东、陕西、贵州、海南、江苏、山西、辽宁、青海、云南、江西、北京、上海、内蒙古、四川、浙江、广西这些全国主要省、自治区和直辖市，数据来源较为广泛。

三、正态分布检验

Kline（1998）等指出，如果偏度绝对值小于 3，峰度绝对值小于 10，意味着样本数据符合正态分布要求。根据表 8-2 中的数据可看出，研学旅游价值共创行为量表、社会支持量表、体验价值量表以及政府政策量表各变量，偏度绝对值均小于 3，峰度绝对值均小于 10，由此可知，各个变量的测量题项基本符合正态分布，可以进行下一步数据分析。

表 8-2 各变量的正态分布检验结果（N=539）

变量	题项	均值	标准差	偏度		峰度	
		统计量	统计量	统计量	标准误	统计量	标准误
对话	D1	4.15	1.423	−0.356	0.106	0.912	0.201
	D2	4.36	1.536	0.785	0.106	0.506	0.201
	D3	4.01	1.624	−0.362	0.106	−0.614	0.201
	D4	4.25	1.425	−0.387	0.106	0.516	0.201
获取	A1	4.32	1.278	0.458	0.106	−0.615	0.201
	A2	4.02	1.295	−0.687	0.106	−0.717	0.201
	A3	4.13	1.654	0.614	0.106	1.281	0.201
	A4	3.95	1.248	−0.369	0.106	0.716	0.201

续表

变量	题项	均值 统计量	标准差 统计量	偏度 统计量	偏度 标准误	峰度 统计量	峰度 标准误
降低风险	R1	3.98	1.356	0.387	0.106	0.681	0.201
	R2	4.01	1.258	0.687	0.106	0.916	0.201
	R3	3.75	1.357	0.614	0.106	0.516	0.201
	R4	4.25	1.459	0.259	0.106	0.336	0.201
	R5	3.76	1.025	0.456	0.106	1.281	0.201
透明度	T1	4.03	1.265	0.387	0.106	0.716	0.201
	T2	4.12	1.248	−0.354	0.106	0.681	0.201
	T3	4.35	1.369	0.458	0.106	0.916	0.201
	T4	4.08	1.387	−0.357	0.106	−0.516	0.201
	T5	4.25	1.458	0.459	0.106	−0.645	0.201
工具性社会支持	IS1	4.12	1.687	0.968	0.106	0.716	0.201
	IS2	4.34	1.614	0.265	0.106	0.945	0.201
	IS3	4.13	1.259	0.712	0.106	0.862	0.201
关系性社会支持	RS1	4.23	1.456	0.369	0.106	0.947	0.201
	RS2	4.12	1.387	−0.387	0.106	−0.736	0.201
	RS3	4.05	1.023	0.458	0.106	−0.318	0.201
情感性体验价值	EV1	4.14	1.458	−0.258	0.106	0.505	0.201
	EV2	3.85	1.423	0.025	0.106	1.264	0.201
	EV3	4.32	1.658	−0.361	0.106	0.515	0.201
认知性体验价值	CV1	4.01	1.258	0.248	0.106	0.283	0.201
	CV2	4.23	1.078	0.654	0.106	−1.332	0.201
	CV3	4.15	1.258	0.248	0.106	−0.281	0.201
	CV4	3.21	1.689	0.356	0.106	0.716	0.201
	CV5	3.56	1.478	0.258	0.106	0.505	0.201
社会性体验价值	SV1	4.21	1.061	−0.357	0.106	0.263	0.201
	SV2	4.16	1.247	0.459	0.106	0.316	0.201
	SV3	4.17	1.002	−0.025	0.106	0.316	0.201
	SV4	4.23	1.058	−0.265	0.106	−0.495	0.201
政府政策	GP1	3.98	1.158	−0.248	0.106	−1.317	0.201
	GP2	3.67	1.232	0.369	0.106	0.712	0.201
	GP3	3.24	1.059	0.387	0.106	0.262	0.201
	GP4	4.12	1.454	0.458	0.106	0.316	0.201

第二节 正式问卷信度与效度检验

本部分对正式问卷的信度、效度进行了检验。信度分析与检验的方法与评价指标在上一章已作说明，主要分析研究变量的Cronbach's α值是否达到标准要求。问卷的内容效度已经在预调研阶段进行，同时预调研阶段通过探索性因子分析验证了问卷的建构效度。本节将通过验证性因子分析法，对正式问卷进行检验和分析。

一、信度检验

如上章所述，信度反映的是测量结果的可靠性与稳定性。信度越大，量表的可靠性与稳定性就越好；反之，信度越小，量表的可靠性与稳定性就越差。本研究正式问卷量表、变量的信度分析结果，参见表8-3。

表8-3 正式问卷量表及变量的信度分析结果（N=539）

变量	题项	题项数	Cronbach's α
价值共创行为量表	D1—T5	18	0.886
对话	D1—D4	4	0.808
获取	A1—A4	4	0.895
降低风险	R1—R5	5	0.901
透明度	T1—T5	5	0.872
社会支持量表	IS1—RS3	6	0.882
工具性社会支持	IS1—IS3	3	0.877
关系性社会支持	RS1—RS3	3	0.886
体验价值量表	EV1—SV4	12	0.863
情感性体验价值	EV1—EV3	3	0.888
认知性体验价值	CV1—CV5	5	0.853
社会性体验价值	SV1—SV4	4	0.908
政府政策量表	GP1—GP4	4	0.895
政府政策	GP1—GP4	4	0.895

根据表8-3提供的数据可看出，研学旅游价值共创行为量表由4个变量、18个题项构成，总信度为0.886，大于0.7，这一结果意味着价值共创行为量表稳定性较强，性能较为可靠，其中获取、透明度、降低风险、对话四个维度的Cronbach's α系数都

大于0.7，意味着价值共创行为量表各变量一致、关联度较高。研学旅游社会支持量表是由工具性、关系性社会支持变量以及6个测项构成，总量表Cronbach's α系数为0.882，工具性社会支持Cronbach's α系数是0.877，关系性社会支持Cronbach's α系数是0.886，三者均大于0.7，说明社会支持量表及其各维度内部关联性、一致性较高。研学旅游体验价值量表主要由3个变量、12个测项构成，总量表Cronbach's系数为0.863，情感性体验价值Cronbach's α系数为0.888，认知性体验价值Cronbach's α系数为0.853，社会性体验价值Cronbach's α系数是0.908，以上系数都大于0.7，这一结果意味着研学旅游价值体验量表内部一致性、关联性较高。政府政策量表的Cronbach's α系数为0.895，大于0.7，说明研学旅游政府政策量表各测项内部一致性、关联性较高。综合以上所述，正式问卷各量表、子量表信度比较高，内部一致性、关联性、稳定度较高，问卷量表符合信度要求。

二、效度检验

效度体现的是量表测量的精准度，测量指标主要包括内容效度和结构效度。其中，内容效度指的是量表的题项的代表性和适合程度（吴明隆，2010）。而结构效度指量表能够检测理论概念或特质的程度。

（一）内容效度

内容效度检验测量指标的代表性、测量内容的覆盖程度和问卷的形式和措辞。内容效度主要的检验方法是专家判断法。本次研究中，根据有关理论文献、访谈结果、数据分析结果并结合专家意见，生成了相应的研究量表，并邀请旅游、营销领域的专家对题项数量、内容表述、语言使用等方面进行评价与论证。专家认为本研究问卷量表能够反映所要测量的内容，内容效度较高。

（二）结构效度

结构效度是用来检验量表能否真正测量出所需测量的变量。结构效度的检验方法主要有探索性因子分析（Exploratory Factor Analysis，EFA）、验证性因子分析（Confirmatory Factor Analysis，CFA）。首先，探索性因子分析主要作用是检验各题项间的共同因子，明确各量表结构。问卷测试过程中，已经对问卷进行了探索性因子分析，从中提取的变量能够较好地体现出各量表结构，因此，本节不再赘述。本书重点在于做因子分析，从而综合判断量表是否具有良好的结构效度。

本研究采用稳定的拟合优度指标来综合衡量模型的拟合程度。判断指标有：一是卡方自由度比（Normed Chi-square，NC），NC=χ^2/df，越接近1，意味着其拟合度越高；如果小于2，意味着结果较为合理；如果在2~5范围内，表示结果在合理范围内（Carmines，McIver，1981；赵君，2014）。二是适配度指数（Goodness-of-Fit Index，GFI），GFI值大于0.9，表明拟合效果良好，大于0.8也可以接受（孔令卫，2018）。三是比较拟合指数（Comparative Fit Index，CFI），CFI值在0~1之间，愈接近0表示拟合愈差，愈接近1表示拟合愈好；一般认为，CFI≥0.9，认为模型拟合较好。四是非规准拟合指数（Tacker-Lewis Index，TLI），TLI值在0~1之间，愈接近0表示拟合愈差，愈接近1表示拟合愈好；如果TLI＞0.9，则认为其拟合度较高。五是近似误差的均方根（Root Mean Square Error of Approximation，RMSEA），一般认为，RMSEA＜0.01，表明模型拟合非常好；0.01≤RMSEA＜0.05，表明模型拟合得比较好；0.05≤RMSEA≤0.08，意味着模型拟合结果较为合理；0.08＜RMSEA＜0.10，意味着模型拟合结果一般；RMSEA≥0.10，意味着模型拟合结果较差。

1. 研学旅游价值共创行为量表验证性因子分析

研学旅游价值共创行为量表主要由对话、获取、降低风险、透明度四个潜变量构成，其中，对话潜变量由D1、D2、D3、D4四个观察变量构成，获取潜变量包括A1、A2、A3、A4四个观察变量，降低风险潜变量包括R1、R2、R3、R4、R5五个观察变量，透明度潜变量包括T1、T2、T3、T4、T5五个观察变量。使用AMOS22.0分析软件进行验证性因子分析，模型的适配度达到了要求：卡方自由度为2.728，小于3；GFI为0.936，大于0.9；AGFI[①]为0.912，大于0.9；CFI为0.961，大于0.9；TLI为0.953，大于0.9；RMSEA为0.069，小于0.08。根据上文的判断标准，模型和数据的拟合程度比较好，模型可以接受。研学旅游价值共创行为量表验证性因子分析模型如图8-1所示。

研学旅游价值共创行为量表验证性因子分析结果如表8-4所示。根据表中的数据可以看出，各观察变量与潜在变量的标准化因子载荷均显著大于0.7，显著性概率P＜0.001；同时因子载荷临界比（C.R.）大于1.96，标准差（S.E.）大于0，说明价值共创行为四个潜变量与各观察变量存在显著的关系。同时，四个潜变量的组合信度值（CR）分别为0.928、0.876、0.896、0.894，均大于0.6；平均变异抽取量（AVE）分

---

① AGFI，Adjusted Goodness of Fit Index，调整后拟合度指数，又称修正拟合优度指数。

别为 0.787、0.605、0.529、0.672，均大于 0.5，说明研学旅游价值共创行为量表具有良好的聚合效度。

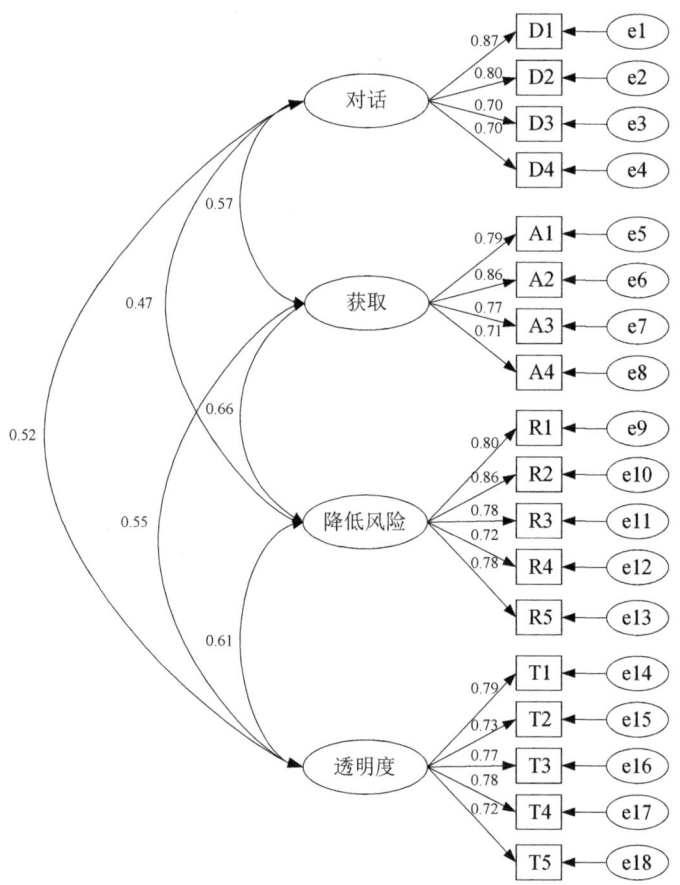

图 8-1　研学旅游价值共创行为量表验证性因子分析模型

表 8-4　研学旅游价值共创行为量表验证性因子分析结果（N=539）

潜变量	观察变量	非标准化载荷系数	标准化载荷系数	S.E.	C.R.	*P*	CR	AVE
对话	D1	1.000	0.867				0.928	0.787
	D2	0.982	0.806	0.050	21.808	***		
	D3	1.072	0.701	0.057	20.970	***		
	D4	1.196	0.705	0.048	16.496	***		
获取	A1	1.000	0.789				0.876	0.605
	A2	0.948	0.862	0.053	19.354	***		
	A3	1.121	0.765	0.044	17.116	***		
	A4	1.056	0.714	0.048	20.186	***		

续表

潜变量	观察变量	非标准化载荷系数	标准化载荷系数	S.E.	C.R.	P	CR	AVE
降低风险	R1	1.000	0.797				0.896	0.529
	R2	1.052	0.859	0.050				
	R3	1.154	0.778	0.052	20.481	***		
	R4	1.005	0.718	0.054	20.420	***		
	R5	1.012	0.775	0.050	16.731	***		
透明度	T1	1.000	0.788				0.894	0.672
	T2	1.183	0.731	0.041	20.087	***		
	T3	1.174	0.769	0.056	17.513	***		
	T4	1.168	0.778	0.056	18.998	***		
	T5	1.085	0.720	0.047	21.148	***		
拟合指数	卡方自由度为 2.728；GFI 为 0.936；AGFI 为 0.912；CFI 为 0.961；TLI 为 0.953；RMSEA 为 0.069							

注：*** 表示 $P<0.001$

2. 研学旅游社会支持量表验证性因子分析

研学旅游社会支持量表由工具性社会支持和关系性社会支持两个潜变量构成，首先，工具性社会支持潜变量包括 IS1、IS2、IS3 三个观察变量；其次，关系性社会支持潜变量包括 RS1、RS2、RS3 三个观察变量。使用 AMOS22.0 分析软件进行验证性因子分析，模型的适配度达到了要求：卡方自由度为 2.628，小于 3；GFI 为 0.925，大于 0.9；AGFI 为 0.936，大于 0.9；CFI 为 0.959，大于 0.9；TLI 为 0.947，大于 0.9；RMSEA 为 0.058，小于 0.08。根据上文的判断标准，模型和数据的拟合程度比较好，模型可以接受。研学旅游价值共创行为量表验证性因子分析模型如图 8-2 所示。

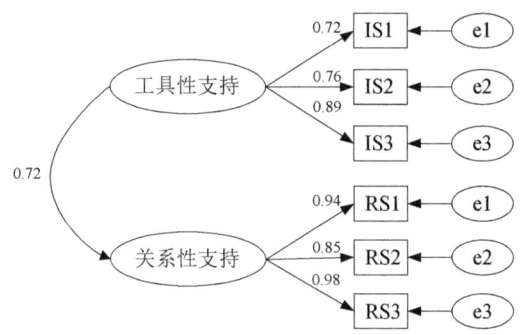

图 8-2 研学旅游社会支持量表验证性因子分析模型

研学旅游社会支持各潜变量、观察变量因子载荷系数及显著性检验等统计结果如表 8-5 所示。由表 8-5 可知，各观察变量的标准化因子载荷大于 0.7，潜在变量的标准化因子载荷均大于 0.7，其显著性概率 $P<0.001$，因子载荷临界比（C.R.）大于 1.96，标准差（S.E.）大于 0，说明社会支持两个潜变量与各观察变量存在显著的关系。同时，两个潜变量的组合信度值（CR）分别为 0.820、0.849，均大于 0.6；平均变异抽取量（AVE）分别为 0.627、0.777，均大于 0.5，说明研学旅游社会支持量表结构模型构建情况非常好。

表 8-5 研学旅游社会支持量表验证性因子分析结果（N=539）

潜变量	观察变量	非标准化载荷系数	标准化载荷系数	S.E.	C.R.	P	CR	AVE
工具性社会支持	IS1	1.000	0.718				0.820	0.627
	IS2	0.853	0.758	0.642	15.395	***		
	IS3	0.918	0.888	0.988	14.170	***		
关系性社会支持	RS1	1.000	0.942				0.849	0.777
	RS2	1.064	0.853	0.837	15.658	***		
	RS3	0.963	0.978	0.941	16.628	***		
拟合指数	卡方自由度 =2.628；GFI=0.925；AGFI=0.936；CFI=0.959；TLI=0.947；RMSEA= 0.058							

注：*** 表示 $P<0.001$

3. 研学旅游体验价值量表验证性因子分析

研学旅游体验价值量表可划分为社会性、情感性以及认知性 3 个潜变量。首先，情感性体验价值可归纳为 EV1、EV2、EV3 三个测量题项；其次，认知性体验价值潜变量包括 CV1、CV2、CV3、CV4、CV5 五个题项；最后，社会性体验价值，可归纳为 SV1、SV2、SV3、SV4 四个题项。

使用 AMOS22.0 分析软件进行验证性因子分析，模型的适配度达到了要求：卡方自由度为 2.389，小于 3；GFI 为 0.935，大于 0.9；AGFI 为 0.941，大于 0.9；CFI 为 0.928，大于 0.9；TLI 为 0.963，大于 0.9；RMSEA 为 0.061，小于 0.08。根据上文的判断标准，模型和数据的拟合程度比较好，模型可以接受。研学旅游价值共创行为量表验证性因子分析模型如图 8-3 所示。

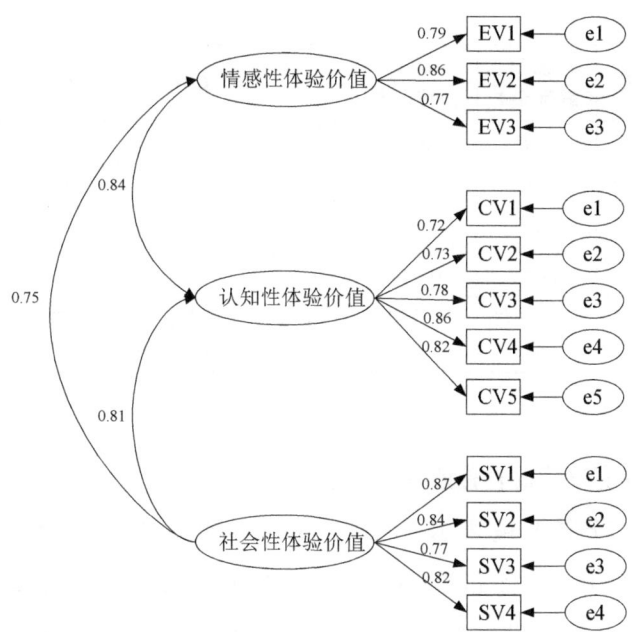

图 8-3　研学旅游体验价值量表验证性因子分析模型图

研学旅游体验价值各潜变量、观察变量因子载荷系数及显著性检验等统计结果见表 8-6 所示。由表 8-6 可知，各观察变量的标准化因子载荷大于 0.7，潜在变量的标准化因子载荷均大于 0.7，其显著性概率 P＜0.001；同时因子载荷临界比（C.R.）大于 1.96，标准差（S.E.）大于 0，说明体验价值的 3 个潜变量与各观察变量存在显著的关系。同时，3 个潜变量的组合信度值（CR）分别为 0.824、0.904、0.855，均大于 0.6；平均变异抽取量（AVE）分别为 0.709、0.664、0.771，均大于 0.5，说明研学旅游体验价值量表结构模型构建情况非常好。

表 8-6　研学旅游体验价值量表验证性因子分析统计结果（N=539）

潜变量	观察变量	非标准化载荷系数	标准化载荷系数	S.E.	C.R.	P	CR	AVE
情感性体验价值	EV1	1.000	0.838				0.824	0.709
	EV2	1.124	0.719	0.037	29.997	***		
	EV3	1.115	0.744	0.039	22.650	***		
认知性体验价值	CV1	1.000	0.720				0.904	0.664
	CV2	1.018	0.727	0.055	23.044	***		
	CV3	1.024	0.777	0.042	25.335	***		
	CV4	1.086	0.860	0.057	27.167	***		
	CV5	1.027	0.819	0.037	20.741	***		

续表

潜变量	观察变量	非标准化载荷系数	标准化载荷系数	S.E.	C.R.	*P*	CR	AVE
社会性体验价值	SV1	1.000	0.873				0.855	0.771
	SV2	1.013	0.837	0.038	28.006	***		
	SV3	0.994	0.766	0.051	26.109	***		
	SV4	1.025	0.820	0.053	27.131	***		
拟合指数	卡方自由度 =2.389；GFI=0.935；AGFI=0.941；CFI=0.928；TLI=0.963；RMSEA= 0.061							

注：*** 表示 $P < 0.001$

4. 研学旅游政府政策量表验证性因子分析

研学旅游政府政策量表共有GP1、GP2、GP3、GP4四个观察变量。使用AMOS22.0分析软件进行验证性因子分析，模型的适配度达到了要求：卡方自由度为3.249，小于5；GFI为0.927、AGFI为0.963、CFI为0.961、TLI为0.957，均大于0.9；RMSEA为0.059，小于0.08。根据上文的判断标准，政府政策量表的模型、数据拟合程度较高。研学旅游政府政策量表验证性因子分析模型如图8-4所示。

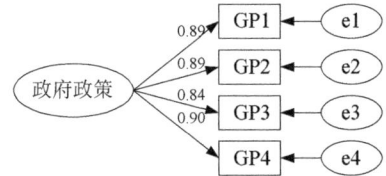

图 8-4 研学旅游政府政策量表验证性因子分析模型图

研学旅游政府政策各测量题项因子载荷系数及显著性检验等统计结果如表8-7所示。由表8-7可知，研学旅游政府政策各观察变量的标准化因子载荷均超过0.7，显著性概率 P 小于0.001；同时因子载荷临界比（C.R.）大于1.96，标准差（S.E.）大于0，说明政府政策变量与各观察变量存在显著的关系。同时，政府政策的组合信度值（CR）为0.884，大于0.6；平均变异抽取量（AVE）为0.745，大于0.5，说明研学旅游政府政策量表具有良好的聚合效度。

表 8-7 政府政策量表验证性因子分析结果（N=539）

潜变量	观察变量	非标准化载荷系数	标准化载荷系数	S.E.	C.R.	P	CR	AVE
政府政策	GP1	1.000	0.893				0.884	0.745
	GP2	0.893	0.888	0.035	29.121	***		
	GP3	0.843	0.810	0.041	25.640	***		
	GP4	0.933	0.899	0.032	26.685	***		
拟合指数	卡方自由度 =3.249；GFI=0.927；AGFI=0.963；CFI=0.961；TLI=0.957；RMSEA= 0.059							

注：*** 表示 $P<0.001$

第三节 异质性分析

异质性分析主要用于验证人口特征统计变量在不同属性模型上是否存在显著差异，分析方式主要有独立样本 t 检验和单因子方差分析两种。前者多用于两个不同类别群体的平均数差异检验，如不同性别的研学旅游者在价值共创行为、社会支持、体验价值、政府政策间是否存在显著性差异；而单因子方差分析，通常用于检验三个以上不同群体的平均数差异，如不同年级的研学旅游者在价值共创行为、社会支持、体验价值、政府政策上的差异检验。

具体来说，采用单因子方差分析方法，检验统计量为 F 统计量，若 F 统计量对应的 P 值小于 0.05，说明不同人口统计特征变量对模型变量具有显著差异。反之，若 F 统计量对应的 P 值大于 0.05，说明不同人口统计特征变量对模型变量不具有显著差异。同时，采用独立样本 t 检验方法，统计量为 t 统计量，若 t 统计量对应的 P 值小于 0.05，说明不同性别对该变量具有显著差异；反之，若 t 统计量对应的 P 值大于 0.05，说明不同性别对该变量不具有显著差异。

一、不同性别在模型变量上的差异分析

运用独立样本 t 检验对不同性别的研学旅游者在研学旅游价值共创行为、社会支持、体验价值、政府政策方面的差异性进行检验，检验结果见表 8-8。根据对均值的分析，在"对话""降低风险"方面，女性研学旅游者高于男性研学旅游者；在"获取"方面，男性研学旅游者高于女性研学旅游者；而在"透明度"方面，男性研学旅游者与女性旅

游者基本没有差别；在社会支持方面，男性研学旅游者和女性研学旅游者的差别并不显著；在体验价值量表中，在情感性体验价值、社会性体验价值方面，女性研学旅游者高于男性研学旅游者。总体而言，不同性别群体在研学旅游价值共创行为、社会支持、体验价值、政府政策方面的差异不显著。

表 8-8 不同性别对各变量的差异性分析（N=539）

检验变量	性别	样本量	平均数	标准差	t 值
对话	男性	261	4.001	0.918	0.688
	女性	278	4.255	0.938	
获取	男性	261	3.913	0.976	10.105
	女性	278	3.865	0.926	
降低风险	男性	261	3.345	0.924	0.053
	女性	278	3.431	0.901	
透明度	男性	261	4.435	0.964	10.082
	女性	278	4.463	0.826	
工具性社会支持	男性	261	3.984	0.935	−0.357
	女性	278	3.974	0.900	
关系性社会支持	男性	261	3.966	0.996	0.079
	女性	278	3.989	0.818	
情感性体验价值	男性	261	3.900	0.944	0.635
	女性	278	4.105	0.874	
认知性体验价值	男性	261	4.047	0.924	0.063
	女性	278	4.099	0.923	
社会性体验价值	男性	261	3.926	0.896	0.128
	女性	278	4.102	0.883	
政府政策	男性	259	4.347	0.813	0.352
	女性	315	4.316	0.737	

二、不同年级在模型变量上的差异分析

对不同年级的研学旅游者在研学旅游价值共创行为、社会支持、体验价值、政府政策方面的差异性进行检验，检验结果见表 8-9。由表 8-9 可知，在平均值方面，5~9 年级的学生在各变量上的平均值均大于 1~4 年级的学生，明显高于 1~2 年级学生，尤其是在价值共创行为与体验价值方面，说明高年级学生在研学旅游中参与价值共创的程度比较高，旅游体验质量评价也比较高。从差异显著性上看，不同年级在对话、获取、

关系性社会支持等3个变量上有显著差异。对话的F值为1.819，对应的P值小于0.01，获取的F值为4.083，对应的P值小于0.05，关系性社会支持的F值为1.948，对应的P值小于0.001，说明不同年级的学生在对话、获取、关系性社会支持三个方面有显著差异。可能是低年级学生因为年龄小的原因，在参与研学旅游活动时，基本是服从学校和家长的安排，较少参与到研学旅游的决策和项目中。

表8-9 不同年级对各变量的差异性分析（N=539）

M	年级	对话	获取	降低风险	透明度	工具性社会支持	关系性社会支持	情感性体验价值	认知性体验价值	社会性体验价值	政府政策
均值	1~2年级	2.861	2.641	3.785	3.696	3.626	2.224	3.860	4.019	3.146	3.101
	3~4年级	3.849	3.871	4.781	4.354	3.347	3.016	4.326	4.442	3.526	3.738
	5~6年级	4.408	4.733	3.208	3.428	4.294	3.261	4.014	3.647	3.723	3.631
	7~8年级	4.380	4.667	3.845	4.820	4.011	4.126	4.934	4.451	4.697	3.971
	9年级	4.290	4.591	4.434	3.364	4.055	3.714	3.989	4.936	4.066	3.997
F值		1.819**	4.083*	3.741	0.922	3.394	1.948***	3.026	4.081	1.169	0.541

注：***、**、* 分别代表$P<0.001$、$P<0.01$、$P<0.05$

三、不同受教育程度在模型变量上的差异分析

对受教育程度不同的研学旅游者家长在研学旅游价值共创行为、社会支持、体验价值、政府政策的差异性进行检验，检验结果见表8-10。从均值方面分析，在对话和降低风险方面，群体间有显著差异，本科学历、硕士及以上学历，明显高于其他群体，说明学历越高越看重沟通和交流，同时这部分群体也有较高的风险防范意识。在社会支持方面，初中及以下、硕士及以上两类家长均值比较高，也就是说家长受教育程度最高和受教育程度最低的两类人群能够获取到或感知到的社会支持最多。受教育程度不同的群体在社会性体验价值方面有显著差异，在情感性体验价值、认知性体验价值、社会性体验价值方面，家长为本科、硕士及以上的群体的研学旅游者的评价水平均高于其他群体。政府政策方面，本科、硕士及以上的家长群体在政府政策的感知程度高于其他群体。从差异显著性上看，不同受教育程度在对话、降低风险、社会性体验价值三个变量达到显著水平，说明家长的学历水平越高，家庭对研学旅游价值共创行为和价值体验有着更高的感知水平。

表 8-10 不同受教育程度对各变量的差异性分析（N=539）

M	学历	对话	获取	降低风险	透明度	工具性社会支持	关系性社会支持	情感性体验价值	认知性体验价值	社会性体验价值	政府政策
均值	初中及以下	3.544	3.581	3.471	3.420	3.814	3.943	3.818	3.565	3.621	3.515
	高中	3.659	3.576	3.543	3.451	3.625	3.447	3.897	3.684	3.540	3.647
	大专	3.625	3.556	3.607	3.501	3.579	3.090	3.557	3.769	3.802	3.682
	本科	3.696	3.774	3.675	3.746	3.630	3.545	4.018	3.863	3.763	3.961
	硕士及以上	4.064	3.928	4.127	3.939	4.088	3.952	3.922	3.906	4.005	4.117
F 值		1.838***	3.965	1.254**	1.862	0.377	0.961	2.975	1.575	3.992*	2.923

注：***、**、* 分别代表 $P<0.001$、$P<0.01$、$P<0.05$

四、不同职业在模型变量上的差异分析

对家长职业不同的研学旅游者在研学旅游价值共创行为、社会支持、体验价值、政府政策方面的差异性进行检验，检验结果见表 8-11。家长是自由职业的群体，对话方面的程度最高；家长在政府或事业单位的群体，降低风险方面的程度最高，说明该群体的风险意识比较高。在工具性社会支持和关系性社会支持方面，家长是企业职工的研学旅游者获得的支持最多。体验价值方面，家长是个体经营者的群体在情感性体验价值、认知性体验价值、社会性体验价值方面的程度都比较高。从差异显著性上看，政府政策变量达到显著水平，并且家长是政府或事业单位工作人员的群体在政府政策方面的程度明显高于其他群体，究其原因，应该是职业性质导致了家庭成员对国家出台的相关政策比较熟悉导致的。

表 8-11 不同职业对各变量的差异性分析（N=539）

M（模型）	职业	对话	获取	降低风险	透明度	工具性社会支持	关系性社会支持	情感性体验价值	认知性体验价值	社会性体验价值	政府政策
均值	企业职工	3.373	3.396	3.422	3.669	3.985	3.818	3.553	3.413	3.696	3.292
	政府/事业单位	3.806	3.168	4.201	3.565	3.578	3.375	3.709	3.823	3.603	4.261
	个体经营	3.362	3.830	4.151	3.711	3.133	3.563	3.816	3.758	3.969	3.135
	自由职业	4.166	3.012	3.999	3.038	3.786	3.128	3.393	3.382	3.218	3.291
	其他	3.373	3.396	3.522	3.469	3.385	3.418	3.753	3.813	3.696	3.292
F 值		1.006	1.168	0.125	0.565	0.578	0.375	0.709	0.800	0.103	1.860**

注：** 代表 $P<0.01$

五、不同常住地在模型变量上的差异分析

对常住地不同的研学旅游者在研学旅游价值共创行为、社会支持、体验价值、政府政策方面的差异性进行检验，检验结果见表8-12。从均值上看，在对话、获取方面，常住地为城市的被调查者均值高于其他类型的群体，说明常住地为城市的研学旅游者的研学旅游价值共创行为要高于其他类型的研学旅游者。在降低风险方面乡村的被调查者的程度明显低于城市和县城。在工具性社会支持和关系性社会支持方面，常住地为乡村的被调查者的感知要明显低于其他类型的群体。常住地为县城的被调查者在情感性体验价值、认知性体验价值、社会性体验价值三个方面的感知高于其他类型的游客。常住地为城市的被调查者在政府政策方面的程度依次高于常住地为县城和乡村的被调查者。从不同常住地在各变量的差异上看，常住地不同的研学旅游者在获取、降低风险两个变量方面有显著性差异。常住地为城市的研学旅游者在获取方面的程度显著高于常住地为县城和乡村的研学旅游者，说明居住在城市的研学旅游者的信息渠道更为通畅。常住地在农村的研学旅游者在降低风险方面的均值显著低于常住地在城市和县城的研学旅游者，说明该类群体的风险意识较为薄弱。

表8-12 家长不同常住地对各变量的差异性分析（N=539）

M	常住地	对话	获取	降低风险	透明度	工具性社会支持	关系性社会支持	情感性体验价值	认知性体验价值	社会性体验价值	政府政策
均值	城市	3.614	4.178	3.649	3.850	3.815	3.973	3.616	3.566	3.799	3.875
	县城	3.459	3.790	3.598	3.562	3.737	3.876	4.171	3.915	3.769	3.668
	乡村	3.217	3.602	2.340	3.470	3.492	3.505	3.546	3.442	4.859	3.508
	F值	1.307	0.311*	0.681**	0.356	0.419	1.191	0.056	0.170	1.534	0.905

注：***、**、* 分别代表 $P<0.001$、$P<0.01$、$P<0.05$

第四节 假设检验

本研究在相关理论的基础上，构建了研学旅游价值共创行为、社会支持、体验价值三者之间的关系模型，将价值共创行为作为自变量，体验价值作为因变量，社会支持作为中介变量，政府政策作为调节变量。本节将运用回归分析和Amos结构方程模型等分析方法，对提出的关系模型与相关假设进行检验。

一、价值共创行为与体验价值的关系检验

将年级、职业、受教育程度、常住地作为控制变量,采用回归分析法验证价值共创行为变量与体验价值变量的影响关系。经过回归分析得出如下结论(见表8-13)。

对话显著地正向影响体验价值($\beta=0.189$,$P<0.001$),其中,对话显著地正向影响情感性体验价值($\beta=0.198$,$P<0.001$),对话显著地正向影响认知性体验价值($\beta=0.108$,$P<0.001$),对话显著地正向影响社会性体验价值($\beta=0.210$,$P<0.001$)。获取显著地正向影响体验价值($\beta=0.078$,$P<0.001$),其中,获取显著地正向影响情感性体验价值($\beta=0.200$,$P<0.05$),获取显著地正向影响认知性体验价值($\beta=0.096$,$P<0.01$),获取显著地正向影响社会性体验价值($\beta=0.185$,$P<0.001$)。降低风险显著地正向影响体验价值($\beta=0.089$,$P<0.001$),其中,降低风险显著地正向影响情感性体验价值($\beta=0.172$,$P<0.001$),降低风险显著地正向影响认知性体验价值($\beta=0.106$,$P<0.01$),降低风险显著地正向影响社会性体验价值($\beta=0.150$,$P<0.001$)。透明度显著地正向影响体验价值($\beta=0.238$,$P<0.05$),其中透明度正向影响情感性体验价值($\beta=0.166$),但不显著;透明度显著地正向影响认知性体验价值($\beta=0.227$,$P<0.001$);透明度正向影响社会性体验价值($\beta=0.119$),但不显著。

表8-13 价值共创行为与体验价值回归模型统计分析(N=539)

变量/模型		体验价值							
		情感性体验价值		认知性体验价值		社会性体验价值		体验价值	
		M1	M2	M3	M4	M5	M6	M7	M8
控制变量	年级	0.017	0.007	0.077	0.016	0.018	0.002	0.035	0.054
	受教育程度	0.008*	-0.004	0.064	0.048	0.062*	0.077	0.006	0.005
	职业	0.006	0.039	0.019	0.039	0.022	-0.031	0.027	0.001
	常住地	0.067	0.070	0.057	0.055	0.057	0.020	0.026	0.075
自变量	对话		0.198***		0.108***		0.210***		0.189***
	获取		0.200**		0.096*		0.185**		0.078***
	降低风险		0.172***		0.106**		0.150***		0.089***
	透明度		0.166		0.227***		0.119		0.238*

注:***、**、*分别代表$P<0.001$、$P<0.01$、$P<0.05$

二、价值共创行为与社会支持的关系检验

将年级、受教育程度、职业、常住地作为控制变量，采用回归分析法验证价值共创行为变量与体验价值变量的影响关系。经过回归分析得出如下结论（见表8-14）。

对话显著地正向影响社会支持（$\beta=0.353$，$P<0.001$），其中，对话显著地正向影响工具性社会支持（$\beta=0.127$，$P<0.001$），对话显著地正向影响关系性社会支持（$\beta=0.154$，$P<0.001$）。获取显著地正向影响社会支持（$\beta=0.282$，$P<0.001$），其中，获取显著地正向影响工具性社会支持（$\beta=0.130$，$P<0.05$），获取显著地正向影响关系性社会支持（$\beta=0.238$，$P<0.001$）。降低风险显著地正向影响社会支持（$\beta=0.164$，$P<0.001$），其中，降低风险显著地正向影响工具性社会支持（$\beta=0.184$，$P<0.001$），降低风险显著地正向影响关系性社会支持（$\beta=0.253$，$P<0.01$）。透明度显著地正向影响社会支持（$\beta=0.052$，$P<0.05$），其中，透明度正向影响工具性社会支持（$\beta=0.062$，$P<0.01$），但不显著；透明度正向影响关系性社会支持（$\beta=0.160$），但不显著。

表 8-14 价值共创行为与社会支持回归模型统计分析（N=539）

变量/模型		社会支持					
		工具性社会支持		关系性社会支持		社会支持	
		M9	M10	M11	M12	M13	M14
控制变量	年级	0.035	0.075	0.052	0.037	0.086	0.041
	受教育程度	0.087	0.018	0.004	0.057	0.051	0.052
	职业	0.063	0.008	0.020	0.042	0.073	0.076
	常住地	0.019	0.038	0.027	0.033	0.021	0.002
自变量	对话		0.127***		0.154***		0.353***
	获取		0.130*		0.238***		0.282***
	降低风险		0.184***		0.253**		0.164***
	透明度		0.062**		0.160		0.052*

注：***、**、* 分别代表 $P<0.001$、$P<0.01$、$P<0.05$

三、社会支持与体验价值的关系检验

将年级、受教育程度、职业、常住地作为控制变量，采用回归分析法验证社会支持变量与体验价值变量的影响关系。经过回归分析得出如下结论（见表8-15）。

工具性社会支持显著地正向影响体验价值（β=0.336，$P < 0.001$），其中，工具性社会支持显著地正向影响情感性体验价值（β=0.364，$P < 0.001$），工具性社会支持显著地正向影响认知性体验价值（β=0.361，$P < 0.001$），工具性社会支持显著地正向影响社会性体验价值（β=0.340，$P < 0.001$）。关系性社会支持显著地正向影响体验价值（β=0.445，$P < 0.01$），其中，关系性社会支持显著地正向影响情感性体验价值（β=0.410，$P < 0.001$），关系性社会支持显著地正向影响认知性体验价值（β=0.359，$P < 0.01$），关系性社会支持显著地正向影响社会性体验价值（β=0.479，$P < 0.001$）。

表 8-15　社会支持与体验价值回归模型统计分析（N=539）

变量/模型		体验价值							
		情感性体验价值		认知性体验价值		社会性体验价值		体验价值	
		M1	M15	M3	M16	M5	M17	M7	M18
控制变量	年级	0.017	0.221	0.077	0.081	0.018	0.237	0.035	0.057
	受教育程度	0.008*	0.171	0.064	0.057	0.062*	0.132	0.006	0.264
	职业	0.006	0.085	0.019	0.136	0.022	0.111	0.027	0.199
	常住地	0.067	0.089	0.057	0.124	0.057	0.216	0.026	0.061
自变量	工具性社会支持		0.364***		0.361***		0.340***		0.336***
	关系性社会支持		0.410***		0.359**		0.479***		0.445**

注：***、**、* 分别代表 $P < 0.001$、$P < 0.01$、$P < 0.05$

四、社会支持的中介效应分析

（一）分析思路

将年级、受教育程度、职业、常住地作为控制变量，通过回归分析法、结构方程模型法对社会支持在研学旅游价值共创行为与体验价值间的中介效应进行检验。本研究采用稳定的拟合优度指标来综合衡量模型的拟合优度，具体涉及 χ^2/df、RMSEA、IFI、CFI、TLI 五个指标。① χ^2/df 数值具备良好的稳定性，通常看来愈靠近 1 说明标准模型的模拟度愈好，低于 2 是理想最终结果，高于 2 低于 5 能够被认可接受。② RMSEA 数值常用来评价模型拟合优度，通常看来，RMSEA < 0.01，说明标准模型拟合非常好；$0.01 \leqslant$ RMSEA < 0.05，表明模型拟合得比较好；$0.05 \leqslant$ RMSEA $\leqslant 0.08$，表示模型拟合合理；$0.08 <$ RMSEA < 0.10，表示模型拟合一般；RMSEA $\geqslant 0.10$，表示模型拟合较差。③ IFI 值在 0~1 之间，越接近 1 表示模型拟合度越好，越小表示模型

拟合度越差；如果取值大于0.9以上，表示假设模型的拟合度好。④CFI值在0~1之间，愈接近0表示拟合愈差，愈接近1表示拟合愈好；一般认为，CFI≥0.9，认为模型拟合较好。⑤TLI值在0~1之间，愈接近0表示拟合愈差，愈接近1表示拟合愈好；如果TLI＞0.9，则认为模型拟合较好。

（二）分析结果

1. 中介效应回归分析

本书对社会支持在价值共创行为与体验价值之间的中介效应进行研究，将价值共创行为及其维度作为自变量，体验价值作为因变量，社会支持作为中介变量，具体的分析结果如表8-16所示。

由模型8可知，价值共创行为自变量与体验价值因变量的回归系数显著，按中介效应立论；模型14中，对话、获取、降低风险和透明度四个自变量与社会支持因变量的回归系数显著，依次是$\beta=0.353$，$P<0.001$；$\beta=0.282$，$P<0.001$；$\beta=0.164$，$P<0.001$；$\beta=0.052$，$P<0.05$，并且在模型19中，社会支持与体验价值回归系数显著（$\beta=0.324$，$P<0.001$），对话、获取、透明度对体验价值的回归系数都显著为正，分别为0.165、0.065、0.140。综上所述，社会支持在对话、获取、透明度与体验价值之间存在显著中介效应，而在降低风险与体验价值间的中介效应不显著。

表8-16 社会支持中介效应回归分析结果（N=539）

变量/模型		体验价值		社会支持		体验价值
		M7	M8	M13	M14	M19
控制变量	年级	0.035	0.054	0.086	0.041	0.050
	教育程度	0.006	0.005	0.051	0.052	0.090
	常住地类型	0.027	0.001	0.073	0.076	0.012
	成员构成	0.026	0.075	0.021	0.002	0.029
自变量	对话		0.189***		0.353***	0.165***
	获取		0.078***		0.282***	0.065**
	降低风险		0.089***		0.164***	0.171
	透明度		0.238*		0.052*	0.140***
中介变量	社会支持			0.324***		

注：***、**、*分别代表$P<0.001$、$P<0.01$、$P<0.05$

2. AMOS 结构方程模型中介检验

运用结构方程模型方法，进一步验证社会支持对价值共创行为与体验价值关系的中介作用。将价值共创行为作为自变量，体验价值作为因变量，社会支持为中介变量，构建中介效应模型。为了增加数据的稳定性，同时也为了简化模型，对量表题项进行打包处理（吴艳、温忠麟，2011）。打包处理社会支持、体验价值子量表内所有的题项，将结构模型简化成 6 个潜变量，得出研学旅游价值共创行为、社会支持、体验价值的关系模型，具体如图 8-5 所示。

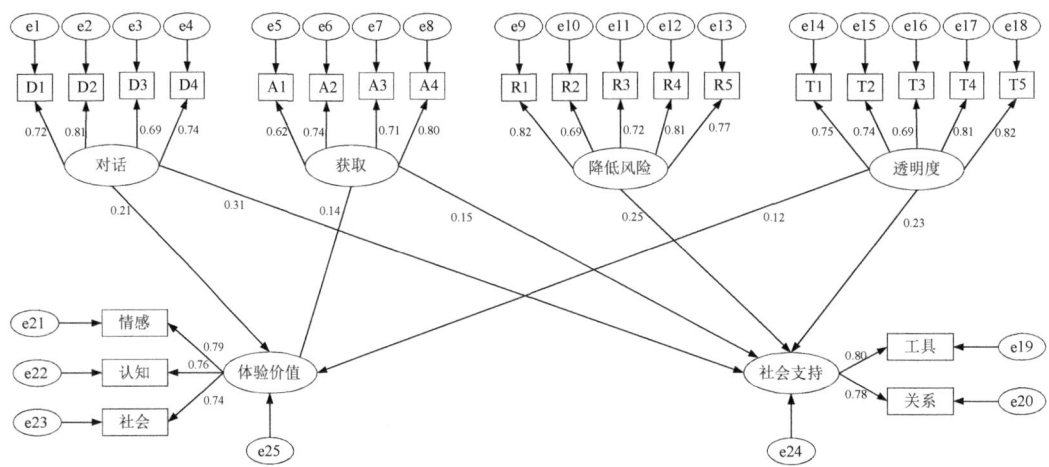

图 8-5 研学旅游价值共创行为、社会支持、体验价值结构方程模型图

由表 8-17 可知，χ^2/df 值为 3.148，小于 5，RMSEA 的值为 0.058，小于 0.08；同时 IFI、CFI、TLI 的值分别为 0.912、0.912、0.906，均大于 0.9。总体而言，中介模型的指标适配理想，模型拟合合理。

表 8-17 中介模型拟合指标结果（N=539）

指标	χ^2	df	χ^2/df	RMSEA	IFI	CFI	TLI
判断标准	—	—	<5	<0.08	>0.9	>0.9	>0.9
拟合效果	1539.156	489	3.148	0.058	0.912	0.912	0.906

由上可知，对话、获取、透明度分别对体验价值有直接效应，直接效应值分别为 0.21、0.14、0.12；降低风险对体验价值有直接影响，但影响效应不显著，其主要是通过社会支持，间接地影响体验价值，间接效应值是 0.25。这与上文的回归分析结果基本是一致的，进一步证实了社会支持在价值共创行为与体验价值间的中介作用。

五、政府政策的调节效应分析

如果自变量与因变量的关系受到第三个变量的影响，则认为这个变量对自变量与因变量的关系具有调节效应，因此称为调节变量（温忠麟、侯杰泰、张雷，2005）。本研究将价值共创行为作为自变量，体验价值为因变量，政府政策为调节变量，通过逐步回归法进一步验证政府政策在价值共创行为与社会支持关系中的调节作用。为避免多重共线性的影响，在回归分析之前，先对价值共创行为和政府政策进行中心化处理，并生成交互项。同时，借鉴学者们的一般做法，通过简单斜率法来描述和验证不同水平下政府政策调节效应的变化趋势。调节效应检验结果如表 8-18 所示。

表 8-18 政府政策调节效应的回归检验结果（N=539）

变量		社会支持		
		M13	M20	M21
控制变量	年级	0.086	0.033	0.039
	教育程度	0.051	0.049	0.046
	常住地	0.073	−0.002	0.013
	职业	0.021	0.132*	0.201
自变量	价值共创行为		0.486***	0.443***
调节变量	政府政策		0.205***	0.185***
交互项	VC×GP			0.063*

注：***、**、* 分别代表 $P<0.001$、$P<0.01$、$P<0.05$

表 8-18 是政府政策在价值共创行为与社会支持关系中调节作用的检验结果。模型 M13，将年级、受教育程度、职业、常住地四个控制变量代入回归方程。模型 M20，将自变量价值共创行为和调节变量政府政策代入回归方程，其中价值共创行为对社会支持具有显著正向影响（$\beta=0.486$，$P<0.001$），政府政策对社会支持也具有显著正向影响（$\beta=0.205$，$P<0.001$）。模型 M21，将交互项代入回归方程，结果显示交互项对社会支持具有显著正向影响（$\beta=0.063$，$P<0.05$）。综上可知，政府政策在价值共创行为与社会支持之间具有调节作用。

为了进一步分析政府政策在价值共创行为与社会支持之间的调节作用，本书运用 Bootstrap 法分析检验调节效应。按照均值正负一个标准差，区分低、中、高三种政府政策（GP），简单斜率分析结果如表 8-19 所示。在低、中、高 GP 情况下，效应值分别为 0.298、0.367、0.492，呈逐步上升趋势，且置信区间均不包含 0，因此进一步证明政府政策在价值共创行为与社会支持之间具有调节作用。

表 8-19 简单斜率分析（N=539）

	Effect	se	t	p	LLCI	ULCI
低 GP	0.298	0.051	8.256	0.000	0.281	0.408
中 GP	0.367	0.040	12.915	0.000	0.327	0.549
高 GP	0.492	0.054	11.583	0.000	0.474	0.694

为更直观地反映调节效应，本书描绘效应图，通过坐标的形式表现出来（见图8-6），其中横坐标表示价值共创行为，纵坐标表示社会支持。在高政府政策情况下，价值共创行为与社会支持的斜率要大于低政府政策情况下的斜率，因此证明了政府政策正向调节作用的存在。

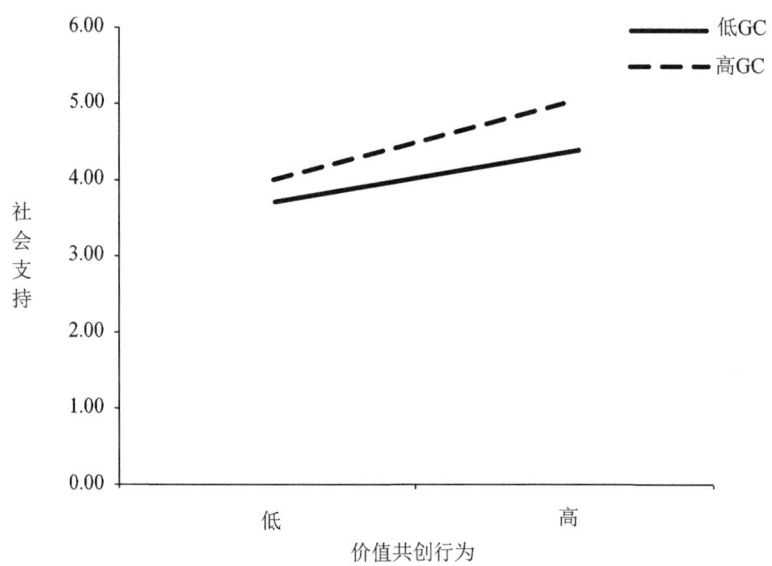

图 8-6 政府政策在价值共创行为与社会支持之间的调节效应图

六、假设检验结果汇总

在构建理论模型与提出研究假设的基础上，本研究系统地分析了研学旅游价值共创行为、社会支持、体验价值、政府政策之间的关系，对研究假设进行验证。本研究共提出 42 个假设，通过数据分析和假设验证，一共有 38 个假设通过检验，4 个假设没有通过检验。所有假设的检验结果如表 8-20 所示。

表 8-20 研学旅游价值共创行为、社会支持、体验价值、政府政策假设检验结果汇总表

编号	研究假设	检验结果
H1	对话对体验价值有显著的正向影响	通过
H1a	对话对情感性体验价值有显著的正向影响	通过
H1b	对话对认知性体验价值有显著的正向影响	通过
H1c	对话对社会性体验价值有显著的正向影响	通过
H2	获取对体验价值有显著的正向影响	通过
H2a	获取对情感性体验价值有显著的正向影响	通过
H2b	获取对认知性体验价值有显著的正向影响	通过
H2c	获取对社会性体验价值有显著的正向影响	通过
H3	降低风险对体验价值有显著的正向影响	通过
H3a	降低风险对情感性体验价值有显著的正向影响	通过
H3b	降低风险对认知性体验价值有显著的正向影响	通过
H3c	降低风险对社会性体验价值有显著的正向影响	通过
H4	透明度对体验价值有显著的正向影响	通过
H4a	透明度对情感性体验价值有显著的正向影响	不通过
H4b	透明度对认知性体验价值有显著的正向影响	通过
H4c	透明度对社会性体验价值有显著的正向影响	不通过
H5	对话对社会支持有显著的正向影响	通过
H5a	对话对工具性社会支持有显著的正向影响	通过
H5b	对话对关系性社会支持有显著的正向影响	通过
H6	获取对社会支持有显著的正向影响	通过
H6a	获取对工具性社会支持有显著的正向影响	通过
H6b	获取对关系性社会支持有显著的正向影响	通过
H7	降低风险对社会支持有显著的正向影响	通过
H7a	降低风险对工具性社会支持有显著的正向影响	通过
H7b	降低风险对关系性社会支持有显著的正向影响	通过
H8	透明度对社会支持有显著的正向影响	通过
H8a	透明度对工具性社会支持有显著的正向影响	通过
H8b	透明度对关系性社会支持有显著的正向影响	不通过
H9	工具性社会支持对体验价值有显著的正向影响	通过
H9a	工具性社会支持对情感性体验价值有显著的正向影响	通过
H9b	工具性社会支持对认知性体验价值有显著的正向影响	通过
H9c	工具性社会支持对社会性体验价值有显著的正向影响	通过
H10	关系性社会支持对体验价值有显著的正向影响	通过

续表

编号	研究假设	检验结果
H10a	关系性社会支持对情感性体验价值有显著的正向影响	通过
H10b	关系性社会支持对认知性体验价值有显著的正向影响	通过
H10c	关系性社会支持对社会性体验价值有显著的正向影响	通过
H11	社会支持在价值共创行为与体验价值之间起中介作用	通过
H11a	社会支持在对话与体验价值之间起中介作用	通过
H11b	社会支持在获取与体验价值之间起中介作用	通过
H11c	社会支持在降低风险与体验价值之间起中介作用	不通过
H11d	社会支持在透明度与体验价值之间起中介作用	通过
H12	政府政策正向调节研学旅游价值共创行为对社会支持的影响	通过

第五节 结果分析与讨论

本节主要是对研学旅游价值共创与体验价值关系检验结果的分析，讨论价值共创行为、社会支持、体验价值、政府政策之间的关系，为下文探讨如何提高研学旅游体验价值提供依据。

一、研学旅游价值共创行为与体验价值的关系

研学旅游各主体间通过实施价值共创行为，影响研学旅游者在研学过程中的感受和评价。经过实证检验，研学旅游价值共创行为中对话、获取、降低风险、透明度四个方面都显著地正向影响研学旅游者的体验价值。充分说明了研学旅游中的价值共创行为对体验价值起到积极的促进作用。

具体来看，对话、获取、降低风险显著地正向影响研学旅游者的情感性体验价值、认知性体验价值和社会性体验价值；而透明度仅显著地正向影响认知性体验价值，同时正向影响情感性体验价值和社会性体验价值，但不显著。由此可见，研学旅游各主体之间保持良好的沟通交流，有助于增进彼此的了解，提升研学旅游产品质量，提高研学旅游者的体验价值感知。研学旅游各主体间信息获取渠道的畅通，有助于研学旅游者获取知识、技能及经验，增强体验感。研学旅游者在活动过程中可能会面临的安全风险，直接影响到其对研学旅游产品的价值体验和感知，所以必须做好风险管理工作，避免突发风险问题造成的安全问题。而透明度仅显著地正向影响认知性体验价值，对情感性体验

价值和社会性体验价值没有显著的正向影响。由此可见，在研学旅游中，保持信息的高度透明，仅仅会提高研学旅游者对研学旅游认知特性的评价，而对其情感和社会体验影响不显著。

二、研学旅游价值共创行为与社会支持的关系

研学旅游主体间的价值共创行为是活动参与者在活动过程中获得社会支持的主要方式，价值共创行为给研学旅游者带来的社会支持也各不相同，因此需要研究价值共创行为的不同维度与社会支持的关系。通过实证分析结果来看，研学旅游中各主体之间的对话、获取、降低风险、透明度对社会支持有显著的正向影响，充分说明了研学旅游中的价值共创行为对社会支持起到积极的促进作用。

具体来看，对话、获取、透明度对研学旅游的工具性社会支持、关系性社会支持均起到正向显著的促进作用；降低风险仅对工具性社会支持和关系性社会支持也都有显著的正向影响。可见，研学旅游价值共创行为帮助研学旅游者获取所需要的各种帮助与支持。研学旅游者通过老师、家人、同学之间的分享、交流、相互帮助，获取有意义的建议、信息，解决疑惑或顾虑等。在研学旅游过程中，通过人与人的真诚相处，感受来自他人的关心、照顾、信任和认可，满足了作为社会人的关系性需要。研学旅游中的风险性事件会大大降低研学旅游者的体验感，破坏信任、认可等社会性心理需要，因此降低风险的措施给研学旅游者一种不好的心理暗示，从内心让研学旅游者感到不安，这样就能解释为什么降低风险对关系性社会支持没有显著的正向影响。

三、研学旅游社会支持与体验价值的关系

研学旅游者通过价值共创行为获得的社会支持，直接关系到其对研学旅游体验价值的评价，一般认为，研学旅游者在研学旅游中获取到社会支持，会促使旅游者对体验价值做出积极的评价。通过实证分析结果来看，研学旅游社会支持对总体的研学旅游体验价值有显著的正向影响，同时社会支持显著地正向影响体验价值的三个维度情感性体验价值、认知性体验价值和社会性体验价值，充分说明了研学旅游中社会支持对体验价值起到积极的促进作用。

从相关度来看，相较于工具性社会支持，关系性社会支持对研学旅游者的体验价值影响更为显著。工具性社会支持的重点在于帮助研学旅游者获取与研学旅游直接相关的资源，包括知识、信息、服务、帮助、物资等；而关系性社会支持更侧重于研学旅游者在旅游过程感知的来自他人的信任、关心、支持等。研学旅游中，研学旅游者通过与家

人之间的互动,获取到情感支持;通过与老师、同学、服务人员的互动,建立各种社会关系,并从中获取来自他人的尊重、信任,感受到舒适感和愉悦感,从而加深了研学旅游体验。所以,社会支持同时满足了研学旅游者在物质和精神层面的双重需求,在保证研学旅游活动正常开展的同时,还起到了提升研学旅游者价值体验的作用。

四、研学旅游社会支持的中介作用

旅游体验价值体现的是研学旅游者从研学旅游活动中获得的需求满足程度,研学旅游各主体间的价值共创行为是否对体验价值产生影响,取决于价值共创行为能否带来满足研学旅游者需求的支持性资源。社会支持存在于社会关系互动网络中,研学旅游各主体在实施价值共创行为时,通过彼此间的对话沟通、共享信息、共担风险,生成了满足研学旅游者物质和精神等需要的社会性资源,这些社会性资源通过对研学旅游者需要的满足,从而影响研学旅游者对体验价值的感知,也就是说,社会支持在研学旅游价值共创行为中产生,并通过满足研学旅游者的需求而影响旅游体验价值。因此,社会支持在研学旅游价值共创行为与体验价值之间起到中介作用。

本书从实证层面上进一步验证了社会支持在价值共创行为与体验价值之间的中介作用。实证结果显示,社会支持在对话、获取、透明度与体验价值之间起中介作用,而社会支持在降低风险与体验价值之间不存在显著的中介作用。出现这种情况的原因,可能是由于上文中已经验证的,就是研学旅游中的风险性事件会大大降低研学旅游者的体验感,降低风险的措施给研学旅游者一种不好的心理暗示,从而降低研学旅游者获得的关系性社会支持,因此降低风险对关系性社会支持没有显著的正向影响,一定程度上导致了社会支持在降低风险和体验价值之间不存在显著的中介作用。因此,总体上看,从理论和实证角度,都验证了社会支持在研学旅游价值共创行为与体验价值之间的中介作用。

五、研学旅游政府政策的调节作用

政府出台的各级各类关于研学旅游的政策,极大地促进了研学旅游的健康快速发展。这些政府政策不仅从宏观层面为研学旅游营造了良好的市场环境,从微观层面也保障了研学旅游各主体实施价值共创行为,进而使研学旅游者获取更多的社会支持。本书的实证研究结果表明,政府政策在研学旅游价值共创行为与社会支持之间具有显著正向调节作用。具体而言,在高强度政府政策下,研学旅游价值共创行为对社会支持的影响会增加,即政府各方面的政策出台和落实得越多,研学旅游各主体间实施价值共创行为的效果就越好,研学旅游者获得的社会支持也就越多。比如,政府通过经费补贴的形式，对研学旅游相关的景区门票、交通、税收等方面给予减免，降低了研学旅游费用，研学旅游者从中获得了经济支持，也就是工具性社会支持；"双减"政策的实施让学生有了更多的时间和精力参与研学旅游，让研学旅游者感受到来自社会层面的关心、关怀和关爱，也就是获得了关系性社会支持。总的来说，政府政策从需求释放、经费补贴、产品供给和规范监督等多个方面调节了研学旅游价值共创行为对社会支持的影响。

本章小结

本章主要基于正式调研问卷，通过回归分析法、结构方程模型实证检验了研学旅游价值共创行为与体验价值之间的关系假设。本章包含以下六个方面的内容。

（1）正式调研的实施。通过线上调研的方法进行正式问卷的发放，共回收有效问卷539份；样本量符合数据分析要求，并具有较好的代表性。

（2）描述性统计。对样本进行人口统计特征的描述性统计分析，这部分的内容主要包括性别、年级、受教育水平、职业、常住地等，以了解样本基本的分布情况。

（3）正式问卷的信度效度检验。通过AMOS22.0分析软件验证研学旅游价值共创行为量表、研学旅游社会支持量表和体验价值量表的信度和效度。结果显示五个变量均具有良好的信度和效度。

（4）异质性分析。采用独立样本t检验方法、方差分析法，研究一个控制变量的不同水平是否对观测变量产生显著影响，并对价值共创行为、社会支持和体验价值进行异质性分析。结果显示，部分变量在性别、年级、受教育程度、职业、常住地上存在差异。如：不同年级在对话、获取、关系性社会支持三个变量上有显著差异。对话、降低风险、社会性体验价值三个变量在不同受教育程度方面上有显著差异。

（5）假设检验。通过回归分析和结构方程模型等方法，实证检验提出的关系模型和相关假设，并对研学旅游价值共创行为、社会支持和体验价值三者之间的关系进行分析，检验社会支持在研学旅游价值共创行为与体验价值间的中介效应，以及政府政策在研学旅游价值共创行为与社会支持间的调节效应。

（6）结果分析与讨论。对研学旅游价值共创行为与体验价值的关系检验结果进行分析，讨论价值共创行为、社会支持、体验价值、政府政策之间的关系，为下文提出提高研学旅游价值共创对策提供依据。

第九章　研究结论与研究展望

本章主要对前文的研究内容进行归纳、总结，阐述本研究的理论贡献，结合实际提出对策建议，同时也指出研究的不足之处，并对下一步的研究提出展望。

第一节　研究结论

本书以研学旅游作为研究主题，主要探究以下问题："双减"政策背景下，研学旅游情境中存在着怎样的价值共创行为？研学旅游能够带给研学旅游者的体验价值是什么？研学旅游价值共创行为对体验价值是否造成影响？价值共创行为与体验价值之间有着怎样的影响机制？这些都是研学旅游领域理论与实践研究需要进一步深入的课题。本书在前期研究成果的基础上，以研学旅游者为研究对象，从价值共创的视角，引入政府政策调节变量，构建研学旅游价值共创行为对研学旅游体验价值影响的关系模型，揭示二者之间的作用机理。本研究主要得出以下三个方面的结论。

一、厘清了研学旅游价值共创行为、社会支持、体验价值的结构维度

（一）研学旅游价值共创行为包括对话、获取、降低风险和透明度四个维度

研究价值共创要在具体的领域内进行，由于研学旅游的发展受到旅游和教育两个领域的影响，因此对研学旅游价值共创的研究就变得极为特殊。为了研究研学旅游各主体间价值共创行为，本书深度访谈最终选取了35个中小学生家庭，对家长和子女进行了访谈，同时选取了33位中小学教师、37位研学机构从业人员和40位政府教育部门工作人员进行了访谈。同时使用网络爬虫爬取百度资讯与微博上发布的以"研学旅游"作为关键词的所有信息，采用关键事件法对访谈材料及网络文本资料中的价值共创行为

进行提取，共获得 74 个有效关键事件，提炼出关键行为 22 个，并按照一定标准对分属 DART 相似的关键行为进行归类，最终将研学旅游价值共创行为分为四大类：对话、获取、降低风险、透明度。

通过预调研与正式调研，对初始量表进行信效度分析与修正调整，最终形成正式的研学旅游价值共创行为测量量表。对该量表进行分析可知，研学旅游价值共创行为总量表的信度是 0.886，并且各子量表的信度也大于 0.8，意味着研学旅游价值共创行为量表的可靠性与稳定性都较高。通过探索性因子分析提取 4 个共同因子，且各测项的标准化载荷因子在 0.7~0.8 之间。通过 AMOS22.0 分析软件进行验证性因子分析，得出的各因子载荷均大于 0.7，说明各测量题项与变量之间的相关度很强，结构模型的适配度较为良好，各项指标均达到拟合要求，平均变异抽取量（AVE）分别为 0.787、0.605、0.529、0.672，均大于 0.5，具有较好的区分效度和收敛效度。综上可知，包含对话、获取、降低风险、透明度 4 个维度和 18 个测量题项的研学旅游价值共创行为正式量表具有较好的信效度，该量表可以用于研学旅游价值共创行为的测量，并对其他旅游形式的价值共创研究提供了借鉴。

（二）研学旅游社会支持包括工具性社会支持和关系性社会支持两个维度

研学旅游者通过在研学旅游过程中实施价值共创行为而获得了各种社会支持，通过分析可知，研学旅游社会支持包括两方面的内容，分别是工具性社会支持和关系性社会支持。工具性社会支持是指研学旅游者通过参与研学旅游价值共创获得的与研学旅游活动直接相关的帮助与支持，主要包括信息、建议、服务、帮助、物资等；关系性社会支持主要是指研学旅游者通过在价值共创中与其他研学旅游主体间的交往，从社会关系网络中感受到的各种心理性支持，包括信任、尊重、关爱、认可等。

在已有研究的基础上，本书编制了研学旅游社会支持量表。通过对量表的信效度检验、探索性因子分析与验证性因子分析，共提取出两个共同因子，且各测项的标准化载荷因子在 0.7 以上。两个潜变量的组合信度值（CR）分别为 0.820、0.849，均大于 0.6；平均变异抽取量（AVE）分别为 0.627、0.777，均大于 0.5，说明研学旅游社会支持量表结构模型构建情况较好。研学旅游社会支持正式量表包括工具性社会支持、关系性社会支持 2 个维度，6 个测量题项。

（三）研学旅游体验价值包括情感性、认知性和社会性体验价值三个维度

分析学者们对体验价值结构维度的研究可以看出，以往多是针对不同的产业领域进

行研究，对研学旅游者体验价值的研究尚不多见。本书通过研究认为，研学旅游体验价值是指研学旅游者在研学过程中对体验价值感受的整体性评价。访谈调研显示，研学旅游者的体验价值包括：安全为先、经费保障、寓教于乐、课程规范、提升素质、全面发展。结合上文中对体验价值高频词的分析，本书将研学旅游体验价值划分为三个维度，分别是情感性体验价值、认知性体验价值和社会性体验价值。

通过预调研与正式调研，对初始量表进行信效度分析与修正调整，最终形成正式的研学旅游体验价值测量量表。通过对量表的信效度检验、探索性因子分析与验证性因子分析，共提取出三个共同因子，且各测项的标准化载荷因子在0.7以上。三个潜变量的组合信度值（CR）分别为0.824、0.904、0.855，均大于0.6；平均变异抽取量（AVE）分别为0.709、0.664、0.771，均大于0.5，说明研学旅游体验价值量表结构模型构建情况非常好。研学旅游体验价值正式量表包括情感性、认知性、社会性体验价值三个部分，共计12个测量题项。此量表有助于对研学旅游体验价值进行测量，同时深化了对研学旅游的研究。

二、解析了研学旅游价值共创行为与体验价值之间的三个作用机制

经过理论分析和实证研究，本书验证了研学旅游价值共创与体验价值之间的关系模型，深层次地分析了价值共创与体验价值的内在关系与影响机制。两者的内在关系表现为三个作用机制：研学旅游价值共创行为对体验价值的直接正向影响、社会支持的中介作用、政府政策的调节作用。

第一，研学旅游价值共创行为显著地正向影响体验价值。其中，对话、获取、降低风险、透明度显著地正向影响体验价值，对话、获取、降低风险显著地正向影响研学旅游者情感性体验价值、认知性体验价值和社会性体验价值；而透明度仅显著地正向影响认知性体验价值，同时正向影响情感性体验价值和社会性体验价值，但不显著。研学旅游中的价值共创行为对社会支持有显著的正向影响，研学旅游价值共创行为四个维度对话、获取、降低风险、透明度分别对社会支持有显著的正向影响。其中，对话、获取、透明度对研学旅游的工具性社会支持、关系性社会支持均起到正向显著的促进作用；而降低风险仅对工具性社会支持有显著的正向影响，对关系性社会支持则没有显著的正向影响。研学旅游社会支持对总体的研学旅游体验价值有显著的正向影响，同时社会支持显著地正向影响体验价值的三个维度，充分说明了研学旅游中社会支持对体验价值起到积极的促进作用。从相关度来看，相较于工具性社会支持，关系性社会支持对研学旅游者的体验价值影响更为显著。

第二，社会支持在研学旅游价值共创行为与体验价值之间发挥中介作用。社会支持产生于研学旅游价值共创行为之中，并通过对研学旅游者需求的满足，对旅游体验价值感知产生影响，实证结果显示社会支持在对话、获取、透明度与体验价值之间发挥中介作用，而社会支持在降低风险与体验价值之间不存在显著的中介作用。

第三，政府政策在研学旅游价值共创行为与社会支持之间具有显著正向调节作用。在高强度政府政策下，研学旅游价值共创行为对社会支持的影响会增强，也就是说在政府政策的大力保障下，研学旅游主体间价值共创进行得越顺利，研学旅游者获取的社会支持也就越多，进而其研学旅游体验价值也会得到提高。

三、区分了研学旅游者在价值共创过程中的差异性

深度访谈和问卷调研结果为本书了解研学旅游市场消费者行为与体验特征提供了依据。女生参与研学旅游的比例高于男生；5~9年级的学生占了参加研学旅游学生的绝大多数；大多数参与研学旅游的学生家长有专科和本科学历，拥有较高的受教育程度；家长职业主要是企业职工和政府部门及事业单位人员；研学旅游者常住地主要是在城市和县城，常住地是乡村的较少。

同时，采用独立样本 t 检验方法、方差分析法进行异质性分析，结果显示，年级、受教育程度、职业、常住地四个方面在价值共创行为、社会支持、体验价值、政府政策等变量上具有差异化特征。高年级学生的体验价值高于低年级学生，尤其是在社会性体验价值方面；家长的学历水平越高，家庭对研学旅游价值共创行为和价值体验的感知水平就越高；家长是政府或事业单位工作人员的群体在政府政策方面的程度明显高于其他群体；常住地为城市的研学旅游者获取程度显著高于常住地为县城和乡村的研学旅游者，常住地在乡村的研学旅游者在降低风险方面显著低于常住地在城市和县城的研学旅游者。由此可见，要关注低年级学生、乡村学生的研学旅游体验价值；在乡村学生群体中要加强研学旅游价值共创。

第二节 理论贡献

一、探索了以受众体验价值为导向的研学旅游研究新视角

研学旅游具有旅游和教育的双重属性，其中教育是研学旅游的根本属性，同时研学

旅游也是健康教育生态的重要组成部分。在研学旅游的众多参与主体中，学生作为研学旅游的最直接受众，既是研学旅游的最主要参与者，又是研学旅游的受益者。在对研学旅游的研究中，无论是从旅游视角还是从教育视角，都应该重视对研学旅游者（学生）体验价值的研究。与此同时，"双减"政策出台的目的是重塑基础教育良好生态、促进学生全面发展健康成长，实现培养时代新人的教育目标。因此，"双减"政策与研学旅游教育政策具有共通性，"双减"政策的出台给研学旅游教育带来了新机遇、新变化、新视角，给研学旅游行业带来深刻的影响。在此背景下，本书聚焦研学旅游者的体验价值，并以此为研究导向，分析"双减"政策影响下各研学旅游主体如何通过价值共创提升研学旅游者的体验价值，探索了研学旅游研究的新视角。

二、开发了基于DART模型的研学旅游价值共创行为量表

当前学术界对研学旅游价值共创的研究以定性研究为主，着重对价值共创主体的分析和对策研究，少量关于价值共创的实证研究所采用的量表多来源于西方情境以及其他非旅游领域，不利于准确测量我国的研学旅游价值共创行为。文章基于DART模型，从对话、获取、降低风险、透明度四个维度对研学旅游四个参与主体（学生、家长、学校、研学机构）进行研学旅游价值共创行为量表开发，通过半结构化访谈搜集用于开发量表的质性研究资料，之后通过问卷调研并对量表进行信效度检验，修改并完善测量题项，最终形成研学旅游价值共创行为测量量表，为在研学旅游情境下对价值共创的定量研究提供了测量工具。

三、构建了多利益主体参与的国内研学旅游价值共创机制模型

基于价值共创理论，本书透过研学旅游的表象分析研学旅游的主要参与主体之间的互动关系，构建了研学旅游价值共创影响机制模型，从对话、获取、降低风险和透明度四个方面对学生、家长、学校和研学机构四个主体进行研究。同时选取了政府（政策）作为调节变量，并在此基础上对研学旅游的价值共创机制进行了实证研究，证明了文章的相关理论假设。对这些问题的研究拓展了传统价值创造理论的研究领域，对研学旅游多元主体间的价值共创进行研究有助于进一步加深对研学旅游各主体之间关系的认识，完善和发展研学旅游研究体系，对促进和拓展研学旅游的发展具有重要的理论贡献。

第三节 对策建议

一、增强资源禀赋，夯实价值共创基础

价值共创可以说是不同主体间异质资源的交换，主体间资源的异质性越大，有效转移资源就越多，价值共创就越容易发生。在研学旅游活动中，由于研学旅游主体角色和定位不同，各个主体都拥有自己的独特的资源和创造价值的能力，也有寻求其他主体帮助的价值诉求，因此价值共创是否能发生以及价值共创的质量取决于各主体拥有资源的多寡和质量。

为了实现研学旅游的价值共创，提升研学旅游体验价值，研学旅游各主体需要从自身出发，不断提升拥有的资源禀赋的数量和质量。比如对学校来说，学校拥有专业的教师、学生、校舍等软硬件资源，学校要充分整合资源，组织教师队伍参与到研学课程设计中来，考虑学生的年龄和学段特点，结合当地研学旅游资源特色，制定具有本校特色的研学旅游课程。同时也可以选派教师参加研学旅游专业培训，培养自己的研学导师。同样，对研学机构而言，要充分发挥在旅游行业的优势，加强与学校的合作，共同开发研学课程，联合培养研学导师，不断提升研学旅游中的"教育"元素，提升研学旅游品质。综上所述，只有共创主体不断地增加资源禀赋，并且能实现资源互补，后续开展价值共创的意愿才会更强烈，价值共创行动才会更坚决。

二、提高参与意识，建立高效对话机制

在政府的大力推动下，我国研学旅游处于快速发展的阶段，行业发展还不够成熟，行业协会和行业联盟的作用还未能完全发挥，在此种情景下，为促进研学旅游主体之间的沟通和交流，有必要建立政府主导、研学旅游行业协会牵头、各研学旅游主体参与的对话沟通机制。另外，因为研学旅游涉及政府部门众多，各政府部门间要加强对话和交流，在政府部门之间也要建立跨部门的联席制度，定期研究和解决研学旅游政策落实以及研学旅游活动中存在的问题，破除部门各管一块的壁垒。

研学旅游各主体也要认识到，只有加强对话沟通，才能实现多方利益最大化，因此要增强参与对话的意识。学生在研学旅游项目的设计之初就可以提出自己的想法和诉求，可以同家长分享，与学校和研学机构沟通交流，学校和研学机构应该建立全过

程的意见反馈机制,认真倾听学生和家长的意见建议。根据本书的研究,学校和研学机构尤其要增加低年级和乡村地区学生在研学旅游项目设计、实施、反馈等环节的参与度,切实保障学生参与研学旅游对话的权利。与此同时,学校要加强与研学机构之间的对话,积极参与到研学机构的研学课程设计、研学导师培养、安全管理等各项工作中去,进而开发出学生喜欢、家长满意、学校认可的优质产品,推动研学旅游产品的更新迭代。

三、丰富沟通渠道,确保共创信息获取

研学旅游各参与主体间建立多样化的沟通渠道为各主体获取有效信息、实现价值共创提供了有力支撑。目前,各研学旅游主体间的信息获取是不对称的,由于研学旅游产品的特殊性,学生和家长不能通过直接体验的方式获取信息,只能通过较少的广告被动地获取信息,这种获取信息与体验产品的过程相分离的情况,极易降低研学旅游者的满意度。学校与研学机构之间的信息脱节,降低了研学旅游产品与课堂知识的关联度,同时也降低了研学旅游产品的品质。因此有必要在研学机构与学校、家长、学生之间建立多元化的信息获取渠道,让各主体方便快捷地获取其他研学旅游主体的利益诉求、价值共创以及矛盾冲突的相关信息,从而共同制定解决方案,协调各主体之间的关系并最终实现价值共创。

在实践中建立信息渠道的方式有很多种,除了传统的报纸宣传、电话咨询、宣传单等方式,还有众多新媒体,比如网站、微博、公众号、APP、微信、QQ等方式,这些信息传递和获取的方式更加便捷和有效,沟通效率也更高。同时也可以运用虚拟现实等技术,让研学旅游者足不出户就可以进行产品体验,更多地获取产品信息。也可以建立研学旅游的网络交互系统,通过网络实现研学旅游的全流程管理,运用互联网技术让家长在线上参与学生的研学旅游,研学旅游结束后及时收集反馈信息并建立顾客档案,最终实现全流程信息渠道的畅通。

四、构建防控机制,降低价值共创风险

研学旅游涉及面广、环节多,极易出现一些意想不到的风险,能否做好风险管控工作,决定了研学旅游活动能否顺利实施并取得预期效果。风险有着很大的不确定性,在价值共创活动中,风险的出现对研学旅游各主体的利益造成损害,进而会影响各主体价值共创的意愿。因此,在价值共创中,各研学旅游主体要主动建立风险防控机制,共同评估、抵御和承担风险,以维护价值共创主体的利益和价值共创意愿。

具体来说，一是要做到风险信息共享。在研学旅游中可能会出现产品、服务、安全等多方面的风险，研学机构、学校、家长和学生在面对风险时都会有各自的利益诉求，但首先，各方应达成共识，就是必须要实现风险信息的共享，开诚布公地讨论研学旅游中可能存在的风险，共同制定应对措施，共同界定各自应负的责任。二是做好风险防控预案，共担风险责任。针对潜在的风险，研学旅游主体要共同研究，制定突发事件的应急预案，并完善分工和强化责任。学校要制定针对学生的研学旅游应急方案，做好行前安全教育以及安全演练，同时增强保险意识，购买学生平安险、校方责任险等保险。家长要配合学校做好学生的安全教育，学生要增强安全意识，研学旅游中遵守规定，听从研学导师指挥。研学机构要做好服务风险和设施风险的排查，并制定应急处置预案，和学校密切配合，做好风险管控。政府要加大对研学机构的监督力度，督促研学机构遵守法律，共同打造和维护安全的研学旅游市场。

五、及时公开信息，促进共创过程透明化

保持信息公开透明不仅是研学旅游各主体共赢合作的基础，也是互相信任的源泉。在价值共创中保持信息和资源的高透明度，能帮助各主体深化彼此间的信赖程度和合作欲望。研究表明，研学旅游者与研学机构之间的信息越对称，透明度越高，研学旅游者的信任度就越高，越倾向于参与研学旅游的价值共创。

信息公开和透明反映了研学主体对了解研学旅游各环节信息的迫切要求。可以从以下四个方面提升信息透明度。一是研学机构作为研学旅游产品的供应商和服务商，要牢固树立诚信合法经营的理念，在经营过程中不能刻意隐瞒关键信息，不能利用信息不对称赚取利益。要通过网站、公众号等信息渠道主动公开经营信息，回应消费者的关切。二是学校发挥好中枢作用，既要与研学机构沟通信息，共同设计研学课程，又要加强家校联系，听取学生和家长的意见。同时学校也要建立信息发布平台，通过学校网站、公众号、家校联系群等方式，不断提高信息更新的及时性和获取的便利性。三是家长和学生要积极参与到研学旅游各环节中，积极获取研学旅游信息，并将意见和建议及时反馈给学校和研学机构。四是研学旅游行业协会要切实发挥自身职能，积极打造透明化的开放平台，畅通信息沟通和反馈机制，提升信息沟通的深度和透明度。除此之外，行业协会也要发挥监督自律的作用，加大对研学企业的监督力度，治理行业乱象，进一步提高信息的公开和透明度。

六、加大政策支持，落实制度配套保障

近年来政府出台关于研学旅游的各类政策，大大促进了研学旅游的发展，而"双减"政策的出台和落实，客观上造成了研学旅游需求的释放，倒逼研学旅游行业供给侧结构性改革，给研学旅游发展带来了机遇与挑战。同时国家"十四五"规划中对基础教育提出要求，要坚持立德树人，增强学生文明素养、社会责任意识、实践本领，培养德智体美劳全面发展的社会主义建设者和接班人，这对研学旅游政策的制定指明了方向。当前，政府使用的研学旅游政策工具已经取得了很大的成效，但在实践中仍然存在很多问题，比如使用命令工具过于频繁、激励工具和权威重组工具较为缺乏、劝告工具认同程度低、政策工具匹配度过低等（蒋礼海，2021）。

研学旅游价值共创活动涉及主体多、涉及面广、意义重大，很多问题需要政府出台政策才能够有效解决。政府要高度重视研学旅游价值共创活动，充分认识到多主体价值共创对研学旅游发展的重要意义，运用法律和政策工具，确保价值共创活动的顺利实施。

政府在制定政策时要综合考虑社会公共资源的情况和研学旅游主体的需求，增强政策匹配度和实效性，使用好各类政策工具促进研学旅游的健康发展。同时，通过政策、补贴等手段，为研学旅游主体搭建合作沟通平台，推动信息透明化，调动各方开展研学旅游合作，通过制度手段解决各方关注的研学旅游安全责任问题，建立风险共担机制，推动全社会落实带薪休假制度，释放家长的闲暇时间，从而为研学旅游的顺利开展保驾护航。政府要坚持问题导向，优化利用好各类政策工具，解决研学旅游中的"痛点"问题，建立公平、公正、透明的价值共创运行机制。同时，政府要切实履行监督职能，对存在的市场监管力度不够、研学旅游产品质量参差不齐等影响行业可持续发展的问题，要出台政策进行规范和整治，对研学机构资质、研学导师的资格、研学课程内容质量等市场关切的问题要及时回应和解决，确保研学旅游各参与方价值共创活动能够有效落实与实施。

第四节 研究局限与展望

一、研究局限

本书基于相关理论及文献资料，探讨了在"双减"背景下，研学旅游价值共创行为对体验价值的影响机制，并探讨了二者的结构维度及逻辑关系，但受到作者知识水平、研究能力和研究条件的限制，本书研究中还存在以下不足之处。

（一）调查样本的局限性问题

为了提高研究结论的合理性，尽管本书通过扩大研究样本数据收集渠道、增加样本量等途径来最大限度地提高样本的代表性，但是依旧存在一些偏差。比如本次网络问卷的发放主要是借助问卷星调研网站，通过微信、QQ传播问卷的方式进行，可能导致乡村的被调研者因不熟悉网络技术或者不常上网等原因而被排除在外，从而造成调查对象主要集中在城市和县城，乡村区域的样本较少。今后可以进一步丰富调研渠道，扩大样本量的收集范围，进而提升调研结果的说服力。

（二）量表的科学性与适用性问题

本书按照研究量表开发的程序，通过查阅文献、深度访谈、探索性因子分析、验证性因子分析等，基于DART模型，尝试性开发了研学旅游价值共创行为对体验价值影响的正式调研量表，经过检验，量表具有一定的科学性与适用性。但是，由于学识和能力有限，本书开发的量表难以做到绝对的精准；同时，内外部因素的变化，如新冠疫情影响下国内各地区出台的防疫政策对研学旅游产生重要的影响，以及价值共创行为、体验价值本身就有复杂多变的特点，始终处在一个动态变化的过程中，因此量表还需要进一步改进和完善。

（三）不同研学旅游类型的差异问题

本书研究探索了研学旅游价值共创的一般性机理，但在实践中，不同类型的研学旅游具有不同的特点，在不同类型的研学旅游中，研学旅游价值共创行为对体验价值的影响必然存在差异。因此，在未来的研究中，有必要针对不同类型的研学旅游活动形式，对研学旅游价值共创行为与体验价值之间的关系进行深入研究,进一步阐述研学旅游价值共创机理。

二、研究展望

研学旅游价值共创是一个较新的研究领域,需要持续不断地开展研究。基于本书现有的研究结论与研究局限,未来的研究可以从以下三个方面进行优化和深入。

(一)深化不同研究视角对研学旅游价值共创的研究

本书在实证研究中是基于学生和家长的视角对研学旅游价值共创进行研究,但研学旅游价值共创有多个主体,不同主体对研学旅游价值共创的看法和理解肯定会存在差异,同时研学旅游体验本身也是动态变化的过程,会随着时空、情境变化而变化,因此,在未来的研究中,可以考虑从不同研学旅游主体的视角对研学旅游价值共创进行研究,也可以时空转移为轴线,运用信息技术手段,结合心理学实验,研究研学旅游体验价值的动态变化。

(二)细化对不同类型研学旅游价值共创的研究

研学旅游有多种类型,《研学旅行服务规范》(LB/T 054-2016)中将研学旅游分为知识科普型、自然观赏型、体验考察型、励志拓展型、文化康乐型五种类型。不同类型的研学旅游有着各自的特点和发展规律,因此,可以进一步验证不同地域、不同类型的研学旅游价值共创的影响机制,并检验理论模型和研究假设的普适性,进而拓展研究结论的适用范围。

(三)拓展对研学旅游价值共创主体的研究

本书为了研究的便利,将研学旅游价值共创主体范围确定为学生、家长、学校和研学机构四个方面,这四个主体也是研学旅游发展的利益相关者。但在互联网高度发达的信息时代,相关的网络社群以及社群中的意见领袖等对研学旅游价值共创会造成影响。因此,在以后的研究中,可以从社群网络关系的角度,对研学旅游价值共创机制进行研究。比如研学旅游者会有意愿与哪些社群成员分享研学旅游的感想、研学旅游决策会不会受到社群成员评价的影响、社群成员间的交流是否会促进信息的交流和共享等,都是可以继续深入研究的内容。

参考文献

[1] Alan Wong, Simon Wong. Useful Practices for Organizing a Field Trip that Enhances Learning [J]. Journal of Teaching in Travel & Tourism, 2008 (2-3): 241-260.

[2] Anne M Cox-Petersen, Leah M Melber. Using Technology to Prepare and Extend Field Trips [J]. The Clearing House: A Journal of Educational Stra. 2001, 75 (1): 18-20.

[3] Bendapudi N, Leone R P. Psychological Implications of Customer Participation in Co-production [J]. Journal of Marketing, 2003, 67 (1): 14-28.

[4] Blair, M M. Ownership and Control: Rethinking Corporate Governance for the 21 Century [M]. Washington: the Brookings Institution, 1995: 432-432.

[5] Brodsky-Porges E. The Grand Tour Travel as an Educational Device 1600-1800 [J]. Annals of Tourism Research, 1981, 8 (2): 171-186.

[6] Carr A S, Smeltzer L R. The Relationship of Strategic Purchasing to Supply Chain Management [J]. European Journal of Purchasing & Supply Management, 1999, 5 (1): 43-51.

[7] Charkham J. Corporate governance: Lessons From Abroad [J]. European Business Journal, 1992, 4 (2): 8-16.

[8] Chew E. Views, Values and Perceptions in Geographical Fieldwork in Singapore Schools [J]. International Research in Geographical and Environmental Education, 2008, 17 (4): 307-329.

[9] Clarkson M. A Stakeholder Framework for Analyzing and Evaluating

Corporate Social Performance [J]. The Academy of Management Review, 1995, 20 (1): 92-117.

[10] Coates J K, Pimlott - Wilson H. Learning While Playing: Children's Forest School Experiences in the UK [J]. British Educational Research Journal, 2019, 45 (1): 21-40.

[11] Cobb S. Social Support as a Moderator of Life Stress [J]. Psychosom Med, 1976, 38 (5): 300-314.

[12] Donaldson T, Dunfee T W. Integrative Social Contracts theory: A Communitarian Conception of Economic Ethics [J]. Economics and Philosophy, 1995, 11 (1): 85-112.

[13] Dyment J E, Potter T G. Is Outdoor Education a Discipline? Provocations and possibilities [J]. Journal of Adventure Education and Outdoor Learni, 2015, 15 (3): 193-208.

[14] Emily Skop. Creating Field Trip-Based Learning Communities [J]. Journal of Geography, 2008 (6): 230-235.

[15] Falk J H, Ballantyne R, Packer J. Travel and learning: a neglected tourism research area [J]. Annals of tourism research, 2012, 39 (2): 908-927.

[16] Freeman. Strategic Management: Stakeholder Approach [M]. Cambridge: Cambridge University Press, 1951.

[17] Freeman R E. Strategic Management: A Stakeholder Approach [M]. America: Pitman, 1984.

[18] Gabriel R G, Danny P C, Robert W P. Synergistic Effects of Relationship Managers' Social Networks on Sales Performance [J]. Journal of Marketing, 2014, 78 (1): 76-94.

[19] Gronroos C. Value Co-Creation in Service Logic: A Critical Analysis [J]. Marketing Theory, 2011, 11 (3): 279-301.

[20] Gronroos C, Voima P. Critical Service Logic: Making Sense of Value Creation and Co-creation [J]. Journal of the Academy of Marketing Science, 2013, 41 (2): 133-150.

[21] Gummerus J, Gronroos C. The Service Revolution and Its Marketing

Implications: Service Logic vs Service-dominant Logic [J]. Managing Service Quality, 2014, 24 (3): 206-229.

[22] Hobfoll S E, Freedy J, Lane C, et al. Conservation of Social Resources: Social Support Resource Theory [J]. Journal of Social & Personal Relationships, 1990, 7 (4): 465-478.

[23] Holbrook M B. Consumer Value: A Framework for Analysis and Research [M]. London: Routledge, 1999.

[24] Holbrook M B, Hirschman E C. The Experiential Aspects of Consumption: Consumer Fantasies, Feeling and Fun [J]. Journal of Consumer Research, 1982, 19 (2): 132-140.

[25] Hollebeek L D, Brodie R J. Wine Service Marketing, Value Co-creation and Involvement: Research Issues [J]. International Journal of Wine Business Research, 2009, 21 (4): 339-353.

[26] Huang R, Spector J M. Reshaping Learning: Frontiers of Learning Technology in A Global Context [M]. Heidelberg: Springer Science & Business Media, 2012: 81.

[27] Huxhold O, Miche M, Schuz B. Benefits of Having Friends in Older Ages: Differential Effects of Informal Social Activities on Well-Being in Middle-Aged and Older Adults [J]. Journals of Gerontology, Series B, Psychological Sciences and Social Sciences, 2013, 69 (3): 366-375.

[28] Hylmee Matahir, Chor Foon Tang. Educational Tourism and Its Implications on Economic Growth in Malaysia [J]. Asia Pacific Journal of Tourism Research, 2017, 22 (11): 1110-1123.

[29] Kilde J, Bhatia V K, Lind L, et al. An Experimental Investigation for Agglomeration of Aerosols in Alternating Electric Fields [J]. Aerosol Science and Technology, 1995, 23 (4): 603-610.

[30] Jawahar I M. Toward a Descriptive Stakeholder Theory: An Organizational Life Cycle Approach [J]. Academy of Management Review, 2001, 26 (3): 397-414.

[31] Jensen Y, Prebensen N. Innovation and Value Creation in Experience-Based Tourism [J]. Scandinavian Journal of Hospitality & Tourism, 2015, 15

（S1）：1-8.

[32] Jensen M C, Mecking W H. Theory of the Firm: Managerial Behavior, Agency Costs, and Ownership Structure [J]. Journal of Financial Economics, 1976（3）: 305-360.

[33] Jian L, Zhile S, Eryong. The Problems, Needs and Strategies of Rural Teacher Development at Deep Poverty Areas in China: Rural Schooling Stakeholder Perspectives [J]. International Journal of Educational Research, 2020（99）: 101-496.

[34] Juergen Gnoth. Tourism Motivation and Expectation Formation [J]. Annals of Tourism Research, 1997, 24（2）: 283-304.

[35] Kahn R L, Antonucci T C. Convoys Over the Life Course: Attachment, Roles, and Social Support [M]. New York: Academic Press, 1980: 253-267.

[36] Kaleena O. Affect Moderates the Association Between Social Support and Retirement Satisfaction Over Time [J]. Innovation in Aging, 2019, 18（1）: 213.

[37] Kimmy Wa Chan, Chi Kin Yim, Simon S K. Is Customer Participation in Value Creation a Double-edged Sword? Evidence from Professional Financial Services across Cultures [J]. Journal of Marketing, 2010, 74（5）: 48-64.

[38] Larsen S, Jenssen D. The School Trip: Travelling With, Not to or From [J]. Scandinavian Journal of Hospitality and Tourism, 2004, 4（1）: 43-57.

[39] Lave J, Wenger E. Situated Learning: Legitimate Peripheral Participation [M]. Cambridge: Cambridge University Press, 1991.

[40] Levine D S. On Individuality and Social Forms [M]. Chicago: University of Chicago Press, 1971: 6.

[41] Lintje Sie, Ian Patterson, Shane Pegg. Towards an Understanding of Older Adult Educational Tourism Through the Development of a Three-phase Integrated Framework [J]. Current Issues in Tourism, 2016, 19（2）: 100-136.

[42] Lund R. Co-creating Value in Sponsorship Relations: the Case of the Royal Swedish opera [J]. International Journal of Quality and Service

Science, 2010, 2 (1) : 113-127.

[43] Martin P, Ho S. Seeking Resilience and Sustainability: Outdoor Education in Singapore [J]. Journal of Adventure Education & Outdoor Learning, 2009, 9 (1) : 79-92.

[44] Martin S S, Sewers R L. A Field Trip Planning Guide for Early Childhood Classes [J]. Preventing School Failure: Alternative Education, 2003, 47 (4) : 177-180.

[45] Mathwick C, Malhotra N, Rigon E. Experiential Value Conceptualization, Measurement and Application in the Catalog and Interest Shopping Environment [J]. Journal of Retailing, 2001, 77 (1) : 39-56.

[46] Matias Guillermo Enz M A. Co-creation of Value: Managing Cross-Funcational Interactions in Buyer-Supplier Relationships [D]. The Ohio State University, 2009.

[47] Mckechnie S, Tynan C. Hedonic Meaning Creation Through Christmas Consumption: A Review and model [J]. Journal of Customer Behavior, 2009, 8 (3) : 237-255.

[48] Mead G. The Social Settlement: Its Basis and Function [M]. Chicago: University of Chicago Record, 1907: 108-110.

[49] Michie S, Gooty J. Values, Emotions, and Authenticity: Will the Real Leader Please Stand Up? [J]. Leadership Quarterly, 2005, 16 (3) : 441-457.

[50] Mitchell A, Wood D. Toward a Theory of Stakeholder Identification and Salience: Defining the Principle of Who and What Really Counts [J]. Academy of Management Review, 1997, 22 (4) : 853-886.

[51] Nenonen S, Storback A K. Model Design: Conceptualizing Networked Value Co-Creation [J]. International Journal of Quality and Service Sciences, 2012, 2 (1) : 43-59.

[52] Normann R, Ramírez R. From Value Chain to Value Constellation: Designing Interactive Strategy [J]. Harvard business Review, 1993, 71 (4) : 65-77.

[53] Paul W, Geoffrey N S. Value Satisfaction and Behavioral Intentions

in an Adventure Tourism Context[J]. Annals of Tourism Research, 2009, 36(3): 413-438.

[54] Paulraj A, Lado A A, Chen I J. Inter-organizational Communication as a Relational Competency: Anteced-ents and Performance Outcomes in Collaborative Buyer-supplier Relationships [J]. Journal of Operations Management, 2008, 26(1).

[55] Pawar K N, Nagaraj H. Educational Tourism: A Strategy for Sustainable Development [J]. Indian Streams Research Journal, 2013 (2230-7850): 2095.

[56] Peter Higgins. The Contribution of Outdoor Recreation and Outdoor Education to the Economy of Scotland: Case Studies and Preliminary Findings[J]. Journal of Adventure Education & Outdoor Learning, 2000, 1(1): 69-82.

[57] Petroman C, Mirea A, Lozici A, et al. The Rural Educational Tourism at the Farm [J]. Procedia Economics and Finance, 2016 (39): 88-93.

[58] Prahalad C K, Ramaswamy V. Co-opting Customer Competence [J]. Harvard Business Review, 2000, 78(1): 79-87.

[59] Prahalad C K, Ramaswamy V. Co-opting Customer Competence [J]. Harvard Business, 2000, 78(1): 79-90.

[60] Prahalad C K, Ramaswamy V. Co-Creation Experiences: The Next Practice in Value Creation[J]. Journal of Interactive Marketing, 2004, 18(3): 5-14.

[61] Ramaswamy V. Co-creation Value Through Customers' Experiences: the Nike Case [J]. Strategy and Leadership, 2008, 36(5): 9-14.

[62] Ritchie B W, Carr N, Cooper C P. Managing Educational Tourism[M]. Clevdon: Channel View Publications, 2003: 12-14.

[63] Rowley T J. Moving Beyond Dyadic Ties: A Network Theory of Stakeholder Influences [J]. Academy of Management Review, 1997, 22(4): 887-910.

[64] S ren Andkjær. A Cultural and Comparative Perspective on Outdoor Education in New Zealand and Friluftsliv in Denmark [J]. Journal of Adventure

Education & Outdoor Learning, 2012, 12（2）: 121-136.

［65］Satish Nambisan, Robert A. Virtual Customer Environments: Testing a Model of Voluntary Participation in Value Co-creation Activities［J］. The journal of Product Innovation Management, 2009（26）: 388-406.

［66］Sherri S. Educational Tourism is the Best Way to Learn about a Different Culture［J］. Tourism Hospit, 2017, 6（1）: 269.

［67］Sheth J N, Newma N B I, Gross B L. Why We Buy What We Buy: A Theory of Consumption Values［J］. Journal of Business Research, 1991, 22(2): 159-170.

［68］Simon Beames, Andrew Brown. Outdoor Education in Hong Kong: Past, Present and Future［J］. Journal of Adventure Education & Outdoor Learning, 2005, 5（1）: 69-82.

［69］Stiglitz, Joseph E. Credit Markets and the Control of Capital［J］. Journal of Money Credit and Banking, 1985, 17（2）: 133-152.

［70］Stone M J, Petrick J F. The Educational Benefits of Travel Experiences: A Literature Review［J］. Journal of Travel Research, 2013, 52(6): 731-744.

［71］Strandvik T, Holmlund M, Bo E. Customer Needing: A Challenge for the Seller Offering［J］. Journal of Business & Industrial Marketing, 2012, 27（2）: 132-141.

［72］Sue Waite. Teaching and Learning Outside the Classroom: Personal Values, Alternative Pedagogies And Standards［J］. Education. 2011, 39（1）: 65-82.

［73］Susanna Ho. The Purposes Outdoor Education Does, Could And Should Serve in Singapore［J］. Journal of Adventure Education & Outdoor Learning, 2014, 14（2）: 153-171.

［74］Sweeney J C, Soutar G N. Consumer Perceived Value: The Development of a Multiple Item Scale［J］. Journal of Retailing, 2001, 77（2）: 203-220.

［75］Tali Tal, Orly Morag. Reflective Practice as a Means for Preparing to Teach Outdoors in an Ecological Garden［J］. Journal of Science Teacher

Education, 2009, 20（3）：245-262.

［76］Tim Pitman, Susan Broomhall, Elzbieta Majocha. Teaching Ethics Beyond the Academy: Educational Tourism, Lifelong Learning and Phronesis[J]. Studies in the Education of Adults, 2011, 43（1）：4-17.

［77］Tracy R Rone. Culture from the Outside in and the Inside out: Experiential Education and the Continuum of Theory, Practice, and Policy [J]. College Teaching, 2008, 56（4）：237-246.

［78］Vandermerwe S. How Increasing Value to Customers Improves Business Results [J]. MIT Sloan Management Review, 2000, 42（1）：27-37.

［79］Vargo S L, Lusch R F. Evolving to a New Dominant Logic for Marketing [J]. Journal of Marketing, 2004, 68（1）：01-17.

［80］Vargo S L. Toward a Transcending Conceptualization of Relationship: a Service Dominant Logic Perspective [J]. Journal of Business & Industrial Marketing, 2009, 24（5-6）：373-379.

［81］Vargo S L, Lusch R F. Evolving to a New Dominant Logic for Marketing [J]. Journal of Marketing, 2004, 68（1）：1-17.

［82］Vargo S L, Lusch R F. Service-Dominant Logic: Continuing the Evolution[J]. Journal of the Academy of Marketing Science, 2008, 36（1）：1-10.

［83］Wayne D H, Rajesh C, Matilda D. Customer Co-Creation in New Product Development [J]. Journal of Service Research, 2010, 13（3）：283-296.

［84］Weber M. The Theory of Social and Economic Organization [M]. New York: Free Press, 1947: 341-342.

［85］Wheeler D, Maria S. Including the Stakeholders: The Business Case [J]. Long Range Planning, 1998, 31（2）：201-210.

［86］Wikstrom S. The Customers as Co-producer [J]. European Journal of Marketing, 1996, 30（4）：6-19.

［87］Williams P, Soutar G. Dimensions of Customer Value and the Tourism Experience: An Exploratory Study[J]. Value in Health, 2007, 10（4）：317-318.

［88］Yung-ching Ho, Hui-Chen Fang, Jing-FU Lin. Value Co-creation in Business Models: Evidence from Three Cases Analysis in aiWan [J]. The Business Review, 2010, 15 (2): 171-177.

[89] Zeithaml V A. Customer Perceptions of Price, Quality and Value: A Means-End Model and Synthesis of Evidence [J]. Journal of Marketing, 1988, 52 (3): 2-22.

[90] 白宏太, 田征, 朱文潇. 到广阔的世界中去学习: 教育部中小学"研学旅行"试点工作调查 [J]. 人民教育, 2014 (02): 34-39.

[91] 白四座. 修学旅游: 如何"游""学"相长? [J]. 中国经济周刊, 2008 (25): 30-31.

[92] 白长虹, 廖伟. 基于顾客感知价值的顾客满意研究 [J]. 南开学报 (哲学社会科学版), 2001 (06): 14-20.

[93] 白长虹, 王红玉. 以优势行动价值看待研学旅游 [J]. 南开学报 (哲学社会科学版), 2017 (01): 151-159.

[94] 白长虹. 西方的顾客价值研究及其实践启示 [J]. 南开管理评论, 2001 (2): 51-55.

[95] 毕莹竹, 李丽娟, 张玉钧. 中国国家公园利益相关者价值共创DART模型构建 [J]. 中国园林, 2019, 35 (07): 97.

[96] 曹会林. 我国青少年修学旅游市场分析及发展策略研究 [J]. 旅游纵览 (下半月), 2015 (01): 76-78.

[97] 曹晶晶. 日本修学旅游发展及其对中国的启示 [J]. 经济研究导刊, 2011 (04): 134-136.

[98] 陈东军, 谢红彬. 我国研学旅游发展与研究进展 [J]. 世界地理研究, 2020, 29 (03): 598-607.

[99] 陈非. 潮文化的修学旅游开发刍议 [J]. 韩山师范学院学报, 2009, 30 (02): 46-50.

[100] 陈非. 修学旅游初论 [J]. 大连海事大学学报 (社会科学版), 2009, 8 (04): 88-91.

[101] 陈光春. 论研学旅行 [J]. 河北师范大学学报 (教育科学版), 2017, 19 (03): 37-40.

[102] 陈宏辉, 贾生华. 企业利益相关者的利益协调与公司治理的平衡原理 [J]. 中国工业经济, 2005 (8): 114-121.

[103] 陈宏辉, 贾生华. 企业利益相关者三维分类的实证分析[J]. 经济研究, 2004(4): 80-90.

[104] 陈宏辉, 贾生华. 企业社会责任观的演进与发展: 基于综合性社会契约的理解[J]. 中国工业经济, 2003(12): 85-92.

[105] 陈慧婷. 利益相关者视域下的研学旅行社会支持系统构建[J]. 商业经济, 2017(11): 126-128.

[106] 陈建南. 开发修学旅游浅议: 以厦门集美区为例[J]. 福建论坛(经济社会版), 1998(09): 45-46.

[107] 陈俊英. 发挥地理学科优势, 助力研学旅行基地建设[J]. 中学地理教学参考, 2018(13): 32-34.

[108] 陈凯宏. 辽宁省的修学旅游开发[J]. 辽宁经济, 2006(05): 48-49.

[109] 陈素平, 梅雨晴. 近20年我国研学旅游研究综述[J]. 湖南工程学院学报(社会科学版), 2017, 27(03): 16-21.

[110] 陈胤丹. 西安市红色研学旅游产品开发研究[J]. 旅游纵览(下半月), 2017(01): 171-172.

[111] 陈永昶, 徐虹, 郭净. 导游与游客交互质量对游客感知的影响: 以游客感知风险作为中介变量的模型[J]. 旅游学刊, 2011, 26(08): 37-44.

[112] 陈佑清. 体验及其生成[J]. 教育研究与实验, 2002(02): 11-16.

[113] 谌春玲. 研学旅游市场的挑战与发展问题研究[J]. 经济问题, 2020(06): 88-93.

[114] 崔允漷, 王中男. 学习如何发生: 情境学习理论的诠释[J]. 教育科学研究, 2012(07): 28-32.

[115] 邓汉慧, 赵曼. 企业核心利益相关者的利益要求: 紫金矿业案例分析[J]. 中国工业经济, 2007(8): 122-128.

[116] 邓明艳, 汪明林. 青少年修学旅游市场开发与世界遗产保护[J]. 乐山师范学院学报, 2004(06): 120-123.

[117] 狄蓉, 徐明. 服务主导逻辑下服务创新价值共创机理及对策研究[J]. 科技进步与对策, 2015, 32(07): 33-38.

[118] 丁敏, 杨飒. 论我国修学旅游的发展现状及对策[J]. 商业时代, 2010(17): 118-120.

[119] 丁宁. "双减"下做"双增"[N]. 中国旅游报, 2021-11-02.

[120] 丁运超.地理核心素养与研学旅行[J].中学地理教学参考,2017(03):18-20.

[121] 丁运超.研学旅行:一门新的综合实践活动课程[J].中国德育,2014(09):12-14.

[122] 董建英,任丽霞.基于主成分分析的中学生研学旅游需求动机研究:以太原市为例[J].经济问题,2016(07):119-142.

[123] 杜丽卿.研学旅行产品开发研究:以金华为例[J].中国商论,2015(24):98-100.

[124] 范成文,金育强,钟丽萍,等.发达国家老年人体育服务社会支持体系及对我国的启示[J].体育科学,2019(4):39-50.

[125] 付有强.英格兰教育旅行传统探析[J].贵州文史丛刊,2013(04):115-120.

[126] 高丙成,朱祥慧.弘扬沂蒙精神:区域推进红色研学课程建设:访沂南县教体局局长李道宽[J].现代教育,2018(02):4-6.

[127] 高峡.推动研学旅行成为学校教育重要环节[J].基础教育参考,2017(02):9-10.

[128] 关辉国,杨平泊.价值共创研究进展述评与展望:从"二元交互"到"网络系统"视角[J].商业经济研究,2021(18):126-130.

[129] 郭又荣.浅析青少年修学旅游产品开发[J].湖北广播电视大学学报,2010,30(06):122-123.

[130] 韩春鲜.旅游感知价值和满意度与行为意向的关系[J].人文地理,2015(3):137-150.

[131] 韩一武.基于区域特色的红色研学旅行产品设计研究:以山西省为例[J].教育理论与实践,2020(30):50-52.

[132] 胡驰.基于SPSS的研学旅行导师职业能力满意度调查研究:以武汉市为例[J].武汉职业技术学院学报,2020(05):59-63.

[133] 胡晚.重庆留学生修学旅游市场开拓研究[D].重庆:重庆师范大学,2015.

[134] 胡孝平.服务主导逻辑视角下旅游体验价值共创研究[J].商业经济研究,2017(13):166-168.

[135] 胡亚琴.广东省发展修学旅游的优势及策略[J].全国商情(经济理论研究),

2009（09）：88-89.

［136］黄宇，杨雪.建构主义学习理论视角下研学旅行的特征和原则［J］.地理教学，2019（03）：60-64.

［137］纪春礼，聂莉芹，聂元昆.基于服务主导逻辑的旅游业顾客价值重构［J］.商业研究，2015（09）：116-122.

［138］纪天华.论研学旅行的特征及教育价值［J］.知识文库，2019（01）：48-50.

［139］简兆权，秦睿.服务主导逻辑：核心概念与基本原理［J］.研究与发展管理，2021，33（02）：166-181.

［140］姜尚荣，乔晗，张思，等.价值共创研究前沿：生态系统和商业模式创新［J］.管理评论，2020，32（02）：3-17.

［141］蒋海萍，董晓宁.消费者参与、服务主导逻辑和旅游体验价值：一项实证研究［J］.安徽大学学报（哲学社会科学版），2021，45（02）：135-144.

［142］蒋礼海.政策工具视角下我国研学旅行政策文本研究［D］.南充：西华师范大学，2021.

［143］孔海东，张培，刘兵.价值共创行为分析框架构建：基于赋能理论视角［J］.技术经济，2019，38（06）：99-108.

［144］雷鸣.大环渤海圈的战略合作：中韩青少年国际修学旅游市场研究［J］.未来与发展，2010，31（06）：96-99.

［145］李朝辉，金永生.价值共创研究综述与展望［J］.北京邮电大学学报（社会科学版），2013，15（01）：91-96.

［146］李东和，王丹丹，朱玲玲.学生群体对研学旅行的认知、满意度及行为意向关系研究：以合肥市部分中学为例［J］.皖西学院学报，2016，32（05）：103-110.

［147］李建州，范秀成.三维度服务体验实证研究［J］.旅游科学，2006（02）：54-59.

［148］李江敏，李薇.非物质文化遗产的旅游活化之道［J］.旅游学刊，2018，33（09）：11-12.

［149］李军.ALPHS课程执行层面的探索：以北京市朝阳外国语学校"陕西、江苏实景课堂"的课程建构为例［J］.南方论刊，2017（03）：93-95.

［150］李丽娟.旅游体验价值共创影响机理研究：以北京香山公园为例［J］.地

理与地理信息科学, 2012, 28（03）: 96-100.

［151］李强, 徐玮, 李凌. 老年人心理健康素质与心理健康状况的关系: 社会支持的中介作用［J］. 中国临床心理学杂志, 2014, 22（04）: 688-690.

［152］李先跃. 研学旅行研究综述及探讨［J］. 高教学刊, 2018（24）: 191-193.

［153］厉新建. 旅游体验研究: 进展与思考［J］. 旅游学刊, 2008（06）: 90-95.

［154］梁俭. 基于主成分分析法的来渝留学生修学旅游影响因素研究［D］. 重庆: 西南大学, 2012.

［155］林杜鹃. 合肥市中小学修学旅行市场特征及开发策略[D]. 合肥: 安徽大学, 2014.

［156］刘畅. 研学旅行目的地选择的影响因素研究［D］. 昆明: 云南财经大学, 2018.

［157］刘凤. 基于服务主导逻辑的价值共创过程机理研究［D］. 天津: 河北工业大学, 2016.

［158］刘刚, 杨丁. 基于研学旅行建构第二课程体系[J]. 教学与管理, 2018(34): 74-77.

［159］刘桂芬. 东莞国旅青少年修学旅游产品设计与推广研究［D］. 长沙: 中南大学, 2013.

［160］刘慧. 教育旅游理论与实践研究［M］. 北京: 中国政法大学出版社, 2017.

［161］刘俊, 周彤昕. 利益相关者视角下研学旅行行业发展的内在张力［J］. 旅游科学, 2020, 34（04）: 56-69.

［162］刘璐, 曾素林. 国外中小学研学旅行课程实施的模式、特点及启示［J］. 课程·教材·教法, 2018, 38（04）: 136-140.

［163］卢俊义. 供应商与顾客共同创造顾客价值的机理研究[D]. 南京: 南京大学, 2011.

［164］卢长宝, 郭晓芳, 王传声. 价值共创视角下的体育旅游创新研究［J］. 体育科学, 2015, 35（06）: 25-33.

［165］罗亚玲. 最美的教育在路上: 研学旅行活动课程体系实践研究［J］. 教育科学论坛, 2018（08）: 38-41.

[166] 吕可风. 话题讨论式教学：来华修学旅游学生教学方式探讨[J]. 旅游研究与实践, 1996（01）: 60-61.

[167] 马波, 刘盟. 中小学生研学旅行研究的三个关键问题[J]. 旅游学刊, 2020（09）: 1-4.

[168] 马婕, 刘兵, 张培. 价值共创与价值共毁整合框架: 内涵、动因及形成机理[J]. 管理现代化, 2021, 41（04）: 101-105.

[169] 马陆亭, 郑雪文. "双减": 旨在重塑学生健康成长的教育生态[J]. 新疆师范大学学报（哲学社会科学版）, 2022, 43（01）: 79-90.

[170] 马希良. 乡村小学开展研学旅行的落脚点[J]. 教学与管理, 2017（11）: 6-7.

[171] 毛宏颖, 张希, 游进文. 消费者对研学旅行的认知与消费意愿探析[J]. 科技创业月刊, 2021, 34（07）: 145-148.

[172] 苗小倩. 浅析修学旅游项目开发与管理[J]. 东方企业文化, 2007（09）: 40-41.

[173] 那梦帆, 谢彦君, Dogan Gursoy. 旅游目的地体验价值: 维度辨识、量表开发与验证[J]. 旅游学刊, 2019, 34（12）: 48-60.

[174] 彭俊芳, 袁书琪, 陈俊英. 研学旅行利益相关方分析与协调[J]. 中学地理教学参考, 2019（15）: 4-6.

[175] 彭俊芳. 国家标准修订与研学旅行发展[J]. 地理教学, 2019（09）: 4-7.

[176] 彭小珊, 毕燕, 兰瑛. 研学旅行产品开发策略研究: 以南宁市为例[J]. 广西师范学院学报（哲学社会科学版）, 2019, 40（02）: 93-100.

[177] 朴真实. 高校修学旅游服务质量评价研究[D]. 济南: 山东大学, 2015.

[178] 普拉哈拉德, 拉马斯瓦米. 消费者王朝: 与顾客共创价值[M]. 王永贵, 译. 北京: 机械工业出版社, 2005.

[179] 屈小爽. 家庭旅游互动行为与体验价值研究[D]. 武汉: 中南财经政法大学, 2018.

[180] 任际范, 徐进, 梁新弘. 基于DART模型的企业间价值共创量表开发[J]. 暨南学报（哲学社会科学版）, 2014, 36（04）: 93-102.

[181] 申红燕. 研学旅行: 学生核心素养培育的新路径[J]. 教师教育论坛, 2017, 30（10）: 71-73.

[182] 沈和江, 高海生, 李志勇. 研学旅行: 本质属性、构成要素与效果考评[J].

旅游学刊，2020（09）：10-11.

［183］司晓宏，王桐."双减"之下：教育焦虑现象的纾解与治理［J］.中小学管理，2021（10）：39-41.

［184］唐跃军，李维安.公司和谐、利益相关者治理与公司业绩［J］.中国工业经济，2008（6）：86-98.

［185］唐仲霞，马耀峰，刘梦琳，等.基于政府共信的民族旅游社区多元主体共生研究［J］.地域研究与开发，2018，37（01）：114-119.

［186］田江艳.上海拓展入境修学旅游研究［D］.上海：上海师范大学，2011.

［187］王帆，赵振斌.国内旅游体验研究进展［J］.北京第二外国语学院学报，2007（11）：18-24.

［188］王建喜.青少年修学旅游市场研究［J］.市场周刊（研究版），2005（03）：132-133.

［189］王仁庆.我国青少年旅游市场开发初探［J］.消费经济，2002（01）：56-58.

［190］王晓燕.研学旅行：课程开发是关键［J］.中小学信息技术教育，2018（10）：9-11.

［191］王新新，万文海.消费领域共创价值的机理及对品牌忠诚的作用机理［J］.管理科学，2012，25（5）：52-65.

［192］王绪堂.沂蒙精神引领下学校红色研学旅行的探究：以沂南县孟良崮实验学校为例［J］.现代教育，2018（02）：16-18.

［193］王雪.研学旅行发展的对策分析［J］.旅游纵览（下半月），2016（12）：273-274.

［194］魏方圆.基于具身理论的研学旅游体验影响因素研究［D］.济南：山东大学，2020.

［195］魏雷，朱竑.研学旅游：真实性导向下旅游情境与教育的整合［J］.旅游学刊，2020（09）：6-7.

［196］文红，孙玉琴.对开发修学旅游市场的思考［J］.怀化学院学报，2005（01）：50-54.

［197］闻娟，汪维清，王晓腾.国外旅游价值共创的内涵界定、演进逻辑与实现机理评述［J］.商业经济研究，2018（13）：185-188.

［198］文媛，沈世伟.价值共创视角下非遗研学旅行产品开发研究：基于需求侧

的调研[J].资源开发与市场,2021(03):380-384.

[199] 武文珍,陈启杰.价值共创理论形成路径探析与未来研究展望[J].外国经济与管理,2012,34(06):66-73.

[200] 武晓玮.国外研学旅行理论研究综述[J].湖北理工学院学报(人文社会科学版),2019,36(05):12-17.

[201] 夏可军.研学旅行中值得关注的问题[J].中国民族教育,2017(03):48-49.

[202] 肖水源.社会支持评定量表的理论基础及研究应用[J].临床精神医学杂志,1994,4(2):98-100.

[203] 肖水源,杨德森.社会支持对身心健康的影响[J].中国心理卫生杂志,1987(04):183-187.

[204] 谢春江,杨丽.全国研学旅游示范基地旅游体验研究:基于网络文本分析[J].怀化学院学报,2021,40(03):67-72.

[205] 谢彦君.旅游体验研究:范式化取向及其变革与包容趋势[J].旅游学刊,2019(09):12-14.

[206] 谢彦君.旅游体验:旅游世界的硬核[J].桂林旅游高等专科学校学报,2005(06):5-9.

[207] 宿奥宇,徐淑梅,王晓迪,等.基于文献计量方法的研学旅行研究综述与展望[J].地理教学,2020(15):58-64.

[208] 徐褒琳.研学旅行研究进展与启示[J].中国集体经济,2017(01):122-124.

[209] 徐勤.我国老年人口的正式与非正式社会支持[J].人口研究,1995(05):23-27.

[210] 许春晓,佘白连.旅游目的地间共生的市场驱动机制研究[J].旅游学刊,2016,31(07):96-105.

[211] 薛博文.中小学研学旅行的价值意蕴与发展策略[J].现代教育科学,2020(01):19-25.

[212] 阎平.研学旅行中教育性和体验性原则实施策略[J].当代旅游,2021(07):46-47.

[213] 杨崇君.宜昌入境修学旅游开发研究:以汉语修学旅游项目为例[J].武汉职业技术学院学报,2012,11(06):112-116.

[214] 杨德军,王禹苏,余发碧.满意与期待:北京中小学研学旅行课程实施状况调研[J].中小学管理,2021(02):34-37.

[215] 杨菲,么聪敏.发展心理学视角下关于中小学生研学旅行教育体验内容的思考[J].西部素质教育,2017,3(17):89-90.

[216] 杨路明,张惠恒,许文东.服务主导逻辑下价值共创影响研究:平台能力的中介作用[J].云南财经大学学报,2020,36(05):76-91.

[217] 杨瑞龙,周业安.论利益相关者合作逻辑下的企业共同治理机制[J].中国工业经济,1998(1):38-45.

[218] 杨生,司利,张浩.日本修学旅游发展模式与经验探究[J].旅游研究,2012,4(02):25-29.

[219] 杨艳利.研学旅行:撬动素质教育的杠杆:访上海师范大学旅游学系主任朱立新教授[J].中国德育,2014(17):21-24.

[220] 杨振之,谢辉基.旅游体验研究的再思[J].旅游学刊,2017(09):12-23.

[221] 衣新发,衣新富.研学旅行与学生创造心智培养[J].创新人才教育,2017(01):49-55.

[222] 殷世东.活态文化视角下中小学研学旅行课程的价值考察[J].教育研究,2019(03):154-159.

[223] 游成."双减"政策催生新需求 研学旅行市场机遇与挑战并存[N].中国旅游报,2021-08-25(003).

[224] 于洁.中国研学旅游基地网络关注度时空特征及影响因素研究[D].武汉:华中师范大学学报,2018.

[225] 于书娟,王媛,毋慧君.我国研学旅行问题的成因及对策[J].教学与管理,2017(19):11-13.

[226] 约翰·杜威(JohnDewey).民主主义与教育[M].王承绪,译.北京:人民教育出版社,2001.

[227] 张凤超,尤树洋.体验价值结构维度:基于共同制造组织模式的实证研究[J].武汉大学学报(哲学社会科学版),2010,63(03):451-457.

[228] 张凤超,尤树洋.体验价值结构维度理论模型评介[J].外国经济与管理,2009,31(08):46-52.

[229] 张晗.中小学生研学旅行的地方实践与改进:基于地方相关政策文本的分

析[J].教育导刊,2020(11):26-33.

[230] 张红喜,魏卫,刘琼,等.多主体参与旅游价值共创研究综述:基于微观、中观、宏观视角[J].管理现代化,2019,39(03):118-121.

[231] 张洪,鲁耀斌,张凤娇.价值共创研究述评:文献计量分析及知识体系构建[J].科研管理,2021,42(12):88-99.

[232] 张凌云.旅游:非惯常环境下的特殊体验[J].旅游学刊,2019(09):3-4.

[233] 张培,刘凤.基于多主体的价值共创过程机理:以广东品胜电子股份有限公司为例[J].中国科技论坛,2016(12):154-160.

[234] 张琼锐,王忠君.基于期望差距模型的科教旅游服务质量评价研究:以用友软件园为例[J].北京林业大学学报(社会科学版),2016,15(03):35-41.

[235] 张琰,杨稀莉.地方认同视角下的中小学研学旅行影响机制及发展对策[J].旅游学刊,2020(09):4-6.

[236] 章锦河.城市旅游转型与旅游制度创新的思维转向[J].旅游学刊,2019,34(03):7-8.

[237] 赵琳.研学旅游主体间互动、游客感知价值与行为意向的关系研究[D].南京:南京大学.2020.

[238] 赵锐,关小凤,贾秋容.青少年研学旅游发展初探[J].旅游纵览(下半月),2015(20):29.

[239] 赵晓芳.国民旅游休闲教育模式构建研究[J].经济问题,2015(06):114-117.

[240] 郑小云,杨振之.旅游服务价值共创研究:基于服务主导逻辑的视角[J].社会科学家,2016(06):103-107.

[241] 钟慧笑,马志平,吴鸿丽,等.本期话题:研学旅行难在哪里[J].中国民族教育,2017(03):44-47.

[242] 钟振东,唐守廉,Pierre Vialle.基于服务主导逻辑的价值共创研究[J].软科学,2014,28(01):31-35.

[243] 钟志平,刘天晴.研学旅行示范基地政策评价与需求方强相关性因素研究[J].湖南社会科学,2018(06):147-153.

[244] 周培培,宋宁,宋玉平.研学基地的规划设计要点:以长春北湖湿地公园研学基地规划为例[J].旅游纵览(下半月),2020(06):38-39.

[245] 周姗,陈燕菁,林武夷,等.利益相关者视角下研学旅行发展机制研究[J].

中国市场，2020（25）：12-14.

［246］周璇，何善亮.中小学研学旅行课程：一种新的课程形态［J］.教育参考，2017（06）：76-81.

［247］周艳春，汤敢峰.企校银合作构建大学生修学旅游市场开发的全新模式［J］.吉林省教育学院学报（学科版），2011，27（10）：24-26.

［248］朱洪秋."三阶段四环节"研学旅行课程模型［J］.中国德育，2017（12）：16-20.

［249］曾祺，吴必虎.跨国访学旅游中的异文化体验与旅游经济：以台湾地区学生赴美游学为例［J］.旅游科学，2013（06）：73-82.

［250］曾荣.国内外研学旅行研究综述［J］.中国集体经济，2021（22）：90-92.

［251］曾素林，刘璐.基于关键能力的中小学研学旅行活动课程开发的挑战与对策［J］.教育探索，2019（01）：29-33.

附　录

附录 A：国内研学旅游价值共创的半结构化访谈提纲

在咨询了多位研学旅游体验者、组织者和相关领域专业人士意见后，结合本书研究目的，为研学旅游主体深度访谈准备半结构化访谈大纲，以期访谈效果能够兼具开放性与针对性。

访谈对象及此次旅游的基本情况

编号		姓名	
性别		年龄	
受教育程度		职业	

一、学生受访者访谈提纲

（一）"双减"政策效应相关问题

1. "双减"政策实施后你最大的感受是什么？
2. 作业是不是减少了？课余时间是不是多了？
3. 节假日是怎么安排的？会选择研学旅游吗？
4. 研学旅游带给你的收获是什么？

（二）研学旅游价值共创相关问题

1. 你为什么想参加研学旅游（外出游学、获取知识、增长见闻、增进友谊等）？
2. 你参加研学旅游的收获是什么？
3. 你有没有参与到研学旅游课程的设计？

4.研学旅游中有哪些事件是让您感觉印象特别深刻的？比如特别高兴、满意或特别生气、不满意的事件，请举例。

5.在参加研学旅游过程中，有没有遇到突发的情况，是怎么解决的？

6.学校（研学机构）在研学旅游结束后有没有收集反馈意见？

二、家长受访者访谈提纲

（一）"双减"政策效应相关问题

1."双减"政策实施后你最大的感受是什么？

2.节假日会给孩子安排什么样的活动？

3.会在节假日安排孩子参加研学旅游吗？

4.如何看待研学旅游？

（二）研学旅游价值共创相关问题

1.您同意孩子参加研学旅游的原因是什么？

2.您希望孩子通过研学旅游收获什么？

3.您有没有参与到学校研学旅游课程设计中去？您认为目前研学旅游中教育价值体现得如何？

4.学校（研学机构）在研学旅游结束后有没有收集反馈意见？

5.孩子在参加研学旅游过程中，有没有遇到突发的情况？是怎么解决的？对处理结果满意吗？

6.您认为研学旅游的收费合理吗？性价比如何？

三、学校受访者访谈提纲

（一）"双减"政策效应相关问题

1."双减"政策的实施对学校组织开展研学旅游有什么样的影响？

2.学校对研学旅游的看法有变化吗？

（二）研学旅游价值共创相关问题

1.学校教师支持开展研学旅游吗？

2. 政府对学校开展研学旅游给予了哪些方面的支持？比如政策、资金、人力等。

3. 学校有没有固定的研学基地？

4. 学校是如何设计研学旅游课程的？有没有编写研学旅游教材？在研学旅游中教育价值的含量高吗？

5. 学校有没有专业的研学导师？是如何培训研学导师、提升研学导师能力素质的？

6. 学校对研学旅游开展的质量是如何监控的？有没有建立反馈—改进体系？

7. 学校开展研学旅游有什么安全保障和应急处理措施？

8. 与研学机构在开展研学旅游过程中的合作如何？

四、研学机构受访者访谈提纲

（一）"双减"政策效应相关问题

1. 如何看待"双减"政策带来的影响？

2. "双减"政策实施后，研学旅游的需求增加了吗？

3. 研学旅游的市场竞争加剧了吗？

4. 企业的利润受影响了吗？

（二）研学旅游价值共创相关问题

1. 研学旅游产品是如何开发的？推出的研学旅游产品受欢迎程度如何？

2. 政府对研学市场主体有没有进行监管？监管的效果如何？

3. 企业是如何开发研学旅游课程的？过程中有学校教师参与吗？有没有编写研学旅游教材？在研学旅游中教育价值的含量高吗？

4. 企业里有没有专业的研学导师？研学导师数量充足吗？是如何培训研学导师、提升研学导师能力素质的？

5. 对研学旅游开展的质量是如何监控的？有没有建立反馈—改进体系？

6. 开展研学旅游有什么安全保障和应急处理措施？

7. 与学校在开展研学旅游过程中的合作如何？

五、政府机构（主要含旅游、教育等部门）受访者访谈提纲

1. 政府出台了哪些支持研学旅游的政策？

2. 政府制定了哪些关于研学旅游的标准？

3. 您认为政府是如何监督中小学按政策要求开展研学旅游的？

4. 政府对研学旅游市场的主体经营是如何监管的？监管的效果如何？

5. 政府对学校开展研学旅游有什么安全保障和应急处理措施？

6. 社会公共资源（博物馆、纪念馆、高校、科研院所等）转化为研学旅游产品的情况如何？

附录 B：国内研学旅游价值共创行为的预调研问卷

尊敬的家长：

您好！首先非常感谢您的参与！本次问卷针对的是子女参与过研学旅游的相关人群，希望了解您和子女对当前国内研学旅游开展情况的认识。调查采用匿名方式，结果仅用于学术研究。请您和子女充分沟通，结合子女的研学旅游经历，回答以下问题，题目无对错之分，写出您的真实想法即可。衷心感谢您的支持！

请您根据子女参与过的研学旅游的情况，回答以下问题。

第一部分：结合您和子女的基本情况，请在对应的"□"中打"√"

1. 子女的性别：

□男　　□女

2. 子女的年级：

□1~2 年级　　□3~4 年级　　□5~6 年级　　□7~8 年级　　□9 年级

3. 您的受教育程度：

□初中及以下　　□高中　　□大专　　□本科　　□硕士及以上

4. 您的职业：

□政府机关或事业单位人员　　□农民　　□企业职工　　□自由职业者

□个体工商户　　□其他

5. 您的常住地类型：

□城市　　□县城　　□乡村

第二部分：请对照您和子女所了解的研学旅游的情况，判断一下研学旅游主体（包括学生、家长、学校、研学机构）价值共创行为发生的频次（数值越高，表示该行为发生的频次越高，请选择相应的数字）

序号	题项	经常发生	较多发生	一般	较少发生	几乎不发生
1	我们同其他研学主体分享重要的、敏感的、有关运营和战略问题的信息	5	4	3	2	1
2	我们同其他研学主体之间经常交换信息	5	4	3	2	1
3	我们和其他研学主体的沟通是开放性、共享性的	5	4	3	2	1
4	我们在和其他研学主体意见相左时，一般通过对话方式进行解决	5	4	3	2	1
5	我们和其他研学主体频繁地、不定时地或者定时地交换信息	5	4	3	2	1
6	我们和其他研学主体在不同的管理层次都会沟通	5	4	3	2	1
7	其他研学旅游主体能很便利地访问到我们的信息平台	5	4	3	2	1
8	其他研学主体能够很容易地从各方面渠道获得我们的信息	5	4	3	2	1
9	其他研学主体通过我们的信息渠道获得的信息都是真实的	5	4	3	2	1
10	我们会同其他研学主体协商建立共有的信息共享渠道	5	4	3	2	1
11	其他研学主体不一定要获得产品或服务的所有权才能获取这些产品或服务的信息，其他研学主体必须获得相应产品服务所有权，才能获取相关信息	5	4	3	2	1
12	其他研学主体会帮助我们获取其他的信息渠道	5	4	3	2	1
13	我们告知其他研学主体所有可能存在的风险	5	4	3	2	1
14	我们邀请其他研学旅游主体共同承担相关风险，提升风险识别能力、管理能力和防范能力	5	4	3	2	1
15	其他研学旅游主体愿意进行价值共创，所以愿意共同承担相关风险	5	4	3	2	1
16	我们将建立专门的风险管理机制，以提升风险管理水平	5	4	3	2	1
17	我们将根据具体的风险等级，建立相应的风险赔偿机制	5	4	3	2	1
18	我们不会利用信息不对称来欺骗其他研学主体	5	4	3	2	1
19	我们对其他研学主体非常透明	5	4	3	2	1
20	我们和其他研学主体坦诚以待，不隐瞒关键信息	5	4	3	2	1
21	因为信息不对称因素的影响，导致其他研学旅游主体面临着较大的风险威胁	5	4	3	2	1
22	就算有营利机会，也不会利用信息不对称优势营利	5	4	3	2	1

第三部分：以下题项反映了子女在参与研学旅游价值共创中的收获或感受，请问您和子女在多大程度上同意下列说法（数值越高，表示您越同意此说法，请选择相应的数字）

序号	题项	非常同意	比较同意	一般	比较不同意	非常不同意
1	通过价值共创，获取了有用的意见、建议	5	4	3	2	1
2	通过价值共创，获取了有价值的信息和知识	5	4	3	2	1
3	通过价值共创，大大降低了旅行风险、不确定因素	5	4	3	2	1
4	通过价值共创，帮助解决了实际遇到的问题和困难	5	4	3	2	1
5	价值共创中，感受到来自他人的信任	5	4	3	2	1
6	价值共创中，感受到来自他人的尊重	5	4	3	2	1
7	价值共创中，感受到来自他人的认可	5	4	3	2	1
8	价值共创中，感受到来自他人的关爱	5	4	3	2	1

第四部分：以下题项反映了您和子女感知到的关于研学旅游的体验价值，请问您在多大程度上同意下列说法（数值越高，表示您越同意此说法，请选择相应的数字）

序号	题项	非常同意	比较同意	一般	比较不同意	非常不同意
1	通过研学旅游放松了身心	5	4	3	2	1
2	研学旅游让人感觉愉快和喜悦	5	4	3	2	1
3	研学旅游留下了美好记忆	5	4	3	2	1
4	通过研学旅游活动增长了知识	5	4	3	2	1
5	通过研学旅游活动开阔了视野	5	4	3	2	1
6	通过研学旅游活动提升了相关技能	5	4	3	2	1
7	通过研学旅游活动增加了人生阅历	5	4	3	2	1
8	通过研学旅游活动获得了很多人生感悟	5	4	3	2	1
9	研学旅游增加了对自我的认可	5	4	3	2	1
10	研学旅游加深了同学之间的友谊	5	4	3	2	1
11	研学旅游增加了对集体的认同感	5	4	3	2	1
12	研学旅游让人有归属感	5	4	3	2	1
13	研学旅游让人感受到荣誉感	5	4	3	2	1

第五部分：以下题项反映了您和子女感知到的关于研学旅游的政府政策，请问您在多大程度上同意下列说法（数值越高，表示您越同意此说法，请选择相应的数字）

序号	题项	非常同意	比较同意	一般	比较不同意	非常不同意
1	"双减"和带薪休假等政策实施后，学生和家长有时间和精力参与研学旅游	5	4	3	2	1
2	政府通过增加经费补贴，或减免门票、交通、税收等费用，支持研学旅游发展	5	4	3	2	1
3	政府促使社会公共资源（博物馆、纪念馆、高校、科研院所等）转化为研学旅游产品	5	4	3	2	1
4	政府对研学旅游市场进行规范，提升研学旅游产品品质和服务质量	5	4	3	2	1

附录 C：国内研学旅游价值共创的正式调研问卷

尊敬的家长：

您好！首先非常感谢您的参与！本次问卷针对的是子女参与过研学旅游的相关人群，希望了解您和子女对当前国内研学旅游开展情况的认识。调查采用匿名方式，结果仅用于学术研究。请您和子女充分沟通，结合子女的研学旅游经历，回答以下问题，题目无对错之分，写出您的真实想法即可。衷心感谢您的支持！请您根据子女参与过的研学旅游的情况，回答以下问题：

第一部分：结合您和子女的基本情况，请在对应的"□"中打"√"

1. 子女的性别：

□男　　□女

2. 子女的年级：

□1~2年级　　□3~4年级　　□5~6年级　　□7~8年级　　□9年级

3. 您的受教育程度：

□初中及以下　　□高中　　□大专　　□本科　　□硕士及以上

4. 您的职业：

□政府机关或事业单位人员　　□农民　　□企业职工　　□自由职业者

□个体工商户　　□其他

5. 您的常住地类型：

□城市　　□县城　　□乡村

第二部分：请对照您和子女所了解的研学旅游的情况，判断一下研学旅游主体（包括学生、家长、学校、研学机构）价值共创行为发生的频次（数值越高，表示该行为发生的频次越高，请选择相应的数字）

序号	题项	经常发生	较多发生	一般	较少发生	几乎不发生
1	我们同其他研学主体分享重要的、敏感的、有关运营和战略问题的信息	5	4	3	2	1
2	我们同其他研学主体之间经常交换信息	5	4	3	2	1
3	我们和其他研学主体的沟通是开放性、共享性的	5	4	3	2	1
4	我们在和其他研学主体意见相左时，一般通过对话方式进行解决	5	4	3	2	1
5	其他研学旅游主体能很便利地访问到我们的信息平台	5	4	3	2	1
6	其他研学主体能够很容易地从各方面渠道获得我们的信息	5	4	3	2	1
7	其他研学主体通过我们的信息渠道获得的信息都是真实的	5	4	3	2	1
8	我们会同其他研学主体协商建立共有的信息共享渠道	5	4	3	2	1
9	我们告知其他研学主体所有可能存在的风险	5	4	3	2	1
10	我们邀请其他研学旅游主体，共同承担相关风险，提升风险识别能力、管理能力和防范能力	5	4	3	2	1
11	其他研学旅游主体愿意进行价值共创，所以愿意共同承担相关风险	5	4	3	2	1
12	我们将建立专门的风险管理机制，以提升风险管理水平	5	4	3	2	1
13	我们将根据具体的风险等级，建立相应的风险赔偿机制	5	4	3	2	1
14	我们不会利用信息不对称来欺骗其他研学主体	5	4	3	2	1
15	我们对其他研学主体非常透明	5	4	3	2	1
16	我们对其他研学主体坦诚以待，不隐瞒关键信息	5	4	3	2	1
17	因为信息不对称因素的影响，导致其他研学旅游主体面临着较大的风险威胁	5	4	3	2	1
18	就算有营利机会，也不会利用信息不对称优势营利	5	4	3	2	1

第三部分：以下题项反映了子女参与研学旅游价值共创的收获或感受，请问您和子女在多大程度上同意下列说法（数值越高，表示您越同意此说法，请选择相应的数字）

序号	题项	非常同意	比较同意	一般	比较不同意	非常不同意
1	通过价值共创，获取了有用的意见和建议	5	4	3	2	1
2	通过价值共创，获取了有价值的信息和知识	5	4	3	2	1
3	通过价值共创，大大降低了旅行风险、不确定因素	5	4	3	2	1
4	价值共创中，感受到来自他人的信任	5	4	3	2	1
5	价值共创中，感受到来自他人的尊重	5	4	3	2	1
6	价值共创中，感受到来自他人的关爱	5	4	3	2	1

第四部分：以下题项反映了您和子女感知到的关于研学旅游的体验价值，请问您和子女在多大程度上同意下列说法（数值越高，表示您越同意此说法，请选择相应的数字）

序号	题项	非常同意	比较同意	一般	比较不同意	非常不同意
1	通过研学旅游放松了身心	5	4	3	2	1
2	研学旅游让人感觉愉快和喜悦	5	4	3	2	1
3	研学旅游留下了美好记忆	5	4	3	2	1
4	通过研学旅游活动，增长了知识	5	4	3	2	1
5	通过研学旅游活动，开阔了视野	5	4	3	2	1
6	通过研学旅游活动，提升了相关技能	5	4	3	2	1
7	通过研学旅游活动，增加了人生阅历	5	4	3	2	1
8	通过研学旅游活动，获得了很多人生感悟	5	4	3	2	1
9	研学旅游增加了对自我的认可	5	4	3	2	1
10	研学旅游加深了同学之间的友谊	5	4	3	2	1
11	研学旅游让人有归属感	5	4	3	2	1
12	研学旅游让人感受到荣誉感	5	4	3	2	1

第五部分：以下题项反映了您和子女感知到的关于研学旅游的政府政策，请问您在多大程度上同意下列说法（数值越高，表示您越同意此说法，请选择相应的数字）

序号	题项	非常同意	比较同意	一般	比较不同意	非常不同意
1	"双减"和带薪休假等政策实施后，学生和家长有时间和精力参与研学旅游	5	4	3	2	1
2	政府通过增加经费补贴，或减免门票、交通、税收等费用支持研学旅游发展	5	4	3	2	1
3	政府促使社会公共资源（博物馆、纪念馆、高校、科研院所等）转化为研学旅游产品	5	4	3	2	1
4	政府对研学市场进行规范，提升研学旅游产品品质和服务质量	5	4	3	2	1

后 记

研学旅游是一种结合教育和旅游的形式，近年来备受关注。然而，它也存在一些问题，例如商业化倾向、教育内容过于功利、景区安全隐患和环境问题。这些问题可能会影响游客的体验和教育效果，导致游客疲惫、厌倦，甚至失去兴趣。

本书通过对"双减"背景下国内研学旅游体验价值的共创研究和分析，从研学旅游价值共创过程的质性研究、研学旅游体验价值的结构和维度、研学旅游价值共创行为对体验价值的影响机制与关系模型方面，多角度、多层次论证了研学旅游价值共创行为与研学旅游体验价值影响的作用机理，得出了研学旅游价值共创行为、社会支持、体验价值包含多个结构维度，研学旅游价值共创行为与体验价值的作用机制，研学旅游者行为与体验特征三个方面的重要结论。另一方面，本书对研学旅游体验价值研究具有重大贡献，首先是在"双减"政策背景下拓宽了研学旅游的研究视角；其次是基于DART模型开发了研学旅游价值行为共创量表；最后，构建了国内研学旅游价值共创机制模型。

本书针对研究过程中存在的问题制定了具体的解决方案：一是增强资源禀赋，夯实价值共创基础；二是增强参与意识，建立高效对话机制；三是丰富沟通渠道，确保共创信息获取；四是构建防控机制，降低价值共创风险；五是及时公开信息，促进共创过程透明；六是加大政策支持，落实制度配套保障。从以上六个方面确保研学旅游各参与方价值共创活动能够有效落实与实施。

尽管本书对国内研学旅游体验价值研究已经非常详尽，但仍存在一些问题，如调查样本的局限性、量表的科学性与适用性、不同研学旅游类型的差异等问题。针对现有的局限，本书从三方面对未来的研究进行优化和展望：一是深化不同研究视角对研学旅游价值共创的研究；二是细化对不同类型研学旅游价值共创的研究；三是拓展对研学旅游价值共创主体的研究。

后　记

　　期待未来的研究能够提出切实可行的解决方案以促进学术界、旅游业和政府部门的合作，形成共识，推动相关政策的制定和实施，从而提升研学旅游的整体质量，增强其教育和体验价值，为广大游客带来更加丰富、有益的研学旅游体验。